Copyright1983, 2011 by Tokyo Woman's Christian University
All Rights Reserved.
First original Japanese edition published by University of Tokyo Press, Tokyo, Japan
Chinese (in simple character only) hard-cover translation rights in China reserved by
Shenghuo-Dushu-Xinzhi Joint Publishing Company under the license granted
by University of Tokyo Press,
through Hui-Tong Copy right Agency, Japan

20世纪
日本思想

日本
政治思想史
研究（修订译本）

[日]丸山真男 著

王中江 译

生活·讀書·新知 三联书店

Simplified Chinese Copyright © 2022 by SDX Joint Publishing Company.
All Rights Reserved.
本作品简体中文版权由生活·读书·新知三联书店所有。
未经许可,不得翻印。

图书在版编目（CIP）数据

日本政治思想史研究：修订译本／（日）丸山真男著；王中江译．—北京：生活·读书·新知三联书店，2022.10（2024.8重印）
（20世纪日本思想）
ISBN 978-7-108-07375-4

Ⅰ．①日… Ⅱ．①丸… ②王… Ⅲ．①政治思想史－研究－日本－20世纪 Ⅳ．① D093.134.3

中国版本图书馆 CIP 数据核字（2022）第 046071 号

策划编辑	叶　彤
责任编辑	周玖龄
装帧设计	康　健
责任校对	张　睿
责任印制	董　欢
出版发行	生活·讀書·新知 三联书店 （北京市东城区美术馆东街22号 100010）
网　　址	www.sdxjpc.com
图　　字	01-2022-1789
经　　销	新华书店
制　　作	北京金舵手世纪图文设计有限公司
印　　刷	三河市天润建兴印务有限公司
版　　次	2022年10月北京第1版 2024年8月北京第2次印刷
开　　本	880毫米×1230毫米 1/32 印张 11.25
字　　数	259千字
印　　数	5,001-7,000册
定　　价	78.00元

（印装查询：01064002715；邮购查询：01084010542）

"20世纪日本思想"丛书总序

日本的20世纪，大致涵盖了大正与昭和两个时期（1912—1989），这是经历了明治维新四十年淬炼而走上成熟现代化道路的一个特殊历史单元。然而，1945年的战败给日本带来了深刻的历史断裂，以此为标志，在民族国家乃至思想文化层面仿佛形成了两个"日本"，而无论是推行帝国主义殖民扩张政策最终遭到惨败的日本，还是战后迎来国家社会重建和经济文化高度发展的日本，这一百年的光荣与悲苦，都给东亚乃至世界造成强烈震撼与冲击。然而，至今，我们对这个复杂的近邻日本依然了解不多，特别是对支撑日本民族走过20世纪波澜起伏的历程的深层观念意识和思考逻辑所知甚少。

1945年的战败造成日本民族国家层面的"断裂"是明显的，其中的确有一个从战前天皇制极端主义国家向战后民主市民社会转变的过程，但是，思想文化层面的情形就复杂得多了。我们大概可以用源自19世纪的一般的种族文明论和20世纪初传入的广义社会主义思想，来分别概括日本战前与战后两个阶段的主流思潮，但实际上两者往往是交叉并进、彼此渗透且前后贯通的，构成了20世纪日本人思考国家民族进路及个人与社会建构的主要依据。种族文明论为民族主义和右翼国家主义提供了理论源泉，社会主义思想则推动了各种左翼进步势力的改革实践。而两种主流思潮交叉对抗又激荡出种种不同的观念学说和思想派别，由此形成了20世纪日本思想的丰富内涵。

能否以这两个主流思潮为线索，将看似"断裂"成两段的20世纪日本的思想学术作为一个整体介绍到中国来，由此加深对这一复杂认识对象的理解呢？这是我们多年前就萌生的一个念头，为了深入了解邻国的同时代历史和精神特性，也为了推动中国日本学和东亚区域研究的发展。众所周知，比起近代日本的中国学仿佛在解剖台上从里到外洞穿观察对象般高质量的精深研究来，现代中国的日本学尚不尽如人意，始终未能形成厚重的学术传统。这当然有种种复杂的历史与现实原因，而对于构成日本民族深层观念与思考逻辑的思想学术文献缺乏系统移译和研究，恐怕是一个重要的原因。况且，如今方兴未艾的区域史研究特别是"东亚论述"，也呼唤着关于日本思想学术的深入系统的研究。

20世纪是一个非常特殊的极端年代。资本主义世界一体化格局的形成，帝国主义征服战争与被压迫民族的反抗和社会革命，导致东亚区域内的各民族在不曾有的程度上被紧紧捆绑在一起，成为矛盾抗争乃至休戚与共的利益攸关方。这是一段你中有我，我中有你，缺少任何一方都无法叙述的历史，思想文化的历史更是如此。而在崭新的区域史和"同时代"视野下，深入开发现代日本的思想资源，也将能深化我们对于自身及与他者关系的认识，由此构筑起区域和平共生的发展愿景。

为此，我们发起这套"20世纪日本思想"丛书的编译计划。丛书以20世纪为限的原因如上所述，主要是考虑发端于明治维新的日本现代思想，到了20世纪才真正有了自己的主体特征和独创内涵，并深刻塑造了日本国民的思想方式和精神构造。因此，我们聚焦 20 世纪日本人文社会科学中曾产生广泛的思想与社会影响，包括为各学科发展奠定了基础的那些著作，从中精选若干种而汇成这套丛书。在具体编选过程中，我们主要考虑到这样一些原则。第一，从 20 世纪日本学说史的角度出发，选择具有学术奠基性和理论深度与宽度的著作。而在以历史学、经济学、社会学、政治学、人类学和东洋学六大学科为主体的人文社会科学当中，我们尤其注意人文色彩浓厚而具有思想冲击力的经典著作。第二，在学说史之上我们进而侧重思想史上那些影响广泛、带有观念范式变革和思想论争、文化批判性质的作品，力图由此呈现 20 世纪日本思想发展的内在逻辑和阶段变化。第三，尤其注重一百年来日本学人积极思考自身与中国乃至东亚关系所取得的重要成果，包括战前对于亚洲主义的构筑和战后于反思基础上形成的新亚洲论述，以及学院内外的战前"支那学"与战后中国学等。第四，也适当选择一些直击社会实际问题、带有纪实和评论性质的作品，它们以直接叩问当下的方式促进观念的转变和意识的更新，同样具有重要的思想史意涵。

总之，学术经典性、思想史价值、社会影响力是我们做出判断与选择的基本标准。需要说明的是，某些重要的著作由于已有很好的中译本，为避免资源浪费，虽遗憾而不再收录。同时，受限于知识学养，选目容有罅漏，还望学术界方家指正。

赵京华

2021 年 11 月 30 日于北京

目　录

英文版作者序 ··· 1

第一章　日本近世儒学发展中徂徕学的特质及同国学的关系 ········· 1
 第一节　前言——日本近世儒学的产生 ································· 1
   中国历史的停滞性与儒学—日本儒学—日本近世儒学产生
   的客观条件—其主观条件—探讨日本近世儒学展开的意义
 第二节　朱子学的思维方式及其解体 ··································· 15
   朱子学的构造—朱子学的思维特性—其特性在德川初期思
   想界中的反映—朱子学思维方法的全盛期—从宽文至享保
   时期思潮的急速推移—朱子学思维方法的解体过程（山鹿
   素行—伊藤仁斋—贝原益轩）
 第三节　徂徕学的特质 ·· 57
   两个事例—徂徕学的政治性—其方法论—天的概念—道的
   本质—道的内容—道的根据—徂徕学中的公私分化—自元
   禄至享保时期的社会形势—政治组织改革论

1

第四节 徂徕学同国学特别是宣长学的联系……………………115

徂徕学的普及及其反叛—萱园学派的分化—徂徕学之后儒学的衰落—国学同徂徕学的否定性关联—两者在思维方法上的共通性—积极关联的种种表现—关联之总结及国学在思想史上的地位

第五节 结束语……………………150

第二章 日本近世政治思想中的"自然"与"制作"——作为制度观的对立……………………158

第一节 本章的课题……………………158

第二节 朱子学与自然秩序思想……………………162

第三节 徂徕学的转换……………………170

自然秩序逻辑的破坏工作—其政治实践志向

第四节 从"自然"向"制作"推移的历史意义……………………184

制作逻辑的现代性—主体人格的绝对化问题

第五节 昌益和宣长对"制作"逻辑的继承……………………199

"制作"逻辑的政治归宿—安藤昌益思想中的"自然"与"制作"—本居宣长思想中的"自然"与"制作"

第六节 幕末的发展与停滞……………………229

近世后半期的社会、政治形势及其思想界—种种制度变革论—"制作"立场的理论局限—维新后两种制度观的对立

第三章 "早期"民族主义的形成……………………268

第一节 前言——民族及民族主义……………………268

第二节 德川封建制之下的民族意识……………………271

第三节　早期民族主义的诸形态 ································282
　　　海防论—富国强兵论—尊皇攘夷论—它们的历史局限

初版后记 ··305
译后记 ··315
修订译本略记 ···324

英文版作者序

一

构成这部书的三章,原来都是独立的论文,分别发表在1940年至1944年的《国家学会杂志》上。因此就是从作为最后一章的论文所发表的时间算起,迄今也整整过了三十年。在这段时间中,关于作为本书主要考察对象的德川时代的儒学和国学的研究,不仅硕果累累,而且有关思想史的种种方法,作为日本学术界的共同财富也有了当时所无法比拟的丰富性。三十余年的岁月,完全可以使任何一种学术领域中的已有研究成果变得陈旧老化。但是,就这部书而言,值得庆幸的是,由于日本战后德川思想史第一线研究者的厚爱,它没有被忽视,也没有被当作过去的遗物而束之高阁。不如说直到今天,它仍作为"现役"的研究著作而通行着。对于本书所展示的思想方法,或对于本书有关朱子学、徂徕学和国学等的解释、语义学考察,即便那些从正面进行反驳的人,也异口同声地承认本书对每一位德川思想史的研究者来说都是一个"出发点"。这对作者来说,是一个莫大的荣幸,但同时又使作者惶恐不安。因为,一方面,广义说是对于一般思想史,狭义说是关于作为本书主要研究对象的德川儒学、国学及其他思潮,作者现在的立场,在不少重要之点上，都与本书已有的研究有了一定的距离。这是十分自然的，因为在三十年或者更长的时间中，作者在这一领域的研究并未停顿。但是，另一方面，在战后出现的对本书的方法及有关对象的解释所表示的异议中，我认为包含有对作者的误解和不恰当的批评。对于这种批评，作者就是站在三十年前的立场上，也能以反批评的方式加以回应。因此，如果作者亲自把本书置于现在的时间点上，他就必须向本书的批评者及青年时代的作者自己这两方，同时展开两个战场的正面作战。从事这种复杂的工作，胜过再写一本书。作者允许出版社现在原封不动地再版本书的日文原版就是由此之故。因此，就是在这一英文版的序中，对本书中的同一对象，我也不打算积极地展开现在的见解。我只想简单叙述一下撰写本书所收论文之际的时代氛围，这些论文是在过去怎样的学术遗产上被构筑起来的，以及由于这种学术遗产作者的方法论和角度又是如何受到制约的，等等，以有助于读者对本书的理解。

二

要令人信服地传达在所谓的"暗谷"时代日本思想研究者所处的精神氛围并不容易。这不仅对文化背景迥然不同的西欧读者来说是如此，就是对日本战后成长起来的年青一代来说也是如此。只是列举战前政府审查的严格性，或所谓的"国体"避讳这些老一套的说法，无论如何都是不充分的。因此，为了唤起读者的想象力，哪怕是一部分也好，论及1930年代末到1940年代初，笼罩着日本知识分子——也包括躲在"象牙塔"中的人——的精神氛围，我就从撰写本书时恰恰经历过的小小插曲讲起吧。

作为本书第一章的论文，曾分四次先后登载在1940年1月号至4月号的《国家学会杂志》上。在论文的第一部分发表的时候，我很快发现了一个严重的误排。这就是日文版原文第7页中"应神天皇"的"神"字被误排成了"仁"字。当时，正在东北大学和东京大学两地讲授日本思想史、已故的村冈典嗣教授，特地来到我的研究室，非常善意地劝我，应在下一期杂志上订正这一误排。当时，村冈教授说起了这样一件事，井上哲次郎博士曾经因为在"应神天皇"上误用了与此完全相同的字，从而受到了右翼国粹主义者所谓写错天皇的称呼就是严重不敬的激烈攻击。① 他还补充说："井上博士因为攻击这些学者而著名，在此之前曾把其他学者和宗教家（比如说内村鉴三）的学说和思想说成是反国体，并加以激烈攻击。但正是这同一个井上，由于他不小心写错了天皇的称呼，也受到所谓不敬的非难，这实在是讽刺。"总之，在日本帝国，历代的天皇，不管是谁，写错他们的名字，不管是普通印刷上的误排，还是稍微写错，在当时都会被视为一种不能加以文饰的事件。

在2月号上，我在登载1月号论文的正误表的时候，有关其他的误排，只是简单地把误与正作了对照，只有对"应神天皇"的误写，却不得不插上"谨作以下的订正"这一特别的语句。今日的日本青年学生，如果看到在学术论文中，连微小一字的订正，都使用这种夸大其词的副词，一定会立即嗤起来。但在三十多年前，这绝

---

① 出于以下原因，日本人往往容易误用这一汉字。一是，继"应神"之后的一位天皇的谨名是"仁德"。日本人对"仁"这一汉字有"ジン"和"ニン"两个发音。二是，日本最大的内乱之一，是从"应仁"元年（1467）开始的。这一把京都市化为灰烬的内乱，就是用"应仁"年号称呼的。

不是一件小事。

还有一个例子，这不是误排，而是在初校交付印刷之际修改表述的情况。日文版第140页有这样一节："一边承继徂徕学的思维方法，同时又把它完全加以转换的宣长学……"在写这一节的时候，我的脑海里涌现出这样一个意图，即想明确地把徂徕学和宣长学在思想结构上的关联，比喻为黑格尔和马克思之间的那种关系。因此，在初稿中，曾有这样的表述："对宣长学来说，徂徕学的思维方法是倒立的真理。宣长学是依靠把这一倒立的真理又颠倒过来来继承徂徕学的。"这一表述后来被修改，是接受了我的指导教授、已故的南原繁先生的忠告的结果。南原教授提出忠告，绝非因为他本人认为这一表述不恰当。教授清楚地知道，我当时是处在"思想警察"的监视之下。他担心，这一所谓"倒立的真理"的表述，容易使人联想到的就是马克思对黑格尔辩证法的批判（参考《资本论》第二版序文）。对于当局和保守的教授来说，这也许能引起挑衅性的反应。我心想，尽管当时是处在反动的政治状态之下，但先生的这种顾虑，是不是也太神经过敏了？可是，出于对先生关心的感谢之情，我接受了他的忠告，修改了表述。在研究性的杂志上，即使在考察距离现代人有两个世纪的思想史时，连纯粹比喻性的表述，当时也不得不慎重考虑。

三

笼罩着当时研究者的精神状况就说到这里。

下面我就根据方法论上的不同特色，把本书研究在学术上的"与件"以及在本书之前有关日本思想史研究的主要业绩，分成一些类型，并按照时代的顺序把它们贯穿起来。对于耐心追寻本书对德川时代的儒学、国学及其他思想所作的似乎是经院哲学式分析的读者来说，展示一下本书所据以出发的学术"遗产"的名目，即使伴随着"普罗克拉斯提床"式的结果，对理解研究的背景也是有益的。①

　　第一种类型是以"民族道德论"为基础的日本思想研究。道德既然原是良心问题，那么，道德的责任承担者就不可能在个人以外。这种看法，即使对居住在基督教文化圈以外的人来说，今天也已经是一个常识。立足于此，按照直译，"民族道德"是一个难以理解的词语。但是，在日本帝国，这一词语是指从明治中期（20世纪初）左右开始在政治家和教育家中被强调，到第一次世界大战后的"大正民主"时代顽固生存于保守阶层中的一种意识形态用语。如果用最善意的方式来解释，那么可以说，它是明治维新之后的日本，面对西欧化波涛的急剧袭击，为了寻求自己的国家以及民族的同一性（national identidy）而拼死努力在道德层面上的表现。一些人反复主张说，把儒学、佛教、神道这些非西欧的教理，同西欧伦理中对于日本帝国来说不是"偏向的"，而是以上"传统"教化中所欠缺而又有必要加以补充的道德——如公共道德——适当糅合起来，建立起帝国臣民应遵守的新道德，这是现代日本的迫切课题。这些人还认为，既然是道德问题，那么把重点放在传统意识形态中，特别是儒学中，是非常自然的。学者和教育家中这种看法的热烈主张者，被称为"民族道德论者"。前面提到的东京帝国大学伦理学教授井上哲次郎博士就是代表人物之一。他有关"民族

---

① 因此，以下列举的当然不是本书参考的所有文献。

道德"的许多著作和论文，鼓吹调子越高的，学术价值就越低。当然，其中他运用留学西欧而掌握到的西欧哲学诸范畴来研究德川儒学的三部著作①，则是现代日本德川儒学史研究中具有划时代意义的里程碑。原因是，这三部著作没有受到具有悠久传统的中国古典注释学——"经学"的束缚，是好歹能把日本儒学史作为"思想"的历史加以把握的最初的力作。即使考虑到以下这样的缺点，即把德川时代的儒者或儒学思想家硬塞入朱子学派、阳明学派、古学派中的其中一派，或者把欧洲哲学范畴和学派机械地安插到儒学史中，这三部著作至今仍未失去生命力。此外，岩桥遵成的《日本伦理思想发展史》（两册，1915）和清原贞雄的《国体论史》（1921）等，也都可以归入这一类。

从明治末年起，在两个形态上出现了对第一种日本思想研究类型的反动。如果命名的话，一个形态可以叫作"作为文化史的思想史"。这里所说的文化史，主要是指以19世纪德国的文化史（kulturgeschichte）为范型，并广泛地包括了从奥古斯都·伯克（August Boeck）所代表的语义学（philologie）到威廉·狄尔泰（Wilhelm Dilthey）的思想史（geistesgeschichte）的历史方法。具体来说，明治四十四年（1911）出版的村冈典嗣的《本居宣长》，就是立足于伯克的"认识的再认识"（erkennen des erkannten）这种文献学的方法，以及横亘在本居宣长的古道、古学的基底之中的假定而成书的。这一著作在今天还占据着国学研究的古典地位。之

---

① 即《日本阳明学派之哲学》（初版于1900年）、《日本古学派之哲学》（初版于1902年）、《日本朱子学派之哲学》（初版于1905年）。以下，书名之后的年份均指初版发行之年。

后，村冈不仅在国学中运用了这一方法论，而且还把它扩展到儒学、神道等日本思想史研究的一般领域中，接连不断地发表了一些有价值的大作。关心的重点虽与村冈有所不同，但同样是在德国文化史方法影响下而致力于日本"传统"思想研究的另一位代表性学者是和辻哲郎。他的方法论特色在于其解释学倾向。不过，他的解释学，同晚年受狄尔泰的影响相比，更多地是受海德格尔的影响。但他给对日本文化进行多方面研究的第一部论文集定的标题为《日本精神史研究》（第一卷，1926；续卷，1935），其中的"精神史"一词，很明显就是取自狄尔泰一派的思想史（geistesgeschichte）。因此，这里的精神史，其研究重点，与政治思想和社会思想相比，更多地是放在文学、造型艺术、戏剧（如歌舞伎等）领域中。1930年之后，他把这一独特的伦理学理论运用到日本思想史领域中，尤其是，由于他开始把"尊王思想"当作日本传统的一个核心加以强调，所以他的伦理思想史研究就有了与上述第一种类型微妙合流的一面。然而，他自己最后则对"民族道德论"的主要倡导者公开表示反对。结果，在大正初期的知识分子中，和辻观点的中心，就处在典型的既是非政治的，又是反政治的文化（kultur）概念中，并使通过这种文化概念而把握的日本传统，一方面同井上哲次郎及其支流"民族道德论"相对抗，另一方面又拥护把思想和教义视为阶级斗争函数的唯物史观。这可以说是和辻的学术足迹。顺便说一下，由于"精神史"一词原本来自狄尔泰，所以必须注意的是，在日语中使用"日本精神史"的时候，它所具有的双重意义，即"日本的精神史"和"'日本精神'的历史"（history of the "Japanese Spirit"）。后者是说有一个贯穿古今的"日本精神"的实体，它以历史的种种形态展开自己。这种看法在1930年至1940年的军国主义时代极盛，但它本来的系谱，其实仍属于"民族道德论"之流。与此相对立，在受伯克和狄尔泰影响而进行的日本文化和思想研究中，则或多或少地流露着历史相对主义的情调。

再一个是津田左右吉的独特立场。这一立场既与"民族道德论"相对立，又与和辻哲郎、村冈典嗣不同，它作为一种反动在大正时期登场。津田左右吉在日本思想史研究中的代表作是《文学中所表现的我国国民思想之研究》（四册，1916—1921）。① 这一巨著，整体地考察了从古代到江户时代的日本思想史，它与津田左右吉有关日本神话的研究一样，至今仍光彩夺目，不失为一部名著。要概括津田左右吉贯彻在这一著作根基上的方法论是困难的，但他要做的尝试是，不再把日本思想史当作"学派"和"教义"的历史，不如说他所谓的国民的"真实生活"，也就是在与每一时代的文化里扮演了主要角色的阶级（宫廷贵族、武士、平民等）的日常生活态度的关联中，在自然观、人生观、恋爱观、政治观等条目之下，来把握的各时代的思潮。因此，在津田左右吉那里，一方面，大多数儒学家和佛教思想家的教义、哲学，被看成与国民的"真实生活"几乎没有关系的知识分子书本上的知识和纸上思辨的产物，只给予了很低的评价；另一方面，在此之前那些完全被忽视的在庶民中流行的物语②、川柳③、戏歌④等，作为广泛的材料开始被大量地运用，零散地表现出的时代思潮被描绘了出来。把思想史从思想家的

---

① 战后，此书被修订的时候，删去了书名中的"我国"。从更保守的方向对内容做了大幅度的修改。
② 物语：日本从平安时代到镰仓时代的一种散文形式。——中译者注
③ 川柳：日本诙谐的短诗。——中译者注
④ 戏歌：打油诗。——中译者注

传记研究中解放出来,转而注目于默默无闻的民众意识的丰富多彩的表现形态、思考方式,这可以说是津田左右吉的功绩。由于这一点,后来他常常被马克思主义史学家推为"意识形态论"的先驱。但是,这与其说是津田左右吉的意图,不如说是从后来的历史结果中做出的解释。实际上,津田左右吉的学术也是在明治末、大正初的"文化史"研究潮流中孕育出来的,只是在更紧密地从社会的、政治的脉络中理解"文化"这一点上,他同村冈典嗣及和辻哲郎有所不同罢了。有一种说法认为,他们都曾读过 G. 勃兰兑斯(Georg Brandes)的《19世纪文学的主流》(Main Currents in the Literature of the l9th Century,原文丹麦语,六卷,1872—1890),这是他们写作的动机之一。但是,勃兰兑斯给予津田左右吉的充其量不过是暗示,津田左右吉的著作,作为一个整体,根本上来自他自己的设计。

从 20 年代后半期开始,马克思主义也进入了日本的学院世界,并像台风一样袭击着知识分子。因此,立足于马克思主义唯物史观之上的日本思想史研究,自然与上面的不同,它是作为第三种类型登场亮相的。在思想史领域中,马克思主义所带来的冲击,在日本表现出了意味深长的两义性。[1] 不必细说,照马克思主义特有的"意识形态论"的观点,大凡任何时代的宗教教义、伦理说教、形而上学体系,还有对于社会、政治、经济的诸观念,都是被更重要的东西即社会经济基础所决定的上层建筑,它们都不能独立于社会的经济基础而自主地发展。即便承认意识形态与社会基础的相互

---

[1] 有关马克思主义对日本的学术和艺术的广泛影响及其原因,我在《日本的思想》(岩波书店,1961 年)一书中有所讨论。

作用，也摆脱不了前者受"终极性"基础制约而变动的命运。因此，在这种历史观抓住历史研究者的时候，人们首先关心的是社会的经济结构、阶级构成或阶级斗争等具体状况，而思想和哲学的历史发展，作为上述基本契机的"反映"，充其量只不过具有次要的意义。事实上，马克思主义学者以日本史为对象所进行的研究，其成果也恰恰完全是经济史或社会阶级斗争史。当然，不能说这只是日本特有的现象。马克思主义对日本历史学和社会科学的影响，另一方面还必须注意到与上述所说的乍看上去似乎是格格不入的侧面。也就是说，对于意识内部原封不动并深深积淀着古代以来的神灵崇拜宇宙观，同时又在欧洲直接输入的专门分化的高等教育制度下接受了学院训练的日本知识分子来说，马克思主义的方法作为一种综合的、体系化的知识，作为一种综合诸科学的世界观，似乎有一种令人惊奇的新鲜感。反过来说，以唯物论命名的这一庞大的现代观念论，在日本学院世界中，扮演了类似于从笛卡尔到康德的欧洲主观主义哲学认识论所扮演的角色。年轻马克思的哲学著作，很快被翻译了过来。G. 卢卡奇（G. Lukacs）、K. 柯尔施（K. Korsch）等这些强烈地受到德国观念论影响的马克思主义者所写的认识论著作，在 1930 年初期，在日本知识界中相当广泛地被人们阅读。这种现象与上述日本特有的智慧风土不能说没有关系。因此，只要是说到马克思主义对学术的理解，与盎格鲁 - 撒克逊世界相比，日本便有一种奇妙的成熟性。例如，在 1930 年的欧美，一种相当普遍的见解——把唯物史观视为经济决定论的见解，对多少关心哲学的日本青年和学生来说，好像太质朴了。我当时根本上并不是一个马克思主义者，即使这样，我探寻德川时代思想史发展足迹所使用的方法时，从弗朗兹·博克瑙（Franz Borkenau，他在德国魏玛时期是法兰克福社会研究所的一员，这个研究所是一个很有代表性的马克思主义社会科学家团体）的《从封建的世界观到市民的世界观》(*Der Übergang vom Feudalen zum Bürgerlichen Weltbilt*, Paris, 1934)一书的分析中受到的很大刺激和启发就在于，与苏联官方许可的马克思主义者所写的哲学史——就连形而上学问题也被当成阶级斗争直接反映的这种单调的见解——完全不同，这部著作根本上注目于基本的思维范畴——"自然""理性""法"等内部的结构关联，并以此描绘了从中世纪到文艺复兴时期"世界观"的微妙变化过程。

但是，不是在经济史和社会史中，而恰恰是在日本思想史领域中，日本的马克思主义者取得学术上的业绩，却是在1934年日本破灭的军国主义大滑坡之后的事。永田广志、鸟井博郎、三枝博音、羽仁五郎等人对"传统"思想——儒学、国学、神道等所做的研究就是如此。这一时期，他们与之对抗的不是那些受欧洲资产阶级史学影响的研究者，而恰恰是那些汲取了"民族道德论"系谱而坚持"日本精神"的观念论者。于是，这些马克思主义者在政治、社会的状况中处于守势，而且，越是受到严格的思想统御，他们就越是不得不把科学的"普遍性"和"客观性"的要求突出出来（与此相反，从马克思主义转向"日本主义"的人，改变了所谓一切思想和教义都受"阶级"制约的主张，而强调民族的制约，这是一个具有讽刺意味的对比）。例如，永田广志的《日本哲学思想史》（1938），就是这一阵营中具有代表性的一部日本思想史研究著作。在此书的序中，作者有这样的说法：

> 在探讨思想史时，最要紧的是要把过去具有重要性的各种

思潮，从它们同现代的主要思潮，特别是有发展前途的思潮的历史联系上加以阐明，而不是根据自己的好恶加以取舍选择。遗憾的是，迄今为止，我国所写出的许多思想史著作，都明显受到了作者们道德倾向的影响。（着重号为丸山所加）

在此，"独立于价值判断的自由"之主张，正是马克思主义者提出来的！文中所说的"明显受到了作者们道德倾向的影响"的思想史，指的就是从"民族道德论"到"皇道哲学"这种国体赞美论者所写出的思想史（以抽象来表述当然是出于审查上的考虑）。这既说明了欲暴露资产阶级史学"客观性"之欺骗性的马克思主义怎样被逼到困境这一当时的状况，同时更广泛地说，它又清楚地显示了战前日本的马克思主义在"知"的世界中所扮演的两面性角色。

四

自从进行日本政治思想史的专门研究以来，我既从具有悠久传统的"经学"中，同样也从上面所谈到的那些思想史研究的遗产中，受到了很大的恩惠。但是，从这些过去的研究业绩中，我所学到的主要是一些有关德川时代各位学者、思想家的各种言论的解释，而不是超出这种范围之外的其他东西。至于用什么方法和角度去描绘德川思想的历史潮流才算合适，坦率地说，作者必须暗中摸索，靠自己的思考前进。因为只要说到方法论，作者对于上面所谈到的无论哪一种类型，整体上都不习惯它们所做出的承诺。

首先，继承了"民族道德论"及其系谱的"日本精神论"成了时代流行的思潮，以此为基础写出的思想史著作（在量上它占了多数），即便是不太狂热的作品，其中被作为前提的伦理和政治独断，也使青年的我几乎有一种近于生理上的厌恶感。其次，"文化史"类型的研究，与第一种类型相比，它在学术上的价值虽然要高得多，但是，这种研究把"文化"和"哲学"从社会史的脉络和时代的阶级结构中割裂出来，最终只是把它们作为自足的存在来考察，这使我感到不安，因为我已经大大受到了马克思主义方法论的"洗礼"。但是，另一方面，马克思主义者们的研究业绩也不能满足我。如上所述，1930年代的日本马克思主义，虽然从把意识形态视为阶级利害关系的纯粹替代物或者是生产关系的机械反映这种朴素的看法中摆脱了出来，但他们也没有成功地揭示出把思想自律性的内在逻辑的展开同社会基础和阶级关系的变动联系起来的具体方法。他们中的一些人的进路，与非人格性的思维范畴相比，依然是以思想家为中心的。从这种意义上来说，他们并未脱离传记研究的传统。另外一些人，由于对知识分子的思想，特别是对其政治思想的极端单调性和反权力因素的淡薄大失所望，所以就试图在百姓起义的记载中去发现"反封建的、革命的意识形态"的兴起。就思想家而言，如本书花了许多篇幅叙述的荻生徂徕、本居宣长，我的印象是在他们的思想中，"进步的"侧面和"反动的"侧面在同一人格中有机地、内在地联系着，如果只是分别对待这两个侧面，就不能在整体上把握他们的体系。同时，对后者（上述"另外一些人"——编者）的平民主义倾向，即把抽象度很低的事件经过记录作为史料，在多大程度上能说是民众的"思想"，似乎也没有做出令人信服的回答。

当然，如同上面所触及的那样，战前日本的马克思主义者在把研究兴趣转向日本思想领域的时候，周围环境已相当恶劣。但是，如果把这种不利条件考虑在内,对他们来说就算公正吗?对抗时代思潮的马克思主义者,一直后退到普遍主义、科学的客观性或者启蒙主义的进步观等资产阶级观念的堡垒中,以守护学术上的良心,这确实引起了我精神上的共鸣。但是,这种后退,造成了冲淡马克思主义独特的方法论的结果,对于我的研究来说,它相应地也就失去了新鲜性,这是事物走向反面的一种事实。

把思想史作为思想的逻辑发展从内部加以把握,或者注目于意识形态的社会机能从外部来认识它,这是两种不同的看法。用什么方法把这两种不同的看法结合起来,围绕这一问题恶战苦斗的我,恰恰就像"溺水者连稻草都抓"所比喻的那样,最终找到了卡尔·曼海姆(K. Mannheim)的知识社会学。在这一方面,曼海姆的《意识形态与乌托邦》英文版中所附的"疑难问题初步探讨"(Preliminary Approach to the Problem)部分,如果当时我能够读到的话,该会对我有多大的帮助啊!遗憾的是,这一简明而又带有总结性的序,在德文原版中却没有。这样,我就不得不辛苦地去阅读以压缩性的文体写成的理解起来比较困难的德文原著《意识形态与乌托邦》(*Ideologie und Utopie*,1929)。曼海姆把在社会基础与各种政治的、社会的观念之间起媒介作用的东西,称为观点结构(Aspektstruktur)、思考范式(Denkmodelle),同时他还提出了具有普遍性的意识形态概念(Der Begriff der allgemeinen Ideologie),这些都使我受到了很大的启发。

本书第一章,与其说我是从每位儒者的学说,倒不如说是从"朱子学思维方式"这种非人格的高度,来把握德川时代初期的朱子学的。我试图在朱子学思维方式所经历的历史变迁中,来追寻德川时代"正统的"世界观之解体过程。这一意图(看来没有实现),

就是受曼海姆的"意识形态论"激励的结果。当然,要把曼海姆抽象的方法论同江户时代儒学和国学的丰富史料打通,在实际操作上绝不是一件容易的事……而且,前面提到的博克瑙的著作,即试图把从"内"对思想的理解和从"外"进行的社会学认识结合起来的做法,对我也有所启发。朱子哲学所具有的"规范"与"自然"相连续的特征,在其后的儒学思想发展中走向了分裂。这一分裂很快又为国学思维方法的成熟做了准备。本书第一章的这种认识结构,从博克瑙研究圣托马斯·阿奎那(St. Thomas Aquinas)的自然法及其诸范畴的历史发展过程时使用的叙述方法中得到了启示。①

第二章的主调,是从自然秩序思想到制作制度观的发展。不像上面,这里难以举出我受过特别影响的西欧学者的名字。当然,文中提到的学者,如F. 滕尼斯(F. Tönnies)、M. 韦伯(M. Weber)、E. 特勒耳奇(E. Troeltsch)等,我从他们那里也分别受到过启发。在此我想附带说明的是,作为本书第二章的论文,原是作为第一章的补充而写的。我的处女作(也就是本书第一章),是为承担大学里的日本政治思想史专题讲座而撰写的,其着眼点在于分析儒学的哲学范畴和国学的非政治性文学理论。由于几乎没有考察诸思想家对政治和社会环境的直接反应,所以我感觉仍有必要把对象转移到狭义的政治意识形态上面做一补充考察。虽然如此,江户时代表面上所显示出的政治教义却极其缺乏魅力。在此两个半世纪之后出现

---

① 大约在同一时期,完全是偶然的,奈良本辰也向博克瑙学习分析的方法,并试图探讨德川时代朱子学自然法分解过程的足迹(参见他的《日本封建社会史论》,1948年)。此外,还有家永三郎战时出版的著作(如《日本思想史中否定逻辑的发达》,1940年;《日本宗教自然观的展开》,1944年;等等),也试图在日本史中追寻非人格化思想范畴的发展。

的社会契约说和人民主权论自不待言，就是西欧中世纪发展起来的抵抗权理论也没有现出萌芽。除了安藤昌益这一"被遗忘的思想家"①之外，从根本上否认德川社会阶级结构本身（也就是说，不单单是反对幕府和诸藩的政治权力）的思想意识一直到幕末都没有出现。嘲笑"腐儒者"之空谈理论的平民思想家的"现实主义"，同时也是对"天下太平盛世"所做的现实主义的肯定（如平贺源内、司马江汉和海保青陵等）。此外，传统主义者和国体论者所强调的尊王论，本来就不反幕府，更何论"反封建"（担任德川家康文书工作的林罗山早就强调尊王传统）！与第一章相通，我为了在更政治性的思想高度，描述出作为"无意识结果"的现代意识被准备的过程，可以说是迫不得已而提出了用不同的方法来为同一政治、社会秩序提供根据的第二章的观点。②

现在的问题是，在第一章和第二章，我为什么要一味地运用"现代意识"成长的观点来叙述德川思想呢？对此，现在的读者一定难以理解。为了回答这一问题，我必须从学术方法的内部走出来，再次回到开头叙述过的时代氛围上来。

1912 年，革命的无政府主义者大杉荣等人创办了名为《现代思想》的杂志。"现代"一词，正像这一杂志名字中的"现代"那样，在日本具有特殊的色调和意义（从 1960 年代开始，就日本的"现代化"问题，举行过一系列研讨会。在这些会上，对"现代化"

---

① 这一说法，是已故的 E. H. 诺曼研究安藤昌益一书的日文版书名。正是诺曼把安藤昌益广泛地介绍到了英语世界中。
② 所以第一、二两章，都是特定视角之下的问题史（Problemgeschichte），而不是通史。因此，即便是重要的儒者（如新井白石、室鸠巢等），不在这一视角之下的，也就不进行考察。

这一概念，日本学者和来自盎格鲁-撒克逊世界的学者的理解不一致，而日本战前的那种历史背景就是这种不一致的原因之一）。而且，本书所收录的论文，在写作的时候，恰好是知识界中"超越现代"问题再三被讨论的时代。要超越的"现代"，是一个复合概念，它包括了广义上是文艺复兴以后，狭义上是产业革命和法国革命以后西欧所具有的学术、艺术等文化以及技术、产业和政治组织方面的全部领域。超越论者共同展望说，现代世界史正处在这样的转折点上，即英、美、法等"先进国"所带来的"现代"及其世界规模的优越性，在一声巨响中已分崩离析，取而代之的将是新文化。坚持这种主张的知识分子，未必都是法西斯主义者和军国主义者。在他们的见解中，也包含了当时在我看来是合理的东西。但是，在1940年之后的时代氛围中，不只是军部、"革新官僚"、反议会主义政治家，还有从左翼转变过来的知识分子一起领唱道："知识分子的真正使命，是打倒由英、美、法等国所代表的已落后于时代的自由主义诸思想观念，协助日本、德国、意大利等轴心国家在前列推进的'世界新秩序'的建设。"上面的论调就被淹没在这种高亢的轰鸣声中，并强烈地带有与之合流的倾向。这种主张伴随着一种诊断，即认为"现代"的病态已浸透了明治维新以后的日本的所有领域中，而知识分子的世界更是被这一病症所侵蚀。这样，问题就不只是同盟国与轴心国之间的国际对立，同时还包括了在日本国内实行思想意识齐一化的要求。因此，对"超越现代"论和从背后支持它的整体主义思潮具有强烈抵抗意识的知识分子和研究者来说，就有义务在各个领域中，去拥护被当作替罪羊的"现代"。逆时代潮流而动的自由主义者和马克思主义者，在这一"知"的战线上，就共同站在了拥护"现代"的一侧。如上所述，一些马克思主义者重新确认客观性、独立于价值判断的自由等资产阶级的自由主义的学术理念时，就处在这样的时代状况之下。

在包括思想史在内的历史学领域中，这一"知"的对抗，是围绕着对内外一体关系的双重疑问而爆发的。这双重"疑问"，一是，超越论者们估计说："明治以后的日本早已充分现代化。现代日本的最大病症，是由于过分吸收西欧现代文化和制度而滋生的毒素。"那么，这种估计果真正确吗？二是，超越论者们主张说："在被'现代'污染以前的日本，古代信仰与儒学及来自亚洲大陆的'东方精神'浑然融合，形成了美的传统。它在日本文化、社会、政治各个领域中历经风霜，被保存下来。现在把我们祖先这种美的传统从'现代'的污染中拯救出来，这才是日本对'世界新秩序'建设应做的贡献。"那么，这种主张果真有历史根据吗？

像读者已经看到的那样，本书的第一、第二两章，都是把观察德川时代中现代思考方式的成熟程度作为一个共通的主题。在这一主题之上，贯穿着这样一种动机，即超出纯粹的研究兴趣，在自身的专门领域中同"超越现代"论相对抗。简单地说，（A）现代日本的"超越现代"越是成为最大的课题，日本就越是不能现代化。在此，有这样两种不协调的东西并存着、合作着（对上面第一个提问的回答），一是能够制造出世界一流战舰的技术，一是日本最高统治者永远被天照①神谕所规定的国家神话（20世纪以前的神话）！在其反面，（B）就是在维新以前的时代中，也不像传统主义者所美化的那样，与"现代"无缘的"东方精神"一成不变地持续着。对于德川时代的思想，如果注意一下其潜在的趋势，那

---

① 天照：即天照大神，日本太阳之神，被尊奉为日皇的祖先。——中译者注

么，从迈向现代的连续发展这一侧面（sub specie）加以把握也是可能的（对第二个提问的回答）。历史地论证（A）与（B）这两个命题，就是当时驱使我的一种超合理的冲动。收入本书的论文，对（A）命题并没有直接的说明。但第三章，按原来的计划，与第一、第二两章有所不同，主要是想通过对明治时代以后的把握，从一个侧面来证实一下（A）命题。它变成目前呈现的样子，是降临到作者头上的个人命运的结果。现在就简单地说明一下它的由来。

《国家学会杂志》根据当时主编冈义武教授的提议，计划在1944年出一期以"现代日本的产生"为题的特辑。本书第三章就是当时作为其中的一篇而写的（这一计划自身中就包含着面对时代潮流而秘密防御的意图）。与作为第一、第二两章的论文相比，作为第三章的论文更接近于常识意义上的政治思想史。反过来说，或好或坏，这篇论文在方法论上，我个人发挥的空间很小。因为它原是特辑中的一项分工任务。我原来的设计是，想从现代民族主义如何变质为官僚国家主义这一视点，探寻一下明治以后民族主义的形成。因此，原题目也就是"民族主义理论的形成"。但是，当我正写作不过是作为本论文序幕的德川时代之时，1944年7月初，我突然收到一封征集命令信。为了接受初年兵（入伍不到一年的陆军士兵）教育，我被带到了遥远的朝鲜平壤。这篇论文谈到幕府末期就中断了，就是这个原因。由于从接到征集命令信到在新宿车站出发只有一周的时间，所以在离家之前，我就集中精力来完成初稿。在我奋笔疾书的屋子的窗外，为了欢送我的"出征"，在手持日本国旗不断聚集来的街坊人群中，就有我如今已故的母亲和当时结婚只有三个月的妻子。她们做了小豆饭来款待我。这一情景，至今还像昨日一样印在我的脑海里。如果这篇论文带有一些感伤的情调，那么它与这种紧迫的状况大概不无关系。1944年7月的应征，几乎使我对有生之年重返学术生活不再抱任何希望。我打算把这篇论文当作遗书留下来。

五

以上冗长的叙述，目的完全是想通过说明写作这里所收录的论文的背景，以帮助读者理解，而这个背景在日本史中被认为有着极为特别的社会政治环境以及"知"的背景，但我绝没有为本书的主题进行辩护并使之正当化的企图。我现在的立场和见解同将近而立之年时存在的鸿沟，不知道应如何概括，总之就是很大。在构成上，各篇论文不管好坏都成了有机的统一体。因此，部分的修改都有可能导致对建筑物整体的破坏。在这种特殊视角映照下的研究，与教科书性质的一般历史著作不同，尽管作者的见解前后有所变化，但我相信，它本身仍有存在的理由。但是，对本书叙述中的两个论点，我不能置之不理，有必要加以最低限度的解释。现在就来稍加说明一下。

第一，本书第一、第二两章的共通前提是，所谓的"朱子学的思维方式"，在江户时代初期的社会，一度普遍化，然而其普遍性在17世纪后半叶和18世纪初之间开始逐渐崩溃，并因"古学派"之类的抬头而被迫面临着重新开始的挑战。但是，这一前提不只是局限于历史进化的思考，也不能说它准确地对应于具体的历史事实。不做详述，只说结论的话，即幕府及诸藩，为了战国状况的稳定化，从江户时代初期起，就采取了所谓的"文治"政策，并为此而注意利用儒学（具体地说大体上是朱子学）的价值。但是，儒学古典及权威性注释书的发行和开始流通，以及作为意识形态的儒学教义浸透到社会，这是逐渐发生在17世纪后半叶的事。特别是，对朱子学在全国的兴盛起过重要作用的山崎暗斋，在京都开始谈论他自称的纯正朱子学，是在1655年。但另一方面，山鹿素行大胆向朱子挑战的著作《圣教要录》，出版于1666年。伊藤仁斋完成具有独创性的《论语古义》和《孟子古义》的草稿，是在1663年。也就是说，毫无疑问，作为社会意识形态的朱子学的普及和"古学派"发起向朱子学的挑战几乎是同时进行的。而且，如果不是指儒学在学术界的高度问题，而是指本书所说的形成德川社会观点结构的儒学根本性诸范畴，那么相反，可以说直到幕末的最后瞬间，儒学还顽强地保持着流通性。要而言之，也就是说，在本书根基上所贯穿的"朱子学思维方式的普及和它的渐次解体""从自然到制作"等这种进化论图式，能否在任何地方都经受住历史的证实，也还有不少疑问。但是，即使完全取消这一图式，本书中的一些分析，如徂徕学的内部结构，徂徕学中公的领域与私的领域相分化的意义，徂徕学同国学在思想上的关联中前者对私的领域的解放被后者所继承等，作者可以毫无愧色地说，它们在今后的研究中仍有一定的活力。

第二，作者意识到，本书的致命缺陷，主要是对日本朱子学的日本特性这一问题几乎没有谈及，特别是在江户时代的朱子学被认为是"最纯粹的、（从中国）直接传入的朱子学"（本书日文版第31页，注[5]）这一点上尤其如此。比如，山崎暗斋及其学派在朱子学上以直系正统自命。为了避免注释所造成的歪曲，他们从朱子著作中选出的精华就占了他们论著的大部分，这当然是事实。但是，这一学派对事物的思考方法，对原文的选择和强调方式，究竟是不是客观地与朱子学相一致，则完全是另一回事。不管他们的主观意图如何，具有讽刺意味的是，这一学派以典型的形式暴露了日本朱子学同中国朱子学的乖离。当然,日中儒学比较,自始至终就不是本书的问题。在这一点上,虽然也包含着作者当时学力不足的原因,而不是懒惰地保留(比如,日文版第30—31页的注[2]及注[5])。但是,如果不只是把山崎暗斋,而且也作为江户儒学出发点的林罗山的学术已经对朱子学进行了"修正主义"的理解这一点推到更前面的话,德川儒学史的整体,大概就会在与本书相当不同的视角下被把握。①

此外,说到比较问题,单从其出发点来看,讨论江户时代的朱子学,绝对有必要注意到起过重要作用的李氏朝鲜的朱子学,特别是李退溪的学术和思想。轻视朝鲜思想史,把中国和日本放在主要的视野里——除了史料利用便利这一点另当别论外——这不仅是我而且也是日本"传统"思想研究中存在的共同问题。

最后,作者对羽根干三教授的顽强和努力深表敬意。本书的史料翻译,相当困难。但是,羽根干三教授为了自己学习,从三十多年前就开始独立埋头于此书的英译,并最终出版有望。他的翻译工作尽管在两三年前就完成了,但出版一直推迟到现在,其中一个原因,就是我懒于写英文版序。对此,我要就我的怠慢向耐心等待这一序言的译者和东京大学及普林斯顿大学两家出版社表示歉意。此外,在英文编辑方面,我要感谢苏塞克斯大学的 R. P. 多恩教授以及 B. 布勒斯塔的帮助。最后,特别要提到的是多恩教授,他在我写序言的工作进入冲刺阶段的时候,由于事务原因偶然来到了东京。他鼓励我,并主动要求承担序言的英译。这立刻使我想起,东方圣人的"有朋自远方来,不亦乐乎"的名言与西方"患难朋友才

---

① 这一问题的一个侧面,我在最近发表的论文《历史意识的"古层"》(收入《历史思想集》,筑摩书房,1972年)中有所讨论。

是真朋友"的谚语,这实在是相映生辉!

1974 年 8 月于东京

补记:

笔者的这一英文版序言,是原著将由东京大学出版会和普林斯顿大学出版社共同出版之际新写的。由于原著中所载的记有1952年11月20日日期的"后记",是三十多年前写的,而且由于本书是把日本的读者,从它的特点来说主要是把专门研究者作为对象,所以本书的英文版删除了这一"后记",用英文版序言来代替。在对本书所收论文的内容和写作过程的说明中,英文版序言与1952年的"后记"有若干重复之处。但是,有关日本思想史方法论研究的历史背景,日本战前、战中的精神氛围,我从最低限度列出的现在(1970年代出头)来看不周全的地方等问题,在英文版序言中都首次做了公开的说明。对此赞成与否另当别论,但是不是也能引起日本读者,特别是比较年轻的研究者的一些兴趣呢?

我以前为《现代日本的政治思想与行动》(牛津大学出版社)一书所写的序言,翻译成日文后收入了《从后卫位置出发》(未来社)一书。《现代日本的政治思想与行动》一书序言的写作过程与本书英文版序言的写作情况稍有不同,在此需要补充说明一下。《现代日本的政治思想与行动》一书的序言,是我逗留于牛津大学时用英文写的,因此,并没有日文原文。但是,本书的英文版序言,是在日美两家出版社的再三催促之下,我在东京的宾馆中以"罐头式禁闭"的方式用日文写成的,它有草稿,准确地说是草稿第一稿。在我正忙于修改草稿之际,老朋友 R. P. 多恩氏来日本做短暂停留。趁一个晚上的余暇,他到访了我所在的宾馆。他到宾馆,虽然只是为了同我聊天，但他注意到桌子上我写的草稿后，就主动要求承担序言的英译，我谢绝说："您很忙，让您做这样的事……"但他对我说："不，翻译很有意思，这也是我学习的机会，请让我在飞行途中来做吧！"就这样，他拿走了草稿，第二天就离开了日本。因此，就出现了这样的情形，即英文原著的正文是由羽根干三翻译的，而英文版序言则由多恩氏译出。多恩氏不愧是著名的翻译。有一点我想谈谈，这就是多恩氏的英文真是运用自如。举一个例子来说，在最初接触到战争时期的"超越现代"（中文也译作"近代的超克"。——编注）论时，他用罗马字表示"超越现代"之后，又加上破折号继而把它直译为"overcoming modernity"。但等它再次出现时，就变成了"这些'We shall overcome'理论家们所具有的共同展望"。不言而喻，"We shall overcome"，是越南战争时因 J. 巴埃斯等人的歌唱而流行起来的民歌中的歌词。歌词可能令人发出的确不错的感叹，但从翻译来说，也许会使人觉得走得太远。另外，序言最后的部分，为了感谢多恩氏的好意，我引用了《论语》中的一句话，他自己因为有点难为情，就把英文翻译简化了，句子的顺序也有所不同。因此，序言收入本书日文版时，并没有重译英文，而用了我的第一稿。但是，由于这个稿子是我自己一开始就意识到要译成英文而写的，所以在不少地方都插入了英语单词和句子。这些单词和句子，有的在英文版中原封不动地使用了，有的则被译成了别的词句。但在这里，原则上都统一成日文，个别特殊的，为了更清楚地表达原意，注上了假名。以上的说明也许是画蛇添足，但为了使本书英文版的持有者不生疑问，就特地记下了事情的原委。

（《日本政治思想史研究（新装版）》，1983 年 6 月，东京大学出版社）

第一章
日本近世儒学发展中徂徕学的特质及同国学的关系

第一节 前言——日本近世儒学的产生

中国历史的停滞性与儒学 — 日本儒学 — 日本近世儒学产生的客观条件 — 其主观条件 — 探讨日本近世儒学展开的意义

一

黑格尔在他的《历史哲学·绪论》中阐述中华帝国的特性如下：

> 中国和蒙古帝国是神权政治和专制政治的帝国，其根基是父家长制状态。父亲一人位于最高层，即便对我们来说是要服从良心的事情，也要受到他的支配。这种父家长制原理，在中国一直被组织化到了国家的层面。……在中国，专制君主一人位于顶端，通过阶级统御制度的许多阶序，指导有组织构成的政府。在那里，就连宗教和家庭事务也要由国法来决定。个人在道德上等于无意识。①

---

① 黑格尔：《历史中的理性》，拉松版，第三版，第 236—237 页。

在此，置于黑格尔心头的是开始于东方世界、经过希腊罗马，最终在日耳曼世界完成的历史哲学图式，这自不待言。由于黑格尔是将世界精神的展开过程作为担当着各个时代世界精神的民族之兴亡来阐述的，所以，地理上的区分同时就意味着历史的阶段。黑格尔的这一图式本身从实证历史学的立场来看，不免有很大的随意性。黑格尔叙述的中国或东洋的那种特性，尽管有程度上的差异，但几乎在所有国家的历史中都一度可以见到。但重要的一点是，在中国，这种特性不仅形成于某一阶段，更是不断地被再生产出来。因此，就有了所说的中国历史的停滞性。总的来说，这一点黑格尔也洞察无误：

> 因此，这里存在的首先是国家——是主体尚未达到自己的权利，毋宁是像直接性的、没有法律的人伦形态统治的国家，这是历史的幼年时代。这种形态分为两个侧面。第一个侧面是建立在家族关系上的，通过训诫和教养赋予整体以秩序的国家。由于在那里对立和理念性尚未表现出来，所以，可以说它是一个散文性的帝国。与此同时，它又是持续性的帝国（ein reich der dauer）。换句话说，它不能凭借自身使自己发生变化。这正是亚洲，主要是中华帝国的形态。然而，另一方面，相对于空间上的持续性而言，有时间这一形式同它对立。这些国家在自身内部，即通过自己的原理本来并没有变化，但在国家之间却不断变化，持续着无休止的抗争。这种抗争促使各国迅速没落。……因此，这种没落绝非真正的没落。大概这是因为通过这一切无休止的变化并没有任何的进步。取代没落登场的新的东西又朝着没落沉沦。其间也看不到什么进步。这种动摇可

以说是非历史性的历史。①

黑格尔所指出的中华帝国的特性，只有同中国历史的反复性放在一起考虑时才能够理解。被父家长绝对权威所统率的封闭性家族社会成了一切社会关系的单位，国家秩序也是在这一基础上以阶序性来组成的。具有"作为父亲的关怀"的专制君主位于其顶点。由于这种社会构造在中华帝国非常牢固，所以在其内部，主体（个体）不能取得自己的权利。在其自身之内没有孕育出对立，相反止步于直接的统一，因此，它才会是一个"持续性的帝国"。但是，正因为它没有在自身之中接纳对立，故对立就发生在了固定的国家秩序之外。"一方面我们看到的是持续的固定，与此同时，另一方面我们所看到的则是破坏它的肆意。……这样，就在不允许任何东西分离，不允许形成任何独特性的东西的这种权力的壮丽的构造物之中，结合着放纵之极的肆意。"②因此，这种王朝乍看起来似乎巩固，却也会由于蛮族入侵之类的外部冲击而脆弱地分崩离析。但是，由于新的王朝也完全是在同一基础上建立起来的，并采取完全相同的构造，所以也只能完全重复着同样的命运。尽管王朝频频更替，但是，中国历史的"非历史性"并不是因为内部有分裂，毋宁说是因为内部太没有分化。黑格尔的这一解释毕竟触及了问题的本质，有其锐利之处。

可是，中国历史的这种特性同中国历史中儒学的地位没有密切的关系吗？关于儒学起源的考证性考察暂且不谈，今日我们所看到

---

① 黑格尔：《历史中的理性》，拉松版，第三版，第234—235页。
② 同上书，第238页。

的儒学，是通过战国时代诸子百家的论争逐渐完成体系，经过秦到前汉，与统一的国家秩序大体上一起确立，在汉武帝（公元前140年即位）之时，作为官学它占据了独尊的地位。把子对于父的服从置于一切人伦的出发点上，将君臣、夫妇、长幼（兄弟）等特殊的人际关系类比为父子，与上下尊卑的关系结合来说明其严格"区别"的儒学道德①，概是与由"帝王作为父亲的关怀，和脱离不开道德家族圈因而不能获得任何独立市民自由的作为儿子的臣下精神"②所构成的庞大汉朝帝国最合拍的思想体系。③前汉以后，王莽、后汉、三国、两晋、南北朝、隋、唐、宋、元、明、清和其后，虽不知有多少王朝先后灭亡又兴起，但不管有多少王朝的盛衰，儒学总是能凭借新王朝确保其国教的权威。这同成为儒学道德产生之前

---

① 所谓的五伦之中，只有朋友一伦为对等关系，但对此论述最少，连朋友关系也有作为"朋友之序"以上下关系加以约束的例子，还有不存在非朋友性的一般民众间的伦理关系，这两者值得我们考虑。对于儒学道德的这种特性，就是明治时代较为保守的伦理学家西村茂树也不得不承认。他说："儒道利于尊者，不利于卑者。尊者有权利而无义务，卑者有义务而无权利。建立国家秩序，虽不得不如此，然亦稍有过重过轻之弊。"（《日本道德论》，岩波文库，第29页）
② 黑格尔：《历史哲学》，格罗克纳编《全集》版，第十一卷，第172页。
③ 但是，从儒学方面来说也不能忽视的是，在从战国时代到秦汉时代的发展中为了适应官学的地位，儒学曾经做出了提升其高度的改变。在诸侯争霸的战国时代，儒学的"先王之道"，既然是一种应该实现的理想，那么其说教在某种程度上就带有抗议的特性，其政治的、实践的色彩很明显。但是，汉以后的儒学，必须以不可动摇业已确立的王朝权威为前提，这样就丧失了其抗议的性质，沦为一种辩护学说（rechtfertigungslehre），这不足为怪。但是，这种变化也不过是儒学自身初始就内在具有的某种因素（例如，为了维护等级秩序而提倡礼仪，用天命为王位赋予基础等）发展的结果而已。

提的中国社会关系不断地再生产这样的事实分不开。于是，足以同儒学对抗的思想体系一直到清代都未曾兴起。如果把宗教思想除外，中国学术界中的思想展开，可以说只是在儒学思想内部进行的。和中华帝国一样，中国学术界亦未曾体验过真正的思想对立。在近代，当国际性压力渐渐使近代的、市民性的东西渗透到中国社会的时候，儒学才开始直面三民主义这种与自己完全不同系统的社会思想。

二

儒学传到日本，一般认为是从应神天皇十六年（285），王仁把《论语》和《千字文》带到日本开始的。也有追溯到更早的说法，姑且不论。日本儒学的历史非常悠久，但是，说到儒学对日本文化和社会产生的影响，却有两个极端的见解彼此对立。尽管日本儒学的道德内容同上述中华帝国的那种特性不能分离，但是，无论什么样的思想，只要是思想，它就不会只是止步于某种具体形式之下的行动的单纯指针和纲领，在它自身之中就一定潜藏着走向普遍化的契机。儒学也不例外。正是由此，它也就被日本接受。不过，当时，像儒学这种思想，它被产生它的社会的特殊条件所深深渗透，在被普遍化并适应于异国风土、异国历史、社会构造的情况下，它就会明显地抽象化，在极端的情况下，留下来的甚至只有停留在语言上的共通性。关于儒学对日本的适应性问题，人们的见解不同也是由于人们对这种抽象化程度所作的观测不同。本书不打算讨论这一大问题。不过，需要指出，即便是十分消极地看待儒学对日本影响的学者，在某种程度上也不得不承认有一个儒学适应日本社会的时代。这就是被看作儒学最为兴盛的德川时代。① 日本历史上进入近世以后，儒学得到了飞跃性的发展。这是什么原因呢？一方面是由于德川封建社会的社会乃至政治构造，在类型上能够同成为儒学前提的中国帝国的那种构造相对照，这样，儒学理论也就被置于最易适用的状态中；另一方面是因为，在近世初期，日本儒学对这之前的儒学从思想上进行了革新。我把第一个原因看成是日本近世儒学兴盛的客观条件，把第二个原因看成是它兴盛的主观条件，现在就来具体地阐述一下。

通过战国时代② 所形成的日本近世封建社会，它相对于中世封建社会的重要特质是，经过铁炮传来所产生的战术变化，以及丰臣秀吉丈量田地和没收武士以外者的武器等过程，兵农分离成为定局，武士丧失了同土地的直接联系，集中在以诸侯为中心所发展起来的城下町③ 中，在领主之下形成了等级制的家臣团。士同农工商阶层的绝对分离，在家臣团内部惊人的细致的等级划分④，进入德川时代方才完成。像这样把将军乃至大名置于顶点，使青年武士、伙伴等武家奉公人处于最下位的武家身份的构成，更进一步，武家对于庶民的绝对优越，由于恰恰与儒学作为理想的周代封建制度中

---

① 有关儒学对日本文化的影响，连持最消极见解的津田左右吉博士，在他的《文学中所表现的我国国民思想之研究》一书中，也承认儒学对德川封建社会具有某种程度的适应性（参照书中的"武士文学时代"，第585页及以后）。
② 战国时代：在日本历史上，它是指从应仁之乱到丰臣秀吉统一全国的时代，即1467年至1568年。——中译者注
③ 城下町：以诸侯的居城为中心所发展起来的城邑、城市。——中译者注
④ 照福泽谕吉的说法，中津藩大约一千五百人的藩士阶层竟分为百余级（参照《旧藩情》，《福泽谕吉全集》第六卷）。

的天子、诸侯、卿、大夫、士和庶民这种等级构造在类型上是相似的①，所以，这里的诸社会关系，用儒学伦理赋予意识形态性的基础极其适合。②例如，关于从农业生产中游离出来，成为寄生在庶民劳动之上的武士阶级的存在根据，随着战乱平息、和平持续，自然就成了突出问题。山鹿素行也不得不以反省的方式提笔解释"武士道"："士不耕而食，不造而用，不买卖而利，其故何哉？……为士者不可无职分。无职分而欲食用足，可谓游民也。"③山鹿通过这种反省，对"武士道"做了阐明。即使为武士统治赋予理由，就像朱子学者雨森芳洲的话所典型表现的那样，也是在儒学经书中寻求经典根据。雨森芳洲说："人有四等，曰士农工商。士以上劳心，农以下劳力。劳心者在上，劳力者在下。劳心者心广志大而虑远。农以下劳力惟自保而已。如颠倒，小则天下不平，大则乱

---

① 一般称周代为封建社会的时候，其所谓封建，只是意味着天子把土地分封给诸侯这种政治形式，它并不具有作为社会的、经济的结构以及作为历史范畴的意义。因此，德川时代与周代，在后者的意义上不能等而视之，但在前者的意义上可以看出具有某种程度上的共通性。就此而论，德川时代的儒者把他们的时代比之为周代，并称之为"封建"，也不能说毫无道理。

② 在此所谓"意识形态性"，是因为作为儒学伦理前提的中国社会关系与德川时期的在内容上并不一致。这一点，只要看一看中国所谓的"士"同日本的武士在内容上存在何等的差异即可明白。这些内容上的异同以及使儒学伦理适用于德川时期的社会关系，其实质上的妥当性如何不是问题？不管其妥当性如何，儒学伦理在现实中所履行的任务才是问题。

③ 《山鹿语类》卷二十一，《日本伦理汇编》第四，第34页。(此外，以下的原典引用，原文是汉文的，一律以训读改写。普通文中夹杂有汉文的，附上句读和读法符号。变体假名全都改为普通假名，句读也作了适当的变更。再者，着重号除了做出特别说明的，其他全是笔者所加。)

矣。"① 还有，即使武士阶级内部的君臣上下关系也是如此，过去是以较小的恩领②为基础，在数量比较受限的家人、郎党③之间所结成的主从关系，成为其心理支柱的"人情"与"契约"，早已难以求之于集中在城下町的庞大的封建家臣团和领主之间，它势必要求超越单纯依赖情绪的客观性的伦理，以作为思想统御的手段，而儒家的君臣道德恰恰就能满足这一需要。这很容易理解。这种情况甚至屡屡被提高到法制的地位上。④ 更进一步，依据家臣身份的高下，在服装、敬称、车马等方面，都制定了极为繁杂的差等，严格

---

① 雨森芳洲：《橘窗茶话》卷上，《日本伦理汇编》第七，第320页。这一说法不言而喻是基于孟子之言："或劳心，或劳力；劳心者治人，劳力者治于人；治于人者食人，治人者食于人，天下之通义也。"（《孟子·滕文公上》）
② 恩领：即恩地、恩赏地，武家时代由于功勋而被赐与的土地。——中译者注
③ 郎党：即郎等、郎从，指与主人无血缘关系的从者、武士。——中译者注
④ 当然，德川幕府建立之初，仍有战国杀伐的余烬。由于偏僻之地的大名实质上还没有处在幕府的势力范围之内，所以，即使幕府的政治组织也采取了一旦有事就原原本本转换成军队编制的结构。其所发布的法令，武断的色彩也很深厚，与其说是儒学，不如说是法家的倾向占据着主要地位，这是不得已的现象。例如，看一看庆长二十年（1615）武家的最初法令，第三条"违背法令之辈，不可隐藏于各地"一项规定说："法者，礼节之本也，以法破理，不以理破法，背法之类，其科不轻矣。"第十三条"国主可择政务之器用"一项中也规定说："凡治国之道在得人，明察功过，赏罚必当。"这些明显是法家的观念形态。但是，以宽永六年（1629）的武家法令为分界线，以上的这些言辞都消失了。在宽永十二年（1635）十二月有关士的诸法令中，开头就标示："励忠孝，正礼法，常会心文道武艺。专义理，醇风俗。"天和三年（1683）的纲吉的武家法令也是开头就标出与此同旨的一条："须励文武忠孝，正礼仪"，代替了以往的"须专心熟练文武弓马之道"。（以下法令方面的引文，均出自高柳真三、石井良助合编的《告示书宽保集成》。后注亦同）

加以"区别"。① 万事忌新花样，生活固定化，日本封建社会的这种政治样式，仿佛是儒学以"礼"加以合理化的在中国持续的辉煌制度。② 另外，在武士之家族的状态下，家主在亲权、夫权之外对其家族成员的特别之父家长权力，可以说虽并不存在法律形式的意义，但由于家以封禄这种政治上的、经济上的关系为基础，所以，家主对其家族成员实质上的统制力极其强大，在家主父权、夫权的约束下（因为衰老而隐居必须达到七十岁这一条件，所以父权的行使者不是家主的情况是非常少见的），家族成员的人格独立性就十分薄弱。即使在这一点上我们也能看出儒学家族伦理的很多适应性。③ 以上说的虽是武士对庶民的统治关系乃至武士团内部的构成同儒学伦理的对应关系，但身份社会（ständegesellschaft）中的社

---

① 例如，在武家法令中有以下的规定："衣裳之品，不可混乱。白绫，公卿以上；白小袖，诸大夫以上任之。紫袷、紫里、练、无纹之小袖，不可乱着之。至于诸家中，郎从诸卒，绫罗锦绣之服饰，非古法，令禁之。"还有说"乘舆者，一门之显贵、国主、城主、一万石以上并国之大名之子、城主暨侍从以上嫡子，或年五十以上，或医阴之两道，病人许之，其外禁吹嘘，但许可之辈非在此限。至于诸家中，于其国选其人，可载之。公家、僧侣、诸出世之众者，在此制之外"。这虽然根据的是宽永十二年（1635）的法令，但同一旨趣的规定在各武家诸法令中也有。

② 德川官学之祖林罗山，在《春鉴抄》中，对"礼"做了如下的说明："臣下宜依百官之位，车、衣裳，无论何物，皆有差别。座位次序，尊者上位，卑者下位，如此行之，即云为礼。"（《续续群书类丛·教育部》第十，第53页）

③ 有关武士家族内的状况，据福泽谕吉的描述说："封建时代的日本，完全为武家的世界，观其家族之局面，就足以知道日本封建时代的一般风气。这种风气在今日的实际中仍然风行着。就像当时的情形那样，一家之主恰如专制独裁的君主，举一家之全权，尽握一人之手，临其家内，威仪俨然。虽妻君以下家之子女，出入主公之前，恰如奴婢执礼，不得苟且松懈……其分界之严，与其云为男女有别，宁可云之为君臣之别。"（《续福泽全集》第五卷，第631—632页）

会关系，往往是以最上层的为典型，并模仿它①形成下层身份的社会关系（如手工业中的师傅与徒弟、商业中的主人与伙计等主从关系等），所以，意识形态也与此相照应，自上往下浸润这种身份社会的一般法则，在此也是适合的。儒学伦理虽多少有所变化，但也适应了庶民间的社会关系。要而言之，日本近世封建社会的社会构造同儒学伦理的思维构造在类型上相适应，正是日本近世儒学作为最强力的社会伦理在思想界能够占据指导地位的客观条件。②

但是，在日本近世儒学的兴盛中，还一定存在着主观的条件，这就是儒学思想自身的革新。日本近世儒学的存在形态同之前的儒学相比有不同的特征。以往的儒学是朝廷中博士们所从事的汉唐训

---

① 有关身份社会（ständegesellschaft）的形成原理，请参阅 H. 弗雷伊尔的《现实科学的社会学》，1930年，第268—285页。照 H. 弗雷伊尔的说法，近代市民社会是自下而上形成的。在这里，比较典型的阶级是无产阶级，"市民层从下经过准备上升为资产阶级"（第285页）。与此相反，在此前的身份社会中，真正意义的身份往往是统治的身份（贵族），"身份的思维是从上层浸透到社会机构的下层，并最终贯穿到整个社会中"（同上）。因此，下层身份的形成原理未必是仿效统治性身份本身。正如 A. G. E. 谢尔斯（Sieyes）的著名说法所象征的那样，第三身份一旦不甘于"分"而要求"全"的时候，身份社会就不能再维持下去了。

② 只有认识到儒学相对于近世封建社会所具有的意识形态性质，才能够理解它伴随着明治维新的新的社会关系的形成，不得不受到众多市民思想家攻击的历史根据。这些代表性的批判，首推福泽谕吉的《文明论概略》《劝学篇》《女大学评论》和其他种种重要的评论。这些在此一一引用，会过于广泛庞杂。此外，在明治初期陆续出版的启蒙类书籍中，有关"腐儒者"对封建的礼赞也到处受到批驳（参照《明治文化全集·文明开化篇》）。与之相反，借助名分论，对维新的四民平等进行反动的抗议的事例却不多。如岛津久光就是这种典型人物。他所说的"方今之政体，陷入共和恶弊，有此事乎"，就是一味反对维新后的"开化"。他还反复建议"须明贵贱之分"，"严禁淫乱，明男女之别"（《久光公记》，第218页）。

诂之学。即使是民间研究，几乎仍是停留在寺院内僧侣个人的、兴趣性的研究上。而日本近世的儒学则特别具有了教育和学术的意义，其研究也脱离了特殊的圈子，由独立的儒学家在一定程度上公开进行。① 这种转变的思想契机是宋学的传入。宋学早在镰仓时代就由禅僧传到了日本，后由五山僧侣们加以传承。此时宋学哲学当然要同佛教教理特别是禅宗的教理相妥协，主张所谓儒释不二说。例如，穷理尽性被视为与见性成佛相同，持敬静坐被看成与坐禅一样。使宋学特别是程朱理学从对佛教的依附中独立出来，并奠定了日本近世儒学发展基石的人物是藤原惺窝（永禄四年—元和五年，公元 1561—1619，以下数字皆为公元纪年）和他的高足林罗山（天正十一年—明历三年，1583—1657）。两人皆出于僧门，后来均还俗归于宋学，并且反而从儒学的立场攻击作为出世间教的佛教。② 他们的

---

① 《德川实纪》中称："盖本邦自上世，代代之博士，唯用汉唐注疏，讲解经籍。或又以诗赋文章之末技为其专门者甚多。至惺窝始尊信宋之濂、洛诸儒之说，以躬行实践为主，遍为教导。世人乃知宋学醇正，益于世道。"（新订增补《东照宫御实纪附录》卷二十二，新订增补《国史大系》第三十八卷，第 339—340 页）

② 有关藤原惺窝脱佛归儒的动机，可以参考《先哲丛谈》中的以下记述："释承兑、灵山，共以才学自负，尝诘惺窝曰：'吾子初奉佛，今又为儒，是弃真归俗也，吾子何以昧此义。'惺窝曰：'所谓真俗二谛，乃浮屠所说，而俗则自谓也。夫戾天理，废人伦，何以谓之真？'二释默然。"（《先哲丛谈》卷一，日本文库版，第 4 页）另，罗山的《惺窝先生行状》亦有如下记载："先生以为，我久从事于释氏，然心有疑。读圣贤书，信之不疑。道果在此，岂人伦之外哉！释氏既绝仁种，又灭义理，是其所以为异端也。"（原汉文。《罗山林先生文集》卷四十，京都史迹会编纂的《罗山先生文集》中为卷二，第 20 页）但是，在排佛论中，态度最坚决的是林罗山。不过，朱子学派的排佛论，在理论上未必有效，因为宋学本身就是在摄取了佛教特别是唐代所发展的华严哲学的基础上确立起来的。

这一经历恰好讲述了一个日本近世儒学独立过程的故事。

这种公开教育和学术的程朱宋学的确立,只要是同日本传统儒学背道而驰,就要遇到来自以往儒学研究圈子的人尤其是来自具有朝廷背景的缙绅博士们的激烈抗拒。此时,如果日本新兴儒学没有把足以对抗公家势力的政治势力作为支柱,它的前途就绝不会是平坦的。恰好作为这种支柱而出现的就是江户幕府的开山之祖德川家康。①

德川家康在开创幕府以前就表现出对儒学的关心。根据罗山所写的《惺窝先生行状》,文禄二年(1593),家康就在江户接见了藤原惺窝,让他讲读《贞观政要》。关原战役以后,在京师,他也多次从惺窝那里聆听圣学。惺窝一生未仕,但罗山因他的推荐,得到了家康的知遇,并在庆长十二年(1607)开始担任幕府的政治顾问,言称:"罗山于国家创业之际,大受宠任,起朝仪,定律令,大府所需文书,无不经其手"②,大受重用,遂开创了林家官学宗家之基。若是这样,家康关心儒学的理由何在呢?这一点,《德川实纪》记述说:

---

① 《德川实纪》中留下了如下这样的插话:"一年,道春(罗山的法名——笔者)集诸生于京都,讲说新注(新注,指朱子的注释——笔者)之《论语》。听众自四方云集,门庭若市。清原极胁秀贤向禁中奏曰:'我朝自古讲经学,无敕许不得为之。然道春于间巷私设讲帷,且不遵汉唐注疏,而用宋儒新说,此罪不轻。朝议纷乱不定,特请武家御旨。'君(指家康——笔者)闻之曰:圣人之道,人之所学之道,古注新注各应其好。宜于世中广开教谕。欲阻止不使行者,全系秀贤褊狭心之猜想,尤为拙陋。其诉亦遂不行而止。"(《东照宫御实纪附录》卷二十二,《增补国史大系》卷三十八,第340—341页)此外,在同一《东照宫御实纪附录》卷七中,在与此几乎相同的插话的最后附加说:"自此,信胜(罗山另一名——笔者)遂无顾忌,于洛中主张程朱之说,讲读经书。此乃本朝讲程朱之学之滥觞也。"(同上,第100页)

② 《先哲丛谈》卷一,日本文库版,第8页。

虽完全以马上得天下，然生来即具神圣之性，深知不可以马上治天下之道理，常遵信圣贤之道。明断曰：大凡治天下国家，惟行人之所以为人之道，此外别无所谓道。治世之初，常助文道。故世上颇不乏人，误以为好文之主，耽于文雅风流之事。①

是否以"大凡治天下国家"此外别无道的这种程度把儒学作为施政的手段，这大有疑问。毋宁说，幕府初期的政策武断色彩很浓。但是，从马上得到政权的家康，为了确保既得政权的基础而深深感到，欲转变战国时期的杀伐之心，就有必要振兴教育和学术；另一方面，据传，在儒学经书中，家康特别喜欢阅读《孟子》。他曾说："大凡欲成为天下之主者，必通四书之理，如不能全部通之，应好好玩味《孟子》一书。"②传说中，庆长十七年（1612）三月，在骏府，家康就汤武放伐之事同罗山有一个问答。罗山说："汤武应天命，顺人心，伐桀纣，自始即无为己之心，唯为天下除暴君以救万民为其本意，不可言有丝毫之恶。"罗山这是绝对地肯定汤武的放伐。家康感叹道："其说醇正明晰。"③从留下的这些传说来看，

---

① 《东照宫御实纪附录》卷二十二，《增补国史大系》卷三十八，第339页。
② 同上。
③ 同上，第344—345页。另外，《罗山林先生文集》卷三十一也有同样的记述。而且，《东照宫遗训》如确为家康之言，那么，在此，他明显是依据"天道"使武家政治的交替合理化。在这里也可以看出，武家的栋梁地位比之为中国的"诸侯"，其内容是否妥当，以及当时的通俗观念"天道"与儒学的天命理论上的异同都不是问题，而潜藏在这种说明方法中的意识形态的意义才是问题。

家康不单是要在儒学中寻找教化的手段，他也许还要摸索江户幕府的合法性根据。无论如何，既然家康在儒学中寻求的不是文学乃至注释性的研究，而在于伦理纲常和名分论，那么，相对于汉唐训诂之学，高唱道统之传——唐虞三代之道的传承——的宋学尤其是朱子学，就具备了受到他庇护的充分资格。

这样，贯穿整个德川时期，在为客观、主观条件所促成的思想界发挥着支配作用的日本近世儒学，首先就在朱子学中迈出了第一步。既然这样，日本近世儒学思想的展开，开始于朱子学，这对之后日本儒学思想的发展具有怎样的意义呢？它单单就是中国儒学思想发展的摹写吗？果真如此的话，日本近世的思想界就与中华帝国一样不懂得真正的思想对立，也不具有真正意义上的思想发展了。但是，与德川封建社会不是"持续性的帝国"一样，近世儒学的发展也不单是只在儒学思想内部进行。日本朱子学派、阳明学派的产生，进一步排斥宋学、直接复归原始儒学的古学派的兴起等，日本近世儒学的这种发展过程，从现象上看，同中国宋代的朱子学、明代的阳明学、清代的考据学的产生过程颇为类似，但其思想意义则迥然不同。日本近世儒学的发展是这样一种过程，即通过儒学的内部发展，儒学思想自行分解，进而从自身之中萌生出了完全异质的要素。诚然，日本儒学狭义的政治思想在整个近世始终没有摆脱上述那种封建的制约。受这种制约的不仅是儒学，就是同它对立的国学亦复如是。但是，在表面的政治论背后的深层思维方法中，变革虽并不显眼，却在一步步地进行着。我们探讨的课题首先是通过把这一过程追寻到后来的徂徕学，以此看一看这一过程如何为在继承徂徕学的思维方法的同时又完全使之转变的宣长学的建立做了准备。

在此，为了认识日本近世儒学的展开始于朱子学在思想史上的意义，我们首先必须弄清楚朱子学本身的理论特性，然后再去探寻一下在徂徕学中达到了顶点的，相对于朱子学，更准确地说是相对于朱子学的思维方法的反命题的成长。

第二节　朱子学的思维方式及其解体

朱子学的构造 — 朱子学的思维特性 — 其特性在德川初期思想界中的反映 — 朱子学思维方法的全盛期 — 从宽文至享保时期思潮的急速推移 — 朱子学思维方法的解体过程（山鹿素行 — 伊藤仁斋 — 贝原益轩）

一

朱子学是由周濂溪所开拓并为二程子（程明道、程伊川）所发展的宋学方向的集大成者①，相对于汉唐儒学，它的最显著的特色是：第一，它排斥始终在对经书做语言学研究的训诂之学，高唱所谓道统之传，相对于以往的五经（《易》《书》《诗》《礼乐》《春秋》）中心主义，它是依据四书（《论语》《孟子》《大学》《中庸》）来把握孔、孟、曾、子的根本精神的义理之学。第二，它弥补了作为以往

---

① 这里所说的朱子学并不单指朱熹个人的思想，而是自周濂溪到朱熹的一连串思想系统的总称。一般也称为程朱理学、道学，或宽泛地称为宋学。但是，因在宋学中还存在着从程明道那里分化出来的陆象山系统（后来到了明代的王阳明而有了集大成的系统）。为了避免混乱，下面我们就主要使用"朱子学"这一名称。

儒学弱点的理论性的缺乏，建立起了贯通宇宙与人类的形而上学。而且，这两个因素密切融合，完成了小自日常起居的修养方法，大至世界本体论的庞大的思想体系。它的确是儒学这一本来带着实用性质的思想能具有的空前的，大概也是绝后（在体系的广泛性上，虽阳明学亦终归不及）的大规模的理论体系。在它那里有着冲击一个部分就几乎能破坏全部构造的整体秩序性。不久我们就会明白，这种整体秩序性本身是来自朱子学思维方法特性的理所当然的结果。德川时期的朱子学家与古学派相比自不待言，就是同阳明学相比，它在理论上也缺乏创造性，究其原因不一定只是因为无能，其中一个因素就在于朱子学所具有的这种完整性（Geschlossenheit）。

　　因此，我们必须首先探讨这种庞大的朱子学体系的思想构造。当然，全面地阐述它既非笔者所能，也不是本书的直接课题。我们只是在为了了解朱子学的思维方法在儒学内部是如何崩溃的这一必要的限度内，按照形而上学（宇宙论）、人性论和实践伦理这一顺序来叙述一下朱子学体系的梗概。①

　　成为朱子学形而上学基础的是周濂溪的《太极图说》。这是基于《易·系辞传上》所说的"易有太极，是生两仪，两仪生四象，四象生八卦"，将它同"五行说"结合起来以解释宇宙万物的

---

① 我的宋学知识，同来自原著相比，主要以德川时代的儒学家的理解为基础，并参考了现今学术前辈诸氏的研究成果。此外，宋学的思想系谱，如在它的理论结构中，道家思想和在唐代充分发展起来的佛教哲学是如何被吸取的等问题，不仅超出了我的能力，而且也不是我们弄清作为德川时代精神结构形成契机的朱子学所直接面临的问题，所以，我们一概不论。在现代的儒学研究者中，特别使我获益的是武内义雄教授、西晋一郎教授、诸桥辙次博士等人的著作。

生成。概括其旨趣就是:"从作为自然与人的终极根源的太极中产生出阴阳二气,从阴阳二气的交合中,水、火、木、金、土等五行依次而出,四季循环而行。同时,阴阳二气虽然作为男女交感化生了万物,但其中人由于禀受最秀之气,所以就成了万物之灵。尤其是,圣人则完全与天地自然合二为一。故人类的道德目标就是要达到这种圣人的境界。"在此,宇宙理法同人类道德以同一原理被贯穿了起来。这就是所谓天人合一的思想,它或多或少贯通了中国的思想。特别是,构成宋学特征的这一思考方法,在《太极图说》中以非常浓缩的形式得到了表现。但是,在此,面对被认为是宇宙万物终极性根源的太极,朱子摄取了程子的见解,规定"太极只是天地万物之理"①,据此稀释了《太极图说》仍旧带有的浓厚的发生论色彩,树立了一种合理主义的哲学。②在朱子看来,一方面,所谓太极,是使阴阳五行之气成为气的所以然之理,就这点来说,它是超越天地万物的终极根源。朱子说:"未有天地之先,毕竟也只是理。有此理,便有此天地;若无此理,便亦无天地。"③但另一方面,在朱子看来,理与气共同内在于个体中,成了万物之性。这样,由于朱子学的理既内在于万物,另外又没有失去超越万物的一元的特性,所以,对于朱子哲学就出现了各种不同的解释,或者被称作理一元论,或者被叫作理气二元论,或者被看成是多元论。但一方面,如朱子所言"盖合而言之,万物统体一太极也;分而言

---

① 《朱子语类》卷一。
② 在此加上"一种"的限制,是因为朱子学的合理主义与近代的合理主义具有本质不同的特性。其如何不同,随着我们讨论的进行就会明白。
③ 《朱子语类》卷一。

之,一物各具一太极也"①那样,朱子学原本不具有这种非此即彼(entweder-oder)的范畴。另一方面,如同朱子所说的"理与气,决是二物","然不害二物各为一物也"②那样,理与气一起被称作"物",保持着实体的特性;但同时理又单独被认为是气之"所以然"的权利根据。所以,即使根据这一点,把朱子学过分现代化,如像井上哲次郎博士那样把朱子学类比为德国的理想主义哲学并加以考察,大概是有问题的,毋宁说,从超越性与内在性、实体性与原理性自在(无媒介)的结合中,我们不就能看出朱子哲学的特征吗?

总体上,在朱子学看来,天地万物都是由"形而上"之理与"形而下"之气结合而成的。在此之际,理决定事物的性质,气决定事物的形体。万物在把一理作为根源的意义上是平等的("万物各一其性")。③但由于气的作用,万物的差别产生了。于是,人类、其他的自然物都依照相同的理被贯通起来,但人因禀受了最秀之气从而就成了万物的灵长。然而,这种平等与差别的关系,不仅存在于与人类一般相对的自然之间,而且也存在于人与人之间。这样,朱子学的宇宙论就照原样接续到了他的人性论上。

太极=理寄居于人就成为人性。这是人的"本然之性",是无人不生而俱有的。人之中产生圣贤暗愚的差别,是基于气的作用。气被赋予人类,就成为人的"气质之性"。"气质之性"有清明混浊之别。由于圣人所禀的气质完全清澈透亮,故本然之性完

---

① 《太极图说解》。
② 《朱子文集》卷四十六。
③ 《太极图说解》。

全显现。然而，一般的人或多或少都具有混浊的"气质之性"，由此产生了种种情欲。这些情欲遮盖"本然之性"并使之蒙上阴云，就会产生人的恶。但是，人性的善相比于恶则是根源性的。总体上这是因为，基于理的"本然之性"——绝对的善，相比于基于气的"气质之性"——相对的善恶，是更为根源性的。所以，不论什么人，如果能澄清"气质之性"的混浊，就能复归"本然之性"。① 这样，下面的问题是如何改善气质，从这里朱子学的实践理论就展开了。

在实践伦理上，朱子学特别重视的经典是《中庸》和《大学》。朱子依据《中庸》所说的"故君子尊德性而道问学"，以一"尊德性"、二"道问学"这两个方面作为"去人欲""复归天理"的修养法大纲。"尊德性"是狭义的修养，"道问学"是知的探究。或者亦可把"尊德性"称作主观的方法，把"道问学"称作客观的方法。主观的方法所说的是所谓的"存心"。"存心持敬"或"守静居敬"之语，被认为是最具朱子学特征的实践性标语之一。如同朱子所说的"存心非是别以事物而去存心"②那样，这是纯粹主观性的内省。依此我内心的本然之性就可以直观地被洞察，达到"天理常明，人欲自然惩窒、消治"的境界。③ 第二个客观的方法所说的是《大学》

---

① 朱熹云："天之生人，无不与以仁义礼智之理。但欲生物，必须有气，然后此物聚以成质。而气之为物，有清浊昏明之不同。禀其清明之气而无物欲之累则为圣；禀其清明而未纯全，不免微有物欲之累，但如能克而去之则为贤；禀其混浊之气，又为物欲所蔽而不能去，是为愚、为不肖。是皆气禀物欲之所为，性之善则未尝有不同也。"（朱子：《玉山讲义》）
② 《朱子语类》。
③ 同上。

中讲的"格物致知"。本来，《大学》和《中庸》一道都因作为《礼记》中的一篇而被埋没，但朱子则把它们提取出来，使之作为"初学入德之门"置于儒学第一入门书的位置，并倾毕生精力，笔耕不辍为其作注解——此二者是他重视到如此程度的经典。尤其是"格物致知"作为朱熹的补传条目而闻名遐迩。我们刚才已经看到，朱子学的"理"作为万物的本体，一方面具有超越的特性，同时它又内在于万物之中。再者，我们知道，理被赋予人就成为人的本然之性。于是，就事物一一穷其理的同时，只此就可使我内心的本然之性清澈透亮。这样，穷理"至于用力之久，而一旦豁然贯通焉，则众物之表里精粗无不到，而吾心之全体大用无不明矣"。[1] 这就是"格物致知"。相对于"守静居敬"专是依据主体的自我反省而达到性的本质直观，"格物致知"则是要以客体作为媒介在概念上（尤其是最后像"一旦豁然"那样达到飞跃）达到主体之理。

这样，如果一个人根据存心和穷理，根据主观的方法和客观的方法，内灭人欲，复归本然之性，外与世界的理法合而为一，那么其身就成了圣人。这是人道德精进的最终目标。个人的这种道德精进又是实现一切政治、社会价值的前提条件。《大学》开篇之言说："物格而后知至，知至而后意诚，意诚而后心正，心正而后身修，身修而后家齐，家齐而后国治，国治而后天下平。自天子以至于庶人，壹是皆以修身为本。其本乱而末治者否矣。"这也是朱子哲学整个体系的归结点。

在此，单从只是像轮廓概观那样的朱子哲学体系的构造来看，

---

[1] 《大学章句补格物章》。

我们能够看出它的怎样的特性呢？① 在这一点上，首先必须提出的是构成朱子哲学根本概念的"理"的特性。在内在于事物之中、构成事物动静变合的"原理"这种意义上，它是自然法则。但在作为本然之性使之内在于人类的时候，它又是人类行为应遵循的规范。换言之，朱子学的理，是物理同时又是道理；是自然同时又是当然。所以，自然法则同道德规范是连续的。有关这种连续，将在别的地方叙述。但在此应注意的是，这种连续不是对等的连续，而是从属的连续。物理相对于道理，自然法则相对于道德规范而言完全是从属的，不能承认其对等性。我们遵循哲学体系的一般顺序，虽然是在形而上学的基础上来叙述朱子学的人性论和实践道德论的，但最终我们不能把亚里士多德意义上的"第一哲学"的荣誉授予朱子学的形而上学。朱子学的宇宙论乃至存在论，不过只居于人性论之"反射"地位。周濂溪的《太极图说》是生成论，但无论如何它是从存在论导出了人性论。相对于此而言，周濂溪的《太极图说》称："太极动而生阳，动极而静。静而生阴，静极复动。一动一静，互为其根。分阴分阳，两仪立焉。"朱熹对这种最初的宇宙论所做的注解是："太极之有动静，是天命之流行也，所谓一阴一阳之谓

---

① 以下要叙述的不只是朱子哲学的特性，而且是内在于一般儒学思想中的性质，只不过它在朱子学中有特别显著的表现罢了。本来，所有的体系都具有自足性，它将一切精神倾向统统都囊括在自身之中。因此，要说从某一体系中引出怎样的精神倾向，相应于建立体系的人的性格以及社会的状态而常有复杂多歧的样态。尤其像朱子学这样的体系，是在直接的统一中使一切矛盾连续起来，极端言之，相应于每个人的喜好，也能梳理出它有怎样的倾向以及特性。本章注目的是近世初期占统治地位的朱子学和在之后成为古学派批判对象的朱子学，这自不待言。但是，由于日本近世初期的朱子学完全是直接的照搬，所以，在此所窥见的朱子哲学的本来的特性，大概也不会离谱。

道。诚者圣人之本，物之终始而命之道也。其动也，诚之通也；继之者善，万物之所以资始也。其静也，诚之复也；成之者性，万物务正其性命也。"① 在这一注解中，朱子早已引入了"诚"这一契机。而且，在他那里，既然"诚者，真实无妄之谓，天理之本然也"②，那么，太极（理）首先就在"诚"这一原本伦理的范畴上被把握。不单是自然从属于道德，历史也从属于道德。一般来说，抽象的、合理的思维，是从一个理性的标准超越性地判断历史发展的多样性。这样做的结果，常常就忽视了历史的个性。由于在朱子学的"合理主义"中，其作为标准的"理"是把道德性看作本质，所以，其历史观正如朱子在《资治通鉴纲目》中典型表现出来的那样，就具有了极具特征性的形态。于是，历史首先就是教训，是镜子，只不过是"正名分"的手段。离开了这种标准，就不能承认历史性现实的独特的价值。朱子学的这种历史观如何受到徂徕学，更进一步受到宣长学的根本性的批判，有待后述。在此，我们只需注意一点就够了，即自然历史文化的一切都建立在道德至上的命令上，是朱子学的"合理主义"乃至"主知主义"的基本特征。只有记住道学的这种制约，我们才可以理解，朱子学的合理主义为什么会唤起徂徕学乃至宣长学中的"非合理主义"，何以乍一看像是思想逆转的从"合理主义"到"非合理主义"的推移，事实上正是为建立近代的合理主义所不可缺少的基础。

尽管朱子学道德性占优位，但是，由于道理同时又是物理，换言之，因伦理同自然是相连续的，所以朱子学的人性论就没有采取

---

① 《太极图说解》。
② 《中庸章句》。

当为的、理想主义的构造，不如说在这里是自然主义的乐观主义成了支配性的。本然之性不分圣人、凡人都同样具有。只是由于混浊之气遮蔽了本然之性，所以才产生出恶。如果能清除蒙蔽它的东西，原本存在的善性即可重现。只要这种思维方法不把德行的目标作为超越性的概念，并使其完全内在化到人性中，那么，不折不扣，它就是一种乐观主义。"人皆可成为圣人"的说法就是具体表现。"笃信力行，天下之理虽至难，犹必至之"的这种确信①亦是由此产生的。但是，不能忽视，这种乐观主义同时又孕育了严格主义。总体来说，在此，应该实现的规范被看成是自然（本然）。相反，由于普通人的感性经验、情感发动必然受到善恶相混之气质的制约，所以，在具体的实践上，"天理"就丧失了一切自然的基础，作为绝对的"当为"就同"人欲"对立起来了。这样，自然主义的乐观主义与克己的严格主义，一为抽象理论的构造，一为具体的归宿，就共存于朱子学的人性论中，所以，在朱子学思维方法的解体过程中，它很快就沿着两个方向走向分裂。一个方向是从自然主义的制约来纯化儒学的规范主义；相反，另一个方向则是承认"人欲"的自然性。其具体表现，通过下面的叙述即可得见。

朱子学人性论中的乐观主义构造是这样孕育在规范同自然的连续之中的，而这种连续性的思维又是朱子哲学的最大特色。我们在他的宇宙论中看到的"理"的超越——内在、实体即原理的关系，也是这种连续性思维的表现。天理同人性、气同人欲、法则同规范、物同人、人同圣人、知（格物穷理）同德、德（修身齐家）同政治（治国平天下）等等，全都是直线般的连续着。而所有这些

---

① 《玉山讲义》。

连锁，在上述的道德性优位（理＝诚）之下，都一丝不乱地排列着。① 在这种意义上，乐观主义就不只是在人性论上，而是朱子学总体也就是其体系性的特征。这种乐观主义一旦难以维持，以上那些各种各样的连续就会被切断，于是，黑格尔所说的"分化意识"也就会不期而至。

最后，从点缀朱子学体系的特性来说，我们必须举出它的静的＝观照的倾向。在周濂溪的《太极图说》中，虽然认为动属于阳、静属于阴，但在作为超越这种动静的绝对存在而建立的太极中，仍有浓厚的绝对静的色彩。正是因为这样，《太极图说》也说"圣人定之以中正仁义（自注：圣人之道，仁义中正而已矣），而主静（自注：无欲故静），立人极焉"。内在于宋学中的这种静的特性在朱子学中得到了全面的发展。看看下面朱子对《太极图说》的注解，他说："此言圣人全动静之德，而常本之于静也。"又说："然静者诚之复，而性之真也。苟非此心寂然无欲而静，则又何以酬酢事物之变，而一天下之动哉！故圣人……其动必主静。"凡此种种，很明显都是强调静的价值。这是从朱子学人性论构造中理所当然引出的结论。由于朱子学的本然之性被看成是寂然不动的东西，一切的心动都被认为是受气所制约的情，所以，仁义礼智作为先天的东西就属于性。至于已发的恻隐、羞恶、辞让、是非四端，它们就已不再被认为是性，而是使之归属于"情"中，因而朱子学的仁也就成了与爱自身相区别的"爱之理"了。仅从这种本然之性的完全的

---

① "即日用而有天理，则君臣、父子、夫妇、长幼之间，应对、酬酢、食思、视听之顷，无一非理者，亦无一可紊者。如一有所紊则天理丧。"（《朱子文集》卷四十五）

静的特性中，我们就可以理解朱子学实践道德中"守静居敬""居敬静坐"所具有的重要性了。还有，在如何为与此并立的"格物穷理"赋予实践意义之处，就像之后会看到的那样，从伊藤仁斋那样的实践道德立场来看，那种静观的色彩也无法被掩盖。但是，这种静对于动的优位，观照性对于行动的优位①，说到底也由来于以上所述的连续性思维方法，也就是说，它无外乎是朱子学体系中乐观主义的一个表现。

这样，我们蒸馏了庞大的朱子学体系，测出了它的道学合理主义、内包的严格主义的自然主义、连续性的思维、静的＝观照的倾向等种种特性，标举出了贯穿这些特性的乐观主义。这些特性就最好地说明了朱子学在近世初期的思想界赢得的垄断性地位。总之，作为朱子学特性的乐观主义，它是相应于社会安定的精神态度，反过来说，它又具有使社会安定化的机能。可说是一个疾风怒涛时代的战国形势，在那里可看到一切的无统制和混乱，但同时又可以看到在一切生活领域中的活动和发展，将两者一转之后，则是渐渐固定的秩序和人心。在建立于这上面的近世封建社会中，朱子学这种静的乐观主义就有了应该发展成为普遍精神态度的充分基础。但是，只要德川幕府制不是"持续性的帝国"，那么，那里的国民生活就不会一直静止不变。因此，乐观主义的普遍性不久就应该走到

---

① 当然，这不是说朱子学轻视实践道德本身。这种情况对于儒学哲学来说是不可能有的。相对于阳明学的知行合一说，朱子学常被称为知先行后说。朱熹云："知行常相须。如目之无足不能行，足之无目不能见。若论先后，以知为先；若论轻重，以行为重。"（《朱子语类》卷九）正如这里所说，朱子学的知行先后只是逻辑上的顺序，在价值上重视的毋宁说是行为。这里的关键问题是实践道德的内容。

它的尽头，人们渐渐地就不能再安然于朱子学的连续性思维上了。"天理"果真是人的本然之性吗？人欲能灭尽吗？还是应该灭尽呢？理是不是强大到能规定一切的事物？穷理能说纯粹是道德实践吗？人果真都能成为圣人吗？修身齐家自然而然就能成为治国平天下的基础吗？等等。一惑既出，其他困惑也就接踵而至。于是乎，朱子学所夸耀的整序性连锁就一个又一个地被切断了。现在我们终于可以具体地来探寻一下这一过程了。①

---

① 在此，就阳明学本身再略说几句。阳明学是宋代陆象山的学说至明代被王阳明发扬光大的，所以又叫陆王之学。陆象山承继的是程明道的思想，所以同朱子学有相同的渊源。因此，它不是常常被拿来同朱子学相对照的对立的思想体系。两者同言天理人欲，都讲性，均说寂然不动、存养静坐。只是，由于阳明学把朱子学中理的道学因素推到了极端，其结果，作为修养法排除以穷理这种客体为媒介的手段，一味地强调主体"良知"的涵养，由此不同于朱子学的知行先后而主张知行合一。要而言之，由于它把朱子学的"理"内含的物理性在道理性中完全解构，所以它就不具有朱子学那样的涵盖性。它与其说是社会性的，不如说是更为个人性的（正如心学这一别名所表示的那样）。但是，关于基本的思维方法，阳明学则仍依赖于朱子学颇多。对朱子学的这种依存性在日本的阳明学派中更为突出。在这里，看不到像古学派和朱子学派那样独立的学派发展。因此，阳明学家的思维方法多是个别性的。例如在某人那里很强烈地显示出以上所述的朱子学的那种特性，但在另外的人那里又有所不及。概而言之，它仍反映了思想界的一般推移，愈到后期，就愈偏离朱子学的特性。例如，在被称为日本阳明学派之祖的中江藤树和其弟子熊泽蕃山，以及再往后近世后期的大盐中斋等人的思想中，静的、直观的性格如何后退，无须赘述。所以，讨论与朱子学对立意义上的阳明学的一般性质，在日本尤其没有什么意义，既然我们的问题不是考察儒学学说史，而只是讨论日本近世初期普遍的思维方法乃至精神态度是如何变化的，那么，把这种思维方法的崩溃过程作为朱子学特性的崩溃过程来加以叙述，应该是恰当的。所以，这也是阳明学中某种因素的崩溃过程。

二

按照顺序，首先我们应该探求上述朱子学的特性在德川初期的朱子学者中是如何表现的。这些朱子学者显示出对待程朱几乎就像对待圣人一样忠贞不贰，因此他们的学说也只是忠实地介绍程朱的学说而没有越雷池一步。借用井上哲次郎博士的话来说就是这样的状态："朱子学派不论其中有多少派别，它都是极其单调的、'同质的'。除了敷衍朱子的学说之外，别无其他。如果说有批评朱子学说的，或者在朱子学说之外开出自己创见态度的，那早已不是朱子学派的人了。若要成为朱子学派的人，就只能忠实地崇奉朱子的学说。换言之，他们都只能是朱子的精神奴隶。是故，日本朱子学派的学说就不免让人有千篇一律之感。"[①] 日本德川中期以后，由于朱子学受到了古学派和国学者的反击，所以妥协折中的要素多半有意无意地混入了朱子学者的学说中。但日本德川初期的朱子学则特别纯粹。如上所述，日本朱子学的思维方式既然在日本近世初期有了应该普遍化的基础，那这就是当然之事。这样，我们再来列举这些朱子学者的言论，其结果就是重复前面朱子学的叙述。所以，在这里，我们只在示例的意义上，就近世朱子学的确立者藤原惺窝和林罗山，作若干讨论。

藤原惺窝把日本战国时代特别作为普遍通俗道德而流行的"天道"观念同朱子学的理结合到了一起，他说："夫所谓天道者，理也。此理在天而尚未赋予人者，谓之天道；此理具于人心尚未应之

---

① 井上哲次郎：《日本朱子学派之哲学》，明治四十二年，第598页。

于事者，谓之性。性亦理也。"① 这种天道与理的等置，因日本近世初期朱子学的独立和一般化的客观事态而成为可能，这自不待言。反过来说，这种等置又是朱子学为了达到一般化的极其有效的方法。这样，藤原惺窝的天道就原样反映了朱子学中理的连续性。惺窝说道：

> 天道者，天地间之主人也。因无形，故目不可见。然却如春夏秋冬依次交替，四时之行，人物之出，花开之实，五谷之生，皆天道之所为也。人心亦无形，且为一身之主。虽指爪之末，头发之巅，身之一切事端，皆有心之贯通。此人心分于天，即成我心，然原本与天为一体也。②

在此，天与人、自然法则与人性都原封不动地连续着。如此天道赋予人的就是明德。明德是"光明透亮，无一毫邪恶"的绝对的善。所谓圣人，不外乎是"生于天，乃常明此明德之人"。但是，"人生之后，即有人欲……人欲盛，则明德衰。形体为人，而心与禽兽一"。在这种情况下，明德是先天的，人欲是"人生之后"而有。举例言之，"明德犹如镜之明，人欲则为镜之尘埃"。③ 人只要擦去尘埃，本然明德就可显现。很显然，这是乐观主义的理论构造。所以，惺窝说道："先明明德，次诚其心，次慎其所为，于心上磨炼，行之五常五伦，毫无欺伪，则吾身即为圣人，与天道为一

---

① 《五事之难》，《惺窝文集》卷九，《日本伦理汇编》第七，第21页。
② 《千代茂登草》，《日本伦理汇编》第七，第31页。
③ 同上，第32页。

体。"① 由此可知，圣人与人被连接起来是理所当然的。但是，这种乐观主义，作为实践道德，正如惺窝以下所说的那样，又包含着把人欲作为"大敌"加以憎恶的严格主义。惺窝说："若不日日夜夜拭此明德之镜，则人欲之尘积，就会失去本心。明德、人欲，敌我两方也，一方起他方必消也。"② 惺窝的这种思维方法中，是如何反映上述朱子学的特性的，早已昭然若揭。

至于罗山，他是较之惺窝更纯粹的朱子学者，所以，他的言论完全限于忠实地介绍朱子的思想。例如，有关理与气，他说：

夫天地未判之前，已开之后，有其常日理，名之为太极。此太极动而生阳，静而生阴。此阴阳原为一气，分而为二也。又分而为五行。五行者，木火土金水也。③

在人性论上，他说：

此理具人之形体，心所有名之为天命之性。此性，乃道理之异名也，毫无恶处。或云：人性本善，何以又有恶乎？曰：性犹如水，清净之物也。入洁静之物则清，入脏污之物则浊……气者，性之所入者也。……是故，性亦禀气，根虽本善，然被其形，为欲所隔，则蒙蔽其心。④

---

① 《千代茂登草》，《日本伦理汇编》第七，第34页。
② 同上，第32页。
③ 《理气辨》，《续续群书类丛·教育部》第十，第73页。
④ 同上，第74页。

这些说法都不过是朱子哲学的通俗介绍。① 对于天理和人欲，他说：

> 云仁者，以礼义使之与私欲相斗，我克私欲而胜之，归礼义，即为仁；我为私欲所制，即非仁。镜蒙尘埃，不明。私欲克，即复天理本然、性之本然也。②

在此，天理同人欲的对立和斗争被揭示了出来。尽管如此，他认为为人欲所迷惑的人，由于"人之本心，皆有明德。犹如天有云雾，日月之光则不可见。然仍可从云雾窥见天晴日月之光。人之明德，人人本来自有，永不可灭"③，所以，"善习之，则可变此气质之恶，归于善"④。《大学》中所说的"明明德"就是这个意思。这样，从明明德开始，就能教化人，这就是新民：

> 如洁身去垢，今日浴之，明日亦浴之，日日用水洗面。若

---

① 本来，有关理气论，罗山进一步说："理气一而二，二而一，是宋儒之意也。然阳明子曰：'理者气之条理，气者理之运用。'由是思焉，则彼（指宋儒——笔者）有支离之弊。由后学起，则上之二语，必舍此而取彼也。要之归乎一而已矣，惟心之谓乎！"（《罗山林先生文集》卷六十八，京都史迹会版卷二，第 400 页）这里的说法似乎接近于以理气为一的阳明学。但是，在其他地方，罗山又说："理与气宜分为二。"（《理气辨》，《续续群书类丛》第十，第 75 页）在这一点上，罗山的见解缺乏一贯性（与其说他是一位思想家，不如说他是一位文献学家）。但是，如果不从朱子学本身看，而是单从朱子学思维方法的推移来看，这一问题并不重要。
② 《春鉴抄》，《续续群书类丛》第十，第 48 页。
③ 《三德抄》，《续续群书类丛》第十，第 76 页。
④ 同上。

洗其心，去私欲，令其洁净，此谓新新。此乃原有使其如此。至今不悟明德，吾何可明哉？①

就是这样，要以明德修身，以新民治人。治国平天下的基础也在于此。罗山说："上之教善，不知不觉，世之风气变良，人必弃恶从善也。"②就这样，个人道德与政治接续了起来。当然，这也没有超出对《大学》的通俗解释。而且在这种解释中，罗山也显露出了乐观性思维方法。

我们通过以上对惺窝和罗山的简单讨论，来替代对近世初期思想界中所反映的朱子学特性的一般概观。接着我们应该直接往前走。但在此之前，我们有必要就与惺窝、罗山等所谓的京师派并立为近世朱子学源流的海南派集大成者山崎暗斋（元和四年—天和二年，1618—1682）略加说明。③这不是因为他的学说内容中有什么特异之处，毋宁反过来说，是因为他是一位十分虔诚的朱子学家，他固有的性格也与此有关，他的学风将内在于朱子中的严格主义显露无余。他竟这样说道："若学朱子而谬，与朱子共谬也，何遗憾之有？"他几乎是以宗教的崇敬态度去注解朱子学，收集编纂了朱子言论中可资个人修养的部分——这种编纂物占据了他著述的大部分，对于这些，他信奉墨守，并对其弟子进行严格的训练。所以，他过分地强调持敬存养，同这种直接目的无关的阅读被他严禁。那

---

① 《三德抄》，《续续群书类丛》第十，第76页。
② 同上，第83页。
③ 暗斋作为谷时中的弟子，是海南朱子学的集大成者。但到了晚年，他又关心神道，遂创立垂加神道，早已超出了纯粹朱子学的范围。

波鲁堂在他的《学问源流》中述其学风道:"大凡所读之书,数种而已。历史、子书之类,以为读之无益,皆禁之。以玩物丧志之由,不许用力于文章……诗赋之类,一向禁写之。"① 暗斋重视可以说是作为师门修养纲领的朱熹的《敬斋箴》:

> 正其衣冠,尊其瞻视,潜心以居,对越上帝。……出门如宾,承事如祭。战战兢兢,罔敢或易。守口如瓶,防意如城,洞洞属属,罔敢或轻。……须臾有间,私欲万端,不火而热,不冰而寒。毫厘有差,天壤易处。三纲既沦,九法亦斁。于乎小子,念哉敬哉。

这实在是典型的严肃主义。暗斋讲学态度如何严格,从他的高足佐藤直方的述怀中就可看出。佐藤说:"昔师事暗斋,每到其家(暗斋的家——笔者),入其户,心绪惴惴然如下狱,及退出户,则大息,似脱虎口。"② 朱子学的逆流在肯定人的自然性这一方向上渐渐开始,暗斋学派常被作为具体的例证来援引,其原因就在这里。

林罗山之仕家康是在庆长十年(1605),时当家康被任命为征夷大将军两年之后,正是17世纪初期。藤原惺窝在十四年之后,于元和五年(1619)逝世。在第三代将军家光之下武家诸法令被修改,参觐交代制度的确立是宽永十二年(1635),从庆长十年算起,刚好过了三十年。不用说,当时,在幕府一些大名(诸侯)面前高声朗读这一划时代法令的就是林罗山。山崎暗斋在惺窝去

---

① 引自岩桥遵成的《日本伦理思想发展史》上,第397页。
② 《先达遗事》,引自井上哲次郎的《日本朱子学派之哲学》,第396—397页。

世的前一年即元和四年（1618）出生，宽永二十年（1643）前后作为儒者初露头角。他从吉川惟足那里继承神道说，一般被认为是在宽文五年（1665）之后，所以，他作为一位纯粹的朱子学者而活跃是在正保、庆安、承德、明历、万治、宽文这大约二十年间。辅佐秀忠之子家纲将军，从承应到宽文，在幕府政治中发挥了巨大权威的保科正之，是一位对山崎暗斋敬信不已的炽热的朱子学者。然而，同是在宽文五、六年（1665、1666），山鹿素行和伊滕仁斋这两位优秀人物，几乎同时开始探索从宋学到古学的大转变。大约十年前，在家康、秀忠、家光、家纲等四代将军那里历任职务的林罗山已经去世。作为对朱子学提出了一系列反命题的集大成者，将要作为我们讨论中心的荻生徂徕，恰好于宽文六年（1666），在江户二号街呱呱坠地。因此，我们可以把朱子学，更确切地说是朱子学的思维方法最具普遍性的时代，确定为从17世纪的初期开始到17世纪的中叶为止。这恰恰同因幕府权力的确立而使战国动乱状态稳定化这一过程相并行。但是，徂徕提倡古文辞学是在享保年间（从1716年开始），从素行、仁斋的古学转变算起又经过了半个世纪。半个世纪，这同德川封建社会纵贯存续二百六十年相比，未必是很长的岁月。但是，在从宽文（1661）到享保（1735）的这半个世纪中，社会和思想却有了何等翻天覆地的变化！在这一时期，有一个德川时代最有问题的元禄（1688—1703）时期介于其间。朱子学思维普遍性的程度也显示出急速的变迁。宽文六年（1666），山鹿素行刊行了《圣教要录》，批判朱子学，因为这是在官学眼皮底下所做之事，立即引起了反响。他不得不留下那著名的遗书，被流放到播州赤穗去。山鹿素行的遗书说："夫罪我者，罪周公、孔子之道也。我可罪而道不可罪，罪圣人之道者，时政之误也。"①

素行的门人在刊行《圣教要录》前，曾问他："此书可以密，可以崇，不可广示于人。且排斥汉唐宋明诸儒，是违天下学者，见者不嘲乎？"对此，素行回答说："噫，小子不足与谋。夫道者，天下之道也。不可怀而藏之，可令充于天下，行于万世。……吾言一出，天下之人可以告、可以毁、可以辩。得其告、其毁、其辩而改其过，道之大幸也"，终使刊行。即使看一下这一经过②，也可知素行一门自己也承认他们在思想界中的孤立。然而，享保年间（1716—1735）的荻生徂徕遭遇的又是怎样的命运呢？他也是在官

---

① 这封遗书载于山鹿素行的《谪居残笔》（又名《谪居残草》）。他是为在被判死罪时呈交给官方而写的，但由于结果只是流放，所以，《谪居残笔》就原原本本地留在了他的身边。当然，素行触犯忌讳不只是思想上的原因，也因为幕府对于四处流浪的武士一般是带着警戒之心的（当时正是发生由井正雪事件之后的十年）。但是，如果幕府在政治性上不是那么惧怕素行在诸侯间所具有的名望，那么，大概之前就不会以千石之禄招募他，也不会做出这种处置，即把他托付给同他交谊最深的外样（诸侯）浅野家。事实上，素行在流放地受到了像宾客一样的礼遇。另外，素行并没有像差不多同时遭幕府嫌忌的熊泽蕃山那样，有什么特别批判幕府具体政策的言行。要求对素行治罪的最有力主张者，是受过暗斋那种狂热排斥异学影响的保科正之。正之之死后三年，素行被赦免，回到了江户。综合以上事实，可以认为，思想上的原因无论如何是不可忽视的契机。纵然《圣教要录》的出版只是处分素行的口实，但能够成为口实本身，就是朱子学基本上还没有失去根深蒂固支持的佐证。既然这样，同时转向古学的仁斋，何以安然无恙呢？这大概是因为，仁斋居住在远离官学的京都，他的主要著作的出版都很靠后，几乎可以说与徂徕学处在同一时代。如《语孟字义》是在宝永二年（1705），《论语古义》是在正德二年（1712），《大学定本》是在正德三年（1713），《孟子古义》及《童子问》是在享保五年（1720）。
② 其经过载之于《圣教要录·序》。

学跟前强行批判朱子学的。而且，其表现之激烈，其内容之透彻，远非素行所能相比。他的方法论，正如后述的那样，也恰恰孕育了对儒学本身的否定。尽管如此，不，毋宁说正是此故，他的门下俊秀云集。在他的身边，"上自贵绅公子、藩国名士，下至巷间处士、缁徒，奔趋求谒，唯恐后人，甚者以得一字之褒贬，成其毁誉"；"如此海内翕然，风靡影从，文艺为之一新"①，等等，他赢得了广泛的共鸣。这样，直到最后，他也没有失去将军吉宗对他的深厚信任。与他同一时代也受到吉宗宠用的忠实的朱子学者室鸠巢不无原因地痛愤不止地说：

> 自古邪说之害道者多矣。然其诞妄粗恶，无所忌惮，未有若今世之甚。或有所谓古学，曰"大学非孔氏之遗书"；又曰"我能塞伊洛之渊源"（此指仁斋的崛河学派——笔者）。或有矜文学者，曰"道不出于天"；又曰"道非事物当然之理"（此指徂徕说——笔者）。其他淫辞浮言，不可胜数。若使此等之说，出于数十年之前，虽庸人、孺子亦知其妄，而非笑之。今则不然。所谓世之称师儒者，皆为之所动，无不崇其说而信之，况于后学晚进者乎？宜乎其靡然趋而归之也。吾于是知世道之日下，人心之日伪，亦可悲矣！②

而且从室鸠巢所说的"若使此等之说，出于数十年之前，虽庸人、孺子……而非笑之。今则不然"这段话中，不是可以窥出这半个世

---

① 井上哲次郎：《日本古学派之哲学》，大正四年版，第451页。
② 《后编鸠巢文集》卷十六。

纪间时代思潮的急剧变化吗？

因此，我们就先探讨作为向徂徕学过渡的山鹿素行和伊藤仁斋的学说，进而回顾与此等古学派抗争，晚年却又去怀疑朱子学的贝原益轩，据此来探寻这半个世纪中朱子学思维方法的解体过程。①

三

山鹿素行（元和八年—贞享二年，1622—1685）在《谪居残笔》中对他提倡古学思想的动机记载如下：

> 宽文之初，我等览汉唐宋明学者之书，不解其意，故进而直阅周公、孔子之书，以之为标准，正学问之血脉。自此不用

---

① 在这一时代中，还有一位不可忽视的学者熊泽蕃山。比起理论思维，在具体的社会经济政策方面，更在作为实际政治家的经纶方面，他更是伟大的。人们看到他的著作如《集义和书》，完全是陈腐的道学说教，但个别地方却同极其卓越的经纶洞察比肩而立，不禁有珍奇之观感。他述怀说："余虚名，焉能抱其虚名，以博古通今、任人师之矣？"（《集义和书》卷九）有如此述怀的蕃山，是不能单单以儒者衡量的多样性的人物。在他的儒学思想中，他这样说："愚既不取于朱子，亦不取于阳明，唯取于古圣人而用之也。"（同上书，卷八）又说："人心者，云有此形之时，依于形而发知觉运动者也。知寒暑，知饮食男女也。视此为人欲，似异学也，非人欲也。自义理之上，知觉御寒以御寒之理御之……饮食有可饮食有理之物，男女亦有礼有理而相亲，是皆道也。岂可以人心为人欲乎？"（同上书，卷十四）还说："心友问：闭目静坐，何益之有？云：精神烦劳之时，其为消疲劳可也；若厌动喜静，止其思虑，则不可。动静，时也。应为之事，皆人事也，何可厌之？"（同上书，卷十五）这些未尝不可看成非宋儒思维方法的萌芽，但这些和其他部分只是难以调和地分散在各个地方。由于我们的中心问题是从近世初期到徂徕为止的学说史，所以将之从我们的系列中撇开也无妨。

后世书物,昼夜埋头于圣人之书。圣学之道始分明得于心……故,圣学之血脉,文字、学问皆不需,今日之得,用之于今日之事。工夫、持敬、静坐皆弃之。由是观之,陈设言行以修身,千言万语,总是杂学,圣学之血脉中分明无之矣。①

据此可知,素行对宋学的不满首先在于如穷理、持敬这种实践道德的方法上。一方面,关于前者,素行认为:"天地万物,其形象依于阴阳五行,其本一也。然既为天地,既成万物,则不可以一理论之。圣人既曰格物,则不可以穷理易之。"②当然,素行并不抹杀理这一范畴。例如,他这样说:"有条理谓之理,事物之间,必有条理。条理紊则先后本末不正。性与天,皆训理,最差谬也。"③正如他所说,素行否定了理的超越的、形而上学的侧面,主张径直向事物本身逼近。另在有关持敬方面,素行指出:"宋儒以敬为学问之本,为成圣学始终之所以也。故说主一静坐,乃谨厚沉默、迫塞狭浅也。"④"迫塞狭浅"恰恰就是暗斋学派表现出来的典型特性。本来,厌动喜静的态度就不是圣学的态度。盖因人心本身"属火,生生不息,一时不住,流行运动之谓也"⑤。故"圣学之教,反而使人就动处做工夫。动静又物也,何必主静。动有动之工夫,静有静之工夫,是皆格物也"⑥。这样,素行在实践道德上,始终竭力主张

---

① 《谪居残笔》,存采丛书本,第16—17页。只是适当加了句读训点。
② 《山鹿语录》卷三十三,《日本伦理汇编》第四,第154页。原汉文。
③ 《圣教要录》中,同上书,第21页。原汉文。
④ 同上,第22—23页。
⑤ 《山鹿语录》卷三十三,同上书,第26页。原汉文。
⑥ 同上,第163页。

的是"格物"主义,因此,他要清洗掉朱子学格物中所带有的静的、观照的特性,力求贯彻其即物性。如前所述,朱子学中静的、观照的特性,是孕育在其人性论上的乐观主义的理论构造中的。因此,素行对朱子学的批判当然也不得不追溯到这里。他说道:"性不可以善恶言。孟轲之所谓性善者,乃不得已而名之,以尧舜为的也。后世不知其实,屡谓性之本善,以做工夫,尤学者之惑也。"①照素行的说法,善恶只是在性的动态之中始才产生:"事物未显之时,何处宜云明暗善恶。"②人心皆好善恶恶,也完全是气质之性的作用,没有基于什么离开气质之性的"本然"。而且,人对善恶的好恶也只不过是道德修炼的"底子",只靠这一底子就不能不说:"若不学、不习,则不生善恶之实。……只依底子同一,即比我心为圣人,更比之为天地,误甚也。"③这样,人对宋学乐观主义所易陷入的安易性就产生警觉了,开始强调的是"日日不息,学不厌,诲不倦"这种动的实践力行了。④在此,朱子学人性论中的规范性与自然性的连续已经被切断,规范主义也要纯化自身。不过,在素行那里,这一方向是向奠定武士道的基础发展的,本来的儒教伦理的纯化是由后面将要叙述的仁斋完成的。另一方面,挣脱开规范性之锁链的自然主义当然也要开始迈向独立化。在素行思想同徂徕的联系方面,特别应注意的就是这一侧面。素行对社会政治的关心,因是从这一方向推进对宋学道学合理主义的批判,因而

---

① 《圣教要录》下,《日本伦理汇编》第四,第 25 页。原汉文。
② 《谪居童问》,《续续群书类丛》第十,第 271 页。
③ 同上,第 273 页。
④ 同上,第 278 页。

就结下了丰硕的成果。首先，他人的诸情欲早已不再作为"敌"被憎恶了。他说：

> 人物之情欲，各各不得已也。若无气禀形质，情欲即无可发。先儒以无欲论之，其差谬甚矣。①
>
> 去人欲者即非人，同于瓦石，岂可谓瓦石皆明天理乎？②

这样，所谓"责人之非求之毫厘，虽奴婢仆从亦欲使其成为圣贤，吹毛求疵，欲角落门庭无微尘埃"③，这种严格主义的态度，当然会被拒绝。但是，人欲不止于作为"不得已"的东西被消极地承认，素行始终从动的实践的立场，积极地将人欲视为一切行为因此也是善行的基础：

> 人之知超万物，故其利心、欲心亦过万物。故好色者求天下之美人，好声者求天下之美声。不得美之至极不止。是乃人性之本，知识秀于万物之故也。然不仅好色、好声也，事父母、事君亦不可不达其至极。故圣人立忠孝之说以教臣子，立仁义之道以为人伦之极道。美人，色之至善；八音调，声之至善；忠孝，侍君父之至善；仁义，人道之至善也。④

所以，应该排除的不是欲，而是欲之"惑"。所谓"惑"，照素

---

① 《山鹿语录》卷三十三，《日本伦理汇编》第四，第167—168页。原汉文。
② 《谪居童问》，《续续群书类丛》第十，第286页。
③ 同上，第225页。
④ 同上。

行的说法，就是"过与不及"。由这里更产生了重要的结论：既然人欲是善恶一切行为的基础，离开人欲天理即被否定（这同否定离开气质之性的本然之性相照应），那么由此衡量欲望之过与不及的善恶标准，已不能在人性之中得到，必须求之于其外。在此，礼乐这种客观的标准便以重大的意义登场了。素行说："圣人之教，唯在礼乐。"① 大体上，让人想起徂徕的命题已在素行的思想中出现了。当然，素行对其逻辑推演过程所包含的意义，还没有像徂徕那样彻底思索过。在素行那里，他还没有想到，礼是完全切断了同自然的连续性的人为的、社会的制度。② 尽管如此，正如素行所说"定人之礼，通人情以制其过不及。或分事品，或究物之大小、高下文质，以此制人心也"③，制人情（人欲）过与不及的恰恰就是这个礼。而且，他说："道之准则，事物之礼节，乃圣人所立之教，是近于外也。"④ 由这来看，对于人性，礼被认为是外部的、客观性的东西。可以说，在徂徕那里达到顶峰的道和规范的外在化的决定性一步已迈出了。

规范与人性的连续既然已开始分离，那个人修养与政治之间的纽带松弛下来，自然就没有什么奇怪的。当然，在这一点上，只要素行在根本上也重视提倡修身、齐家、治国、平天下的《大学》，

---

① 《圣教要录》中，《日本伦理汇编》第四，第 22 页。原汉文。
② 素行在《圣教要录》的其他地方也说："凡天地人物之间，有自然之条理，是礼也。"在素行那里，礼既是自然秩序，同时又是社会秩序。但是，另一方面，素行否定把性与理同视的做法，所以大体上他就割断了"自然条理"同人之礼内在的连续。
③ 《谪居童问》，《续续群书类丛》第十，第 233 页。
④ 同上，第 220 页。

那么在他的这一"政治发现"中就有本质上的限度。他依然这样认为:"修此身者,圣学之初也;治天下者,圣学之终也。……故可知欲治天下,始于修身也。"① 但是,素行同时也认为:"身修时,不可忽视天下之治平,是又宋明诸儒学之意见故也。不可以身修一事论天下之事也。"② 在此已能看到政治契机之独立前进的曙光。素行重视《大学》中谈论"身修而后""国治而后"的"而后"二字。政治不是修身齐家就能尽之的,只不过是说"唯修身本也、基也、初也"。所以,"世纵然有多少美质之人,言行正,毫不为不道无义,不及云国郡;即在一家之间,六亲不和之义出,一朝有一家之浮沉,在此一刻之事,不能明辨之若何处置,况天下之政事可明乎?"。③ 最明显的证据是:"宋之心学、道学流布虽可谓盛也。然不能成为治平之要,礼乐不盛,夷狄之祸日起,终致南宋之偏安。"④ 对于德治,素行也说:"所谓以德化民,如礼乐刑政皆备,尽善尽美也。……若礼乐刑政不明,德何以行耶"。⑤ 这已不单是主观的精神,而是以客观的制度为媒介了。这样,律令、规范从"圣代已以是为准绳,况末代不由是乎"⑥ 来说,就受到了根本的重视。在此,素行早已远远地越过了仁斋而接近了徂徕。何故个人道

---

① 《谪居童问》,《续续群书类丛》第十,第357页。
② 同上,第358页。
③ 同上。
④ 同上,第364页。
⑤ 同上,第365页。
⑥ 同上。另外,在《续续群书类丛》本中虽有"合而为一"成了"合而为二也"的说法,但如此则其意不明。依据本章执笔以后所刊行的自写稿本《山鹿素行全集·思想篇》第十二卷,对本文做了这样的改正。

41

德与政治不能是连续的呢？素行做了如下富有意味的回答："治一心之全体与君之治天下，不可同言……其故盖一体本一也，分为四支（肢）百骸也，各异其名。而为一也。"① 正是由于政治的统一，不是被给予的有机的统一，而是要通过对立达到统合，所以修身与"（人数）少，其人皆亲"这种齐家的情况原理也不同。这种对政治固有法则的某种程度的洞察，当然就导向对政治之非合理性因素的认识。这就是他所说的势、时势。例如，"烟草既无饮食之便，又无医药之能，而天下之人，大小男女皆尝之也"。又如，"酒之为物，多饮使人狂乱，致其害"。但这些东西仍被人尝用，"欲制之，俄而不能，可云是势也"。然而，"俗学利口之辈，不知势，此无道理也，道之不立也。然只一知半解，以为猛压乃止，致政令过严，人民悉苦不已，终则非不能止，反而势之弥盛也"②。出于同一根据，对于风俗教化，素行也说："游宴不可有，风流不可好，以至下凡之民间幼稚童龄，皆必以道为事，读书诵文，不可高声小歌，以为此即风俗之正者，乃俗儒之异见，末代之利口，甚不通人情之故也，此为宋儒新民之心也。"③ 很明显，素行一贯批评的就是道学的合理主义。这种对宋学的批判，反而悉被徂徕学大大发展了。

四

如果说在朱子学的规范与自然之连续性结构的解体过程中，由于后者的独立化，把"人欲"的消极性转变为积极性，并从这一方

---

① 《谪居童问》，《续续群书类丛》第十，第343—344页。
② 同上，第431页。
③ 同上，第436页。这里也依照自写稿本将"意见"改为"异见"。

向对宋学合理主义进行批判的是山鹿素行,那么相反,推进规范性,试图纯化儒学的伦理思想,并从这一立场出发主张复归原始儒学的则是伊藤仁斋(宽永四年—宝永二年,1627—1705)。山鹿素行主要居住在江户,结交诸侯,一生未舍热烈的政治关切。与他相反,仁斋则出生于京都的一个木材商之家,曾谢绝肥后侯和纪州侯的招募,是一位一生活动于民间、赤贫如洗而又讲道不已的醇儒。素行的宋学批判,在社会的、政治的层面上有了成果。但在宋学之哲学立场的解剖中,必须多依靠伊藤仁斋,这同他的生活态度不同有很大关系。

仁斋明确地辨别天道、(人)道、天命、理、仁义礼智、性等诸如此类的范畴。他的目的是要把儒学从静观性的堕落中拯救出来,强调其实践伦理的性质。不料,由此他显著地促进了朱子学之连续性思维的解体。在某种意义上,他为同与自己正相反的徂徕学的产生做了最后的准备工作。首先,他是如何区分天道与(人)道的呢?他说:"《说卦》明言:立天之道,曰阴曰阳;立地之道,曰柔曰刚;立人之道,曰仁曰义。不可混为一。其不可以其阴阳为人之道,犹不可以仁义为天之道也。"① 这就是说,阴阳这种自然界的范畴完全属于天道,而仁义这种道德范畴则纯粹属于人道。从仁斋这里开始,我们才可以讨论大体上独立于人性论意义上的宇宙论了。

同宋儒静态的理性自然观相反,仁斋的宇宙论有很强的动态色彩。他说:"盖天地之间,一元气而已。或成阴,或成阳,两者专于两间,盈虚、消长、往来、感应,未尝止息。此即是天道之全

---

① 《语孟字义》卷上,《日本伦理汇编》第五,第19页。原汉文。以下仁斋的引用未——注明者均为原汉文。

体，自然之气机。"① 这种动态的自然观当然就导向否定"所以然"之理对于气所具有的优位："非有理而后生斯气，所谓理者，唯气中之条理而已。"② 当然，"理者，气之条理"这一命题，在素行那里我们已经看到了。即使在阳明学中也有"理者，气之条理；气者，理之运用"的说法。但是，仁斋这一命题所具有的意义远比素行所说的深刻，而且与阳明学所说的也迥然不同。在仁斋那里，理明显地断绝了与天和人的纽带，被限定为"物理"。他说道："圣人曰天道，曰人道，然未尝以理字命之。《易》曰：穷理尽性以至于命。盖穷理者以物言，尽性者以人言，至命者以天言。自物而人而天，其措词自有次等。可见，以理字属之于事物，而不系之于天与人。"③ 仁斋对理附加上这样的限制，反对理的无限扩张。仁斋并非像常常被误解的那样，在宋儒理气论的批判上，把理之对气的逻辑上的在先轻易地混同为时间上的在先。他担心的不如说是朱子学理的优位论不止于逻辑上的优先，并结出了价值上的优位之果。④ 于

---

① 《语孟字义》卷上，《日本伦理汇编》第五，第 11 页。仁斋说："是即天道之全体，自然之气机。"在此他把天道与自然并称，也使人觉得他的天道论比较接近于本来意义上的自然哲学。
② 《语孟字义》卷上，同上书，第 12 页。
③ 《语孟字义》卷上，同上书，第 21 页。
④ 仁斋说："万物本乎五行，五行本乎阴阳。再推而至于阴阳之所以然，则不能不归之于理。既归于理，不能不陷入虚无。……此常识之所以必至于此，乃与圣人自相违也。"（《童子问》卷中，同上书，第 131 页）一方面，如果承认逻辑推理达到理，那就要拒绝作为实践归宿的"虚无"。当然，另一方面，在别的地方，仁斋否定天地开辟论说："夫天地之前，天地之始，何人见之，何人传之？"即使在时间关系上也论述了"理气先后"说的不成立，并未同逻辑上的关系混同。这一点，即使看一看《语孟字义》中的"天道"一章，仁斋在驳斥了宋儒的理气先后说之后，又用"或人有以为之"批判天地开辟论之处就可明白。

是，仁斋对于流行不已的一元气宁可求之于非合理的东西。在这里所表现出来的就是天命这一概念。

天或天命概念在儒学哲学中的意义变迁，现在不去讨论。总体而言，在宋学中，天或天命概念单纯地同天理、天道概念等置了起来，并与人性接续起来。在此，缠绕在天命这一表现之中的人格要素，被埋没到了泛神论的结构中。然而，在仁斋那里，天命不管是与人性，还是与天道，都是完全区分的："所谓命者，乃上天鉴临人之善恶、淑慝，乃降吉凶祸福之谓也。《诗》曰：'维天之命，于穆不已。'"①而且，这种意义上的天，也是在人格性上被思考的："天犹君主，命犹其命令。"②这样，在流行不止的自然界中，取代宋学中的"理"而成为"所以然"根据的，恰恰就是这种人格意义上的天："所谓一阴一阳往来不已者，以流行言之；所谓维天之命，于穆不已者（出于上述的《诗经》之句——笔者），以主宰言之……其实一理也。然若论天道之所以为天道，则专以主宰而言。"③当然，在仁斋的整个体系中，天命论只占了不足为论的程度。但它在仁斋学思维结构中所具有的重要性却不能忽视。仁斋说："宋儒以为，以理之一字，可尽天下之事。殊不知天下虽无理外之物，然不可以一理字断天下之事。"④又说："夫古今之终始，不可得而究焉；四旁之穷际，不可得而知焉。虽近取诸身，远取诸物，凡其形状性情所以然之故，皆不可得而穷诘也。"⑤仁斋思想中

---

① 《语孟字义》，《日本伦理汇编》第五，第16页。
② 同上，第15页。
③ 同上，第14页。
④ 《童子问》卷中，同上书，第129页。
⑤ 同上。

所蒙上的这种不可知论色彩，其逻辑上的源头实际上就存在于这一天命论中。这样，徂徕就通过对仁斋学这一隅中所表现出的天命论的全面发展，从而摧毁了朱子学的根基。在这一意义上，可以说，仁斋的天命论起到了填埋朱子学合理主义外壕的作用。

不管怎么说，仁斋最重视、最详细发展的并不是宇宙论和天命论，而是道德论——即上面所说的同天道相区分意义上的"人道"论。仁斋说："凡圣人所谓道者，皆以人道而言之。至于天道，则夫子（孔子——笔者）之所罕言，而子贡之所以不可得闻之也。"① 这样，把道主要限制为人道的动机，不言而喻，就在于仁斋对实践道德的强烈意欲。他这样说："道德盛则议论卑，道德衰则议论高……道德一分衰，则议论一分高；道德二分衰，则议论二分高。道德愈衰，则议论愈高……及乎议论愈高也，道德蔑如矣。"② 宋学所说的道，连自然界也包括在内，以致人伦性变得稀薄，因此仁斋强调所谓"人外无道，道外无人"③。但是，仁斋的实践意欲并不满足于只是把伦理从自然中解放出来，进一步，他又深入到了儒学伦理的理论结构内部，在理想主义上对它加以纯化。如前所说，他所否定的与天道相连续的"道"，在此更进一步从人性中超越了出来。像上述看到的那样，在朱子学中，仁义礼智属于本然之性，它同时也被当作"道"。然而，仁斋说道："仁义礼智四者，皆道德之名，而非性之名。道德者，以遍达天下而言，非一人之所有也。性者，以专有于己而言，非天之所该也。此性与道德之辨也。"④ 在仁

---

① 《语孟字义》卷上，《日本伦理汇编》第五，第19页。
② 《童子问》卷上，同上书，第81页。
③ 同上，第80页。
④ 《语孟字义》卷上，同上书，第27页。

斋那里，仁义礼智并不是先天赋予人的本然之性，而恰恰是人应该去实现的理想。仁斋说："有人则有性，无人则无性。道者不待有人与无人，本来自有之物。满于天地，彻于人伦，无时不然，无处不在。"①这里所说也是同样的意思，它同仁斋上述所说的"人外无道，道外无人"这一命题毫无矛盾之处。后者是指道从自然界中分离出来，与此不同，前者所说的则是道之于人性的超越性。

既然仁斋的根本意图是对儒学伦理进行理想主义的纯化，那么，道对于人性就不可能成为毫无关系的外部之物。仁斋最尊重孟子，使之与孔子并列，当然他就要维持孟子的性善说。于是，仁斋一方面始终把仁义礼智看成超越性的理想，另一方面又使四端的恻隐之心、羞恶之心、辞让之心和是非之心从属于人性（此时，由于道的内在性被否定，所以，性所意味的都是气质之性）。四端是作为人——其本身是客观性的、自立性的存在——实现道的基础而赋予人性的。仁斋说："盖人之性若不善，欲为仁义礼智之德亦不可得。唯其善，故能成仁义礼智之德。"②所谓性善，只是此意。所以，孟子虽主张性善，却不像宋儒，不忘"不徒论其理，必曰扩充，必曰存养"③。本来，孟子"其所谓性善云者，本为自暴自弃者发之"④。这是仁斋反复强调的。对仁斋来说，道的应该的、超越的性质，始终是其核心，性善可以说只具有方便的意味。⑤

---

① 《童子问》卷上，《日本伦理汇编》第五，第83页。
② 《语孟字义》卷上，同上书，第28页。
③ 《童子问》卷上，同上书，第82页。
④ 同上。
⑤ 虽然对仁斋不以仁义礼智为性，而将四端归之于性这点，常常被指出有"矛盾"，但是，是认为使绝对的善原本内在化到了人性中，还是认为（转下页）

但是，仁斋虽竭力提倡儒学伦理的义务性质，但他对于人的自然欲望，绝不是采取不容忍的态度。在被称为典型的道学家仁斋那里，我们经常可以看到他有与素行一样的对于"情欲"的宽容。如他常有"苟有礼义以裁之，则情即是道，欲即是义，何恶之有"之类的话。①纯化儒学伦理规范的仁斋，竟有这种容忍情欲的反面性，乍一看，不免令人有惊异之感。但是，这种"惊异"，当不是把仁斋的思想从其自身来理解，而是把它放在朱子学思维的解体过程之中加以理解的时候，立即就会烟消云散。想来是因为，否定朱子学人性论中的乐观主义——纯化规范所受到的自然主义制约，理应伴随着破坏其中孕育的严格主义。因此，听到一生甘于赤贫的仁斋说出如下的话也就不足为奇了。他说："儒者或以锱铢轩冕、尘芥宝贵为高，世间亦以超然遐举、蔑视人事为至，皆不知道之甚也。"②

（接上页）人性恰恰是应该实现的理念？换言之，善是在背后看，还是在前面看，这是两断性伦理思维的根本对立。而且，如果视为超越理念的立场，若不陷入结果主义，那么以什么形式使之同人的内部心情联系起来是当然的？仁斋的说法中多有暧昧之处，这是因为他使用"扩充"和"四端"等孟子的术语来揭示规范的超越性质，这就有了勉强之处。但是，仁斋的思想如果不是从平面上理解，而是一则从实践上，再则从朱子学的解体过程中来理解，那么，像井上哲次郎博士下述简单地一脚踢倒的处理方法，就很有问题。他说："仁斋坚决不以仁义为性，是欲同宋儒之说严格区分开。于是，他自己迷惑于五里雾中，几乎是口吐胡话，时而云，'其理甚微'，时而又承认其理非甚微。只是他自己朦朦胧胧，不知道是在暗中摸索。"（《日本古学派之哲学》，第 242—243 页）但是，现在我们不能深入讨论这一问题。在此，只要记住一点也就足够了，即在仁斋那里，"道"与人性的单纯连续性已被否定，并达到了客观化。因为从与徂徕学的关系上说，这一点具有重要的意义。

① 《童子问》卷中，《日本伦理汇编》第五，第 198 页。
② 《童子问》卷上，同上书，第 88 页。

本居宣长曾说过："世之儒者，以不忧身之贫贱、不求富荣、不求快乐为之佳事，此非人之实情，多贪名之作伪也。偶或有怀此心者，乃世之乖僻之人，何足取哉？"① 在此，我们试将仁斋和宣长两人的话比较一下，以醇儒自许的仁斋，同彻底反儒学主义的宣长，尽管他们的立场之间有一道鸿沟，但从朱子学思维的解体过程来看，他们的距离绝不像表面所看到的那样遥远。

我们已经看到，朱子学的严格主义同其道学合理主义有不可分割的关系。于是，在宇宙论上，上述仁斋从不可知论立场所发展出来的非合理主义，在此又从反严格主义的立场再一次被推到了前面。仁斋说："故凡事专依理决断，则残忍刻薄之心胜，而宽裕仁厚之心寡。"② 又说："予观《通鉴》《纂要》等书，其评陟人物，善善恶恶，无一毫假借，可谓严矣。然决断深刻，古今几无全人。殆有申韩刑名之气象，而无圣人涵容之意味。持己甚坚，责人甚深。浸淫于肺腑，透浃于骨髓，卒为刻薄之流。专主张理字之弊，一至于此，可悲哉！"③ 仁斋对这种宋学合理主义的批判，当然又要促使宋学中所阙如的历史意识抬头。仁斋举出朱子说的"三代（夏、商、周——笔者）以前，尽出于天理；三代以后，总是人欲"，然后接着指出："此非仁人之言也。仁者嫉俗之心少，故知今之去古不远。不仁者愤世之心胜，故知今之不可复古。设心不同，趋向顿异。后世之不能无君子，犹古之不能无小人也。岂可独以三代以后尽为人欲乎？"④ 当然，仁斋在其他地方也说："大凡读史，以涑水

---

① 《玉匣》，《增补本居宣长全集》第8、73页。
② 《童子问》卷中，《日本伦理汇编》第五，第129页。
③ 同上，第129—130页。
④ 同上，第113页。

通鉴朱子纲目为要。"① 这说明，仁斋尚无完全脱离通鉴纲目之流的历史观。但是，仁斋说："若使圣人生于今之世，亦必因今之俗，用今之法。"② 又说："盖圣人但去泰甚，而其余皆从时因俗以为治耳。无意变之。若欲徒变今之乐，则礼乐未必遽兴而天下骚然矣，圣人岂为之耶？"③ 这样，重视礼乐之历史变迁的仁斋，其意识明显从静的、固定的合理主义羁绊中解放了出来。"道学者"仁斋，出乎意料地竟不是道学性的，同样，古学派的仁斋，亦不是浇季末世论者。

由于仁斋完全致力于儒学伦理的理论分析，所以，在政治论方面我们不能对他期望过多。尽管如此，在他那里，个人道德与政治的连续性也确实清楚地显示出了解体的征兆。仁斋在《童子问》中引述了一个故事说，一次，朱熹应宋孝宗之召，行至途中，有人忠告他说："正心诚意，为上所厌闻，戒以勿言。"对此，朱熹回答道："吾平生学问，只在正心诚意，岂可回避而欺吾君乎！"仁斋加以批评说："愚谓其说固善。然在学者则可，但以告于人君则非也。如学者固不可不以此（以正心诚意之意——笔者）自修。在人君，则当以与民同好恶为本。若其徒知正心诚意而不能与民同好恶，于治道何益？"④ 这里揭示出的是，君主的任务不在于"个人道德"，而在于"与民同好恶"这种公的行为。另外，对朱子在"当于理而无私心"中去追求仁者的资格，仁斋也予以否定："如管

---

① 《童子问》卷下，《日本伦理汇编》第五，第156页。
② 《童子问》卷中，同上书，第112页。
③ 同上，第113页。
④ 同上，第111页。

仲，虽其事未见全当于理、心果无私，然夫子称其仁者，盖以民受其赐也。"①这是把圣人之仁与管仲之仁"等量"齐观。与作为仁的必要条件无私心这种个人的动机相比，仁斋更重视的是民众受到福利的社会成果。当然，这方面的充分发展有待于徂徕学的出现。但是，就连在开口言德行、发语说扩充的仁斋那里，政治的契机也要从个人伦理中离开而争取独立化。在此，我们已经能够看到朱子学连续性思维结构的解体，正以不可阻挡之势勇往直前。

五

贝原益轩（宽永七年—正德四年，1630—1714）著《大疑录》表明对朱子学根本性的怀疑是在正德四年，这正是他即将结束八十五岁漫长生命之前不久的事。但是，他自己在《大疑录·序》中说道：

> 笃信（益轩之名——笔者）自十四五岁始有志于圣学，夙读宋儒之书，于其说敦尚宋为师。后尝大有所疑。然愚昧之资，不能发明，复无明师可质问。近来至于老耄，益无解惑识见之力。虽覃思三十余年，然独抱其惑，未能启明，以为终身之慊。于此姑记其所疑惑，唯以望识者之开始。②

---

① 《童子问》卷上，《日本伦理汇编》第五，第100页。
② 益轩会编纂：《益轩全集》卷二，第150页。原汉文。以下所引益轩的话均为汉文。另外，由于《大疑录·序》在《日本伦理汇编》所收的《大疑录》中未收，所以引自《益轩全集》。为了统一起见，以下出自《大疑录》中的引文，均根据《日本伦理汇编》。

看看这一叙述就可知道，益轩壮年之时好像就萌发了对宋学的怀疑。但是，谦虚且慎重的益轩太不喜欢标新立异，自立门户，只将这一怀疑一直按捺在自己的胸中。他把仁斋派与暗斋一门并列起来并加以攻击说："盖言之，京都学者风俗不佳，各比其党，立一己之见，相与诘难，全无商量，以求归一之工夫，唯知立我而已。"[①] 但是，一旦贝原益轩的心头洒上一滴怀疑的墨水，就再也难以抹掉。一方面，他始终尊信程朱，嫌忌古学派；但另一方面，他自己又不能不为古学派对宋学的批判所吸引而无以自解。于是，益轩通过正德二年（1712）的《自娱集》和正德四年的《慎思录》逐渐激长的反朱子学倾向，到了《大疑录》最终就爆发了出来。前面引述的自序中说的"独抱其惑，未能启明，以为终身之慊"这句话里，具有良心的益轩在思想上的苦闷和不安跃然浮现出来。因此，下面我们主要根据《大疑录》，同时也间或参照《慎思录》和《自娱集》，简单地讨论一下益轩对朱子学的几点怀疑。

首先，在宇宙论上，益轩转向了对朱子的理先气后说的批判。他说："朱子曰：'未有天地之先，毕竟是有此理。'……笃信窃谓，可怪，先贤正大光明之学而有斯言。盖此是老子之道，生天地，有生于无之说也。"[②] 理气不可分，这一点益轩赞成明代罗整庵之说。益轩说："理气决是一物，不可分为二物焉。然则无无气之理，亦

---

① 据《贝原益轩集·泷川政次郎题解》，《近世社会经济学说大系》，第23页。但是，这一非难至少对仁斋而言并不恰当。仁斋也极力主张学为天下之公学。他感叹世之学者说："各私其师门，互相诋讥。"并把"议论同己则悦，意见异己则不乐"作为学者之通患，强调与异说切磋琢磨的必要性。（参阅《童子问》卷中，第47—49页）

② 《大疑录》卷下，《日本伦理汇编》第八，第231页。

无无理之气,不可分先后。"① 但益轩从理气不可分进一步又迈向了气一元论。他说:"窃谓太极是阴阳未判,万物未生之时,一气混沌之名也。"② 这是认为太极不是理,而是将它等同为气。因此,益轩又说:"理非别有一物,乃唯气之理。"③ 与仁斋一样,益轩否定了理的实体性。

否定理的实体性,在人性论上,益轩当然也就要砍掉本然之性。益轩说:"盖天下古今之人,只有一性,勿分为天地之性(指本然之性——笔者)与气质之性。其天地之性,亦岂非气质之禀乎?"④ 这样,由于性被一元化为气质,所以,宋学中善恶之间固定的、绝对的对立也被相对化为动的关系,"善者,是性之常也;恶者,是性之变也"⑤。在仁斋那里,我们已经看到了"静者,动之止;恶者,善之变"的命题。⑥ 当然,在这里也和在其他地方一样,益轩还没有形成像仁斋那样积极的理论,他只是"大疑"而已。但是,要注意的是,主观上直到最终还与古学派相对立的益轩,客观上则在思维方法上显示出了对前者的依赖。

否定本然之性,以动态方式把握善恶关系,结果又必然促发益轩像素行和仁斋那样去批判严格主义的实践道德。益轩非难当时学

---

① 《大疑录》卷下,《日本伦理汇编》第八,第239页。
② 同上,第229页。
③ 同上,第239页。
④ 《大疑录》卷上,同上书,第218页。同样的思想虽不够彻底,但在《慎思录》中也已经有所表现。参阅《慎思录》卷一、卷二,同上书,第35、66—67页。
⑤ 《大疑录》卷上,同上书,第213页。
⑥ 《童子问》卷中。

者中的一些人专注持敬说:"夫学者之修身制行,须礼乐相兼,庄敬和乐并行。何专偏于庄敬乎?且如今之蔽固之人,不省敬字,动被束缚于敬字,而为执滞,为把捉,为固陋,为拘迫。其为心也,寂寞枯槁,而不和不乐;其接人也,则无慈祥温和之实,而有严责刻薄之意。"① 这大概是他想起了在京都亲眼看到过的暗斋一门的学风了。于是,他提出了以忠信取代敬这种更为平易的教义。他说:"圣人之教,以忠信为主……苟不以忠信为主,徒以敬为一心之主宰,是以工夫为心之主,恐将偏于敬,而流为束缚强持之病也。"② 此外,益轩还说:"今之学者,往往谓利非君子所欲。是则好名夸高者之言,非君子之真情,唯伪矣。"③ 主张不可忽视财利(与仁斋同样的侧面常被忽视),这一点已广为人知,在此不作详述。

批判持敬和静坐的益轩也重视穷理。他说:"儒者为学也,以知道为要。知道唯在穷理以达事。"④ 这一点好像不同于古学派。但是,益轩所说的穷理,因其对自然现象的广泛关心而受到了制约。众所周知,他被誉为日本的本草学之祖。毋宁说,他的穷理具有经验的、实证的性格,道学的因素比较少。他说:"随时制宜,则无拘泥之患。今人亦颇有志此道者。然而见识蔽固,执滞不通。生今

---

① 《大疑录》卷下,《日本伦理汇编》第八,第234页。
② 《慎思录》卷二,同上书,第48页。如在《大疑录》(卷下,同上书,第226页)中,仁斋和益轩显示了完全的一致性。仁斋在《语孟字义》中说:"视其貌,则俨然儒者也。而察其内,则好胜务外之心,不知不觉常伏胸中,是徒知持敬,不以忠信为要故也。"(《日本伦理汇编》第五,第43页)
③ 《自娱集》卷四,《益轩全集》卷二,第245页。另见《慎思录》卷六,《日本伦理汇编》第八,第196—197页。
④ 《自娱集》卷一,《益轩全集》卷二,第186页。

世而泥于古礼,不能随时制宜,动辄与风俗时宜相乖戾矣。……儒者之道,岂可如此乎!"①益轩所持的这种态度,同周濂溪主张的"不复古乐,不变今乐,欲至于治,远矣"和朱熹主张的"三代以前尽出于天理,三代以后总是人欲"这种道学"合理主义"相比,完全不可同日而语,倒是同上述仁斋的那种历史意识有相通之处。因此,另一方面,益轩的穷理又类似于徂徕学,与比起"说"来更重视"文义故实"的立场也不矛盾。②益轩说:"读《六经》《语》《孟》,以宋儒本注为先固善。然古注疏亦不可废。……今人之读经,不考察古注疏,却汲汲贪见明儒诸说,是舍本初而趋末流也。盖看汉唐诸儒之注疏,则得文义之故实,可作考证者多矣。不可废也。"③既然穷理的意义有了这样的变化,那么,益轩在《大疑录》中加深对圣人的信仰态度当不足为奇。他说:"圣人作六经。夫圣人之言,为万世之模范也,可信而不可疑。"④又说:"呜呼!夫圣人之一言,可为万事之信也,不可疑也。"⑤这同他反复强调虽是朱

---

① 《慎思录》卷六,《日本伦理汇编》第八,第196页。
② 《慎思录》卷一,同上书,第21—22页。
③ 古学派对朱子学"穷理"的批判,在学问上主要以力求排除主观性、忠实地解释古典的文献学立场出现。这一立场被徂徕学推到了顶点。但仁斋也说:"儒者之学,最忌暗昧。其论道解经,须是明白端的……切不可附会,不可牵合。"(《童子问》卷下,《日本伦理汇编》第五,第162页)这是戒牵强附会,而这一点,同取代知而以信为根本态度密切相连,正如仁斋所说的那样:"深信古人,是进学之极则,天下之至善也。所谓深信古人者,一毫不执己见,不杂己说。"(《仁斋日札》,同上书,第173页)益轩虽然主张穷理,但是在这一点上,很明显,他的立场与古学派相通。
④ 《大疑录》卷上,《日本伦理汇编》第八,第212页。
⑤ 同上。

子，但既非圣人，其学说也有错误，然后对之展开冷静的批判立场完全相照应。对于圣人的绝对信仰和对于贤人的批判态度，正是整个古学派所具有的共通性格。益轩在《大疑录》中这样说："然则宋儒虽贤哲，不可与圣人同班。"① 从现在的标准平面地来看，这种二重性也许是奇怪的矛盾。但是，以历史的、立体的方式来看，这是朱子学思维崩溃过程必然要经过的阶段。人（一般人）、贤人、圣人这种等级性连续的解体，一方面表现为圣人的绝对化，另一方面表现为贤人这一"中间层"的失落。

益轩留下他的绝笔《大疑录》而与世长辞是正德四年（1714），正是荻生徂徕（宽文六年—享保十三年，1666—1728）刊行《萱园随笔》这一年。这部书是徂徕仍站在宋学立场对伊藤仁斋进行激烈攻击的著作（仁斋已在九年前的宝永二年去世）。但是，此时的徂徕，实际上已明显地倾倒在了仁斋的古学之下。他在仁斋生前曾给他写过一封信，对仁斋极口称赞，景仰不已，恭请他赐教。如信中说道："迨见先生之《大学定本》《语孟字义》二书，则击节以兴，以为先生真逾时流万万也。"② 然而，不知何故，仁斋没有回复徂徕。据说，徂徕就写出了此书以发泄愤懑之情。③ 果然，仅仅三年之后的享保二年（1717），构筑起徂徕学基础的《辨道》《辨名》二书相继完成。可以说，益轩正处在徂徕学从根本上革新儒学——换言之，即朱子学思维方法之全面崩溃的前夜。徂徕的高足太宰春台评价《大疑录》说：

---

① 《大疑录》卷上，《日本伦理汇编》第八，第216页。
② 《徂徕集》卷二十七。
③ 有关其原委，请参照井上哲次郎的《日本古学派之哲学》（第498页以下）和岩桥遵成的《徂徕研究》（第73页以下）。据这些资料可知，仁斋接到徂徕的信的时候，已躺在床上气息奄奄了。

"损轩(益轩之初号——编者)先生笃信程朱之道如斯,而疑之又如斯之大。"[1] 这是对益轩在思想史上的地位所作的恰当说明。

这样,我们通过探寻朱子学的解体过程,渐渐走到了徂徕学的门口。我们走过的道路也许迂回曲折,但是,我们的意图只在于,乍看起来似乎是突然的徂徕学的成立,如果从思维结构内部探寻其脉络,它只能是在近世初期的思想界中一步一步被准备出来的。诚然,徂徕学的出现轰动一时,但是,横卧在朱子学根基上的乐观主义连续性思维,实际上是在百年德川封建社会的历史中,不知不觉丧失其普遍性的。正因为如此,思想界虽一时愕然,但次一瞬间就像铁粉被强大磁场所吸引一样,纷纷跑到了徂徕学那里。当然,徂徕学并不是以往思想成果的量的简单相加。其他古学派和益轩与徂徕之间有着根本性的飞跃。这一间隙,如果认识不到从元禄到享保年间的社会变动就不能得到理解。因此,至此一直关注徂徕学同他以前思想之连续性的我们,就要把视角转换到徂徕学的"断绝"这一方向上来——换言之,即转换到徂徕学的特质这一方向上来,同时必须考察一下它的社会背景。这就是下一节的课题。

第三节　徂徕学的特质

两个事例 — 徂徕学的政治性 — 其方法论 — 天的概念 — 道的本质 — 道的内容 — 道的根据 — 徂徕学中的公私分化 — 自元禄至享保时期的社会形势 — 政治组织改革论

---

[1] 《春台先生读损轩先生大疑录》,《日本伦理汇编》第八,第206页。

一

在讨论徂徕学之前，我们先就徂徕做五代将军纲吉的侧用人柳泽吉保的家臣时发生的两件事谈一下，以此作为正文的引子。先说第一件事。

元禄九年（1696），徂徕刚被柳泽家以足养十五人的糙米雇用不久。当时，吉保甚受纲吉的宠遇，至元禄七年，晋升为老中①，受封川越一带之地，成为享禄七万石的城主。不料发生了一件事，在他的领地内，有一个农民，生活贫穷至极，卖掉了田地房屋，也同妻子离了婚，自己削发，改名道入，带着老母亲，出门开始了流浪生活。途中，母亲患病，他就丢下母亲，一人来到了江户。不久，他的母亲被附近之人送回了川越，道入也因弃亲罪被捕。就此，吉保咨询雇用于门下的儒者，应给道入处以何种刑罚。徂徕后来在他《政谈》中对当时的情形追述如下：

> 其时，某仕于美浓守（吉保——笔者），尚属新进。各儒者三番其思，同论曰（以下是所有儒者的意见——笔者）：弃亲之刑，既不见于明朝之法律，古今之书籍亦无。此人之举，毕竟贱民所为也。然携母乞食，以至于病倒，难名以弃亲。离家四五日前已出妻，虽乞食亦携带老母亲，贱民之中，亦难能矣。若己与妻同居于家，舍母于他所，可云弃亲。然此人无弃母之心，难以谓之弃亲。所有儒者虽如此云云，可美浓守不以为然（以下为吉保的意见——笔者），曰：不管若何境遇

---

① 老中：江户时代直属将军、监督诸侯的幕府最高级官员。——中译者注

之人,皆当不忍弃亲,此事特呈将军,伺上之意。当时,诸人皆信仰朱子学,以为道德存于人心之本性,专以理学评议人之内心。而美浓守为禅宗信徒,儒者所言道德之理,平生不甚信仰。此时,某从末席申述曰:世间有饥馑,此种之人,于其他领地亦会多有。所谓弃亲,不应有之事也。若以此为舍亲,量以何刑,恐为其他领地之范例。然以某之见,此人出离领地当究其原因,第一应课当地之地方官郡奉行之责,再课家臣之长之责,往上亦有当课之责任者。相比之下,道入之罪极轻矣。美浓守闻之,始称善,赐道入之母奉养一日五合粗米,俾其归里。美浓守首肯某之可用乃亲信之,自此事始。[1]

如此,这一问题出乎意料地成了徂徕初露头角的契机。对于刚入职的徂徕来说这的确是一件难以忘怀的事。接着上文这段文字,他继续叙述他的感想说:"某自幼少时赴乡下,十三岁住上总国,身经种种患难,闻见百般之事。乡下人庸俗粗鲁,故人所不能言者,亦云之主人……若自始即居城下,自然习于风俗,故心浮无所着。常住城下高官世袭俸禄之人,凡事皆不在意,狃于风俗,不能言事,此亦不得已也。"[2] 这段感想成为徂徕在同一著作中所展开的政治组织改革论的重要伏笔,这是后面要进一步讨论的问题。现在我们所关心的是徂徕对上述事件所作的判断。正如他自己所叙述的那样:"当时,诸人皆信仰朱子学,以为道德存于人心之本性,专以理学评议人之内心。"当其他的儒者仍从宋学的立场,一味推测

---

[1] 《政谈》卷一,《日本经济大典》第九卷,第33—34页。

[2] 同上。

道人的主观动机是不是"难能"的时候，徂徕却指出，在饥馑的情况下，"此种之人，于其他领地亦会多有"，把道人的行为作为一个客观的类型，从它在社会上可能会反复出现的角度加以把握，以此得出了道人无罪的结论，将问题转移到了为政者的政治责任上。徂徕的判断是否妥当姑且不论，只是，在他的这种思考方法中，我们已经能够清楚地看到后来徂徕学的特质。再说第二件事。

元禄十五年（1702）十二月十五日的早晨，一个重大事件像当头霹雳一样突然传到了从睡梦中醒来的江户市民耳边。在前一天的夜里，赤穗的四十六位流浪武士，冒着霏霏白雪，袭击了本地吉良义央的官邸，斩下义央的首级，撤退到泉岳寺，等候公仪的处置。流浪武士们的这一行动，顿时引起舆论沸腾。这一事件是封建主从关系——它也是幕府自身据以建立的基础——同作为幕府统一政权的政治立场的正面冲突，同时，它也意味着对使君臣道德与父子、夫妇、兄弟、朋友等私的关系并列的儒家伦理的致命打击。这一事件给儒学者带来的混乱和困扰实在难以想象。从"赤穗义士"只是一个现实的"问题"开始，一直到它已成昔日"故事"的近世后半期，儒者们围绕它还在进行着无休无止的论争[①]，如此就能明白这一事件给儒者们的冲击是多么巨大了。像室鸠巢那样笃实的朱子学家，对流浪武士的行动无条件地加以赞美，并很快地写出了《赤穗义人录》。这是"专以理学评议人之内心"这种朱子学的自然归宿。但是，对于像林大学头信笃那样处在掌握幕府文教这种公的地位的儒者来说，事情绝非如此简单。他本来是义士免死论者，但他的论

[①] 《赤穗义人纂书》第一，此书收录了论争的主要文献。

议始终不为老中所容,于是,他就以诗文寄托愤懑之情。① 然而,看他所作的《复仇论》:

> 窃取经传之义以论之,若以彼之心论之,则不共戴天之仇,以寝苦枕刃复之可也。偷生忍耻,非士之道也。然若据法律以论之,则以法为仇者必诛。彼虽继亡君之遗志,然不免以天下之法为仇,是悖惊凌上。执而诛之,示之天下后世,所以明国家之典也。二者虽不同,然并行而不相悖。上有仁君贤臣以明法下令,下有忠臣义士以摅情遂志,为法伏诛,于彼之心,岂有悔哉!②

这完全是肯定幕府的处置办法。但是,他将"以彼之心论之"与"据法论之"这两者分开,这不就已经暴露了通过"理"使个人道德与国家规范连续起来的朱子学思维早在朱子学本家内部就有了破绽吗?但这一破绽最终还是用"上有仁君贤臣"或"今幸遇唐虞之世"(此句在上面引文之后)这种御用学者的口吻来缝合。

那么,徂徕采取了什么样的态度呢?在《徂徕集》和徂徕其他完整的著作中,我们看不到有关义士的任何议论。今天作为他的意见流传下来的史料,全是零碎、分散的。尽管如此,由于徂徕是当

---

① 其诗如下:"关门突入蔑荆卿,易水风寒壮士情。炭哑形衰追豫让,薤歌泪滴挽田横。精诚贯日死何悔,义气拔山生太轻。四十六人齐伏刃,上天无意佑忠贞。"(后稍有改动)因字里行间十分同情义士,此事一时在老中之间似颇成问题(参阅《赤城士话》,《赤穗义人纂书》第一,第303页)。
② 《赤穗义人纂书》第一,第41页。原汉文。

时正处于日盛之势的柳泽吉保的家儒,所以不管在什么程度上,他一定会参与义士处置问题。根据现存的史料可知,徂徕始终是一个义士剖腹自杀论者。例如,可以看一下在《徂徕拟律书》中徂徕所提出的意见。《徂徕拟律书》是作为徂徕对幕府的咨询所作的奉答而被细川家所传下来的文书。其中说道:

> 义为洁己之道,法乃天下之规矩也。以礼制心,以义制事。今四十六士为其主报仇,是知侍者之耻也。洁己之道,其事虽义,然限于其党,毕竟是私论也。其故,因长矩将军伤人,已被处其罪,而又以吉良氏为仇,无幕府之许可,企图骚动,于法所不许也。今若定四十六士之罪,以侍之礼处以剖腹自杀,则上杉家之愿不空,彼等不轻忠义之道理,尤为公论。若以私论害公论,此后天下之法无以立矣。①

事实上,正像徂徕所提出的意见那样,处罚是以剖腹自杀形式进行的。这究竟是依据徂徕的意见所做出的决定呢,还是如《德川实纪》所记载的那样②,是日光门主公辨法亲王的裁决最后起了决定性的作用呢?这并不是我们要讨论的问题。再者,同第一件事一样,徂徕的意见是否妥当,也不是我们现在所要关心的问题。在

---

① 《赤穗义人纂书补遗》,第150页。当然,这篇《徂徕拟律书》是否真为徂徕所作难以断定。作为载有徂徕意见的史料,另有《赤穗义人纂书》第一所收的《赤穗四十六士论》和岩桥遵成氏《徂徕研究》中所载的《柳泽秘记》等文。上述史料虽侧重点稍有差异,但结论最终都与《徂徕拟律书》所说的相同,所以,在此处取其有代表性且最能显示徂徕逻辑的《徂徕拟律书》。
② 《常宪院殿御实纪》卷四十七(《增补国史大系》第四十三卷,第499页)。

此，我们只要注意这里所表现出的徂徕的精神态度就足够了。这就是，一方面，徂徕把流浪武士的行动看作义加以充分肯定——在这一点上他反对斩首那样的极刑①；但另一方面，他最终又把这种肯定作为"私论"限制到私的领域中，断然否定以私论害公论，换言之，这也就是否定把个人道德扩张到政治决断上。

通过以上举的这两个例子，徂徕的思维方法的特质，已经可以明了。在第一件事上，徂徕反对处分道入，主张他无罪；在第二件事上，他抗拒甚嚣尘上的赦免论，主张对义士定罪。而且，促使他主张道入无罪的东西，同时也会促使他做出对义士定罪的回答。那么，贯穿在这里的是什么东西呢？一言以蔽之，就是政治思维的优势地位。上述两件事均发生在元禄时期（1688—1703），此时徂徕尚未确立自身的思想体系。尽管如此，唯有这政治性的优势地位，犹如一条红线，成了贯穿在后来徂徕学中的基本特质。三十多岁时徂徕心中萌生的思想倾向，到五十多岁时，就以《辨道》和《辨名》这两部名著的完成，结出了最初的果实。在这两部著作中，徂徕尝试通过政治化来根本性地重建濒临崩溃的儒学。究竟是儒学因徂徕学而得以在事实上重建，还是相反，徂徕学对儒学思想的分解起到了决定性的促进作用，下面，通过对徂徕学的基础结构和其中的儒学政治化形态的分析，这一疑问就能慢慢得到回答。

---

① 上述有关徂徕的史料，没有一种不在一定程度上显示出徂徕对义士的同情。在这一问题上，徂徕与他的高足太宰春台的意见明显有所不同。特别是，照《柳泽秘记》中的记述，徂徕通过吉保，对一时幕议所要决定的斩首之刑力陈反对意见，于是改为剖腹。其他诸方面也一样，在这一问题上，也由于春台之论被人归到他的老师名下，所以徂徕似乎受着误解。另请参照岩桥遵成的《徂徕研究》，第468页。

二

徂徠学的出发点、构成其方法论的是所谓古文辞学。[①] 他为了正确理解圣人之道，认为首先必须以懂得古文辞为前提。这是何故呢？因为语言是在历史中变迁的。如果以现在的语法去理解古典，那恐怕就会失去古典的真义。徂徠说："世载言以迁，言载道以迁。道之不明，职是由之。"[②] 宋儒就是这样，他们"以今文视古文，以今言视古言，故其用心虽勤，卒未得古之道者"[③]。徂徠指出，仁斋虽然不以宋儒的解释为桥梁，要求直接复归原初儒学，其意图固佳，但是，由于他仍不懂得语言自身的变迁，因而陷入主观的歪曲。徂徠认为，宋儒和仁斋都想马上建立起"道"，而道也就由于这种各自的主观性变得莫衷一是，丧失了客观性。在徂徠看来，最重要的是道之深处的"辞"与辞所表现出的"事"。在谈论应该（sollen）之前必须先理解存在（sein）。因此，"学问之要，在卑求诸辞与事，而不高求诸性命之微、议论之精"[④]。存在（sein）是什么呢？在儒学的场合中，很明显它就是唐虞三代的文物制度这种"曾有物"（das gewesene）。所以，在徂徠那里，记述这一文物制度的"六经"作为古典，就占有重要的地位。在朱子学中，"四书"被置于中心的地位。特别是，正如前述，朱子最重视的是《大

[①] 徂徠的古文辞学受到了中国明代李于鳞、王元美的影响。但是，正如徂徠自己所说的那样，他们只是给了他启发，而六经中的古文辞研究是他自己完成的。
[②] 《徂徠先生学则》（以下简称《学则》），《日本伦理汇编》第六，第121页。原汉文。
[③] 《辨名》下，同上书，第110页。原汉文。
[④] 《对西肥水秀才问》，同上书，第138页。

学》和《中庸》。仁斋作《〈大学〉非孔子遗书之辨》，排斥《大学》的烦琐而静态的修养法，只推重《论语》和《孟子》。现在徂徕则把汉唐训诂学以来久被埋没的"六经"再次推到了前面。他说道："六经其物也，《礼记》《论语》其义也。义必属诸物，而后道定焉。"①这就是说，基本的东西始终是"六经"中所记述的历史的事实（物），而《论语》《礼记》只是赋予这些事实以意义（义）。然而，由于"舍其物独取其义"②，所以，就产生了后世诸儒的混乱。因此，在徂徕看来，精读六经，熟知这里面的文辞的用法，同时再掌握古代具体制度的知识，然后再开始接触《论语》，就能得到孔子的真义。对于《论语》，徂徕与仁斋一样，也承认其绝对的价值。但对《孟子》以后的经典，徂徕则只承认其相对的价值（这一点与他的圣人概念有关）。而在这一点上，徂徕提出了概念的论争性质这一极富意味的问题。照他的说法，到孔子的时代为止，圣人之道都是绝对的存在，但到了数百年后的子思、孟子的时代，诸子百家辈出，思想界出现了空前的混乱。因此，子思和孟子等人，就必须在同诸子百家的抗争中主张圣人之道不可。《中庸》（一般被认为是子思所作——笔者）、《孟子》等书中的诸概念，很多都是意在反驳老子、告子的论争性概念。然而，后世的儒者，因"以其与外人争者言，为圣人之道本然"③，所以就出现了致命的谬误。打个比方说，这就如同"医以药治病，病愈后，犹服其药不已"④。在其他地

---

① 《辨道》，《日本伦理汇编》第六，第 12 页。原汉文。
② 同上。
③ 同上，第 11 页。
④ 同上，第 53 页。

方，徂徕还说道："皆救时之论也，岂至理哉？"① 徂徕就是这样说明了概念与历史的、具体的事实的不可分性。徂徕所列举的实例，以后我们在其他一些地方再说。总之，徂徕指出了以往无批判地被绝对看待的各种学说和概念的历史背景，并把它们的价值相对化，这一思考方法也可以称为最广泛意义上的"意识形态论"。就此而论，这可以看成是徂徕的"政治化"立场在方法论上的表现。

这样，从宋学的《大学》《中庸》中心主义，经过仁斋的《论语》《孟子》中心主义，更进一步就到了徂徕学的"六经"中心主义。对根本经典的这种时代追溯②，就处在以下两个密切的照应关系中：一方面，是圣人与一般人的连续性被切断，它愈来愈被绝对化；另一方面，是从理学（朱子）到古义学（仁斋），从古义学到古文辞学，其主观性——徂徕所说的"私智"——逐渐被排除。既然这样，徂徕通过古文辞学所描绘的道，其大致轮廓如何呢？

首先，在徂徕那里，所谓道只是人类规范，而不是自然法则。所谓天道、地道，只不过是类比而已。徂徕说：

> 又有曰天之道、曰地之道者，盖日月星辰系焉，风雷云雨行焉，寒暑昼夜往来不已。深玄也不可测，杳冥也不可废。万物资始，吉凶祸福不知其然而然者。静而观之，亦似有其所由焉者，故谓之天道。载华岳而不重，振河海而不泄，旁（磅）礴不可穷，深厚不可尽，万物资生，不为乏焉。死皆归藏，不

---

① 《辨道》，《日本伦理汇编》第六，第19页。
② 不言而喻，这是当时学者意识中的时代追溯。现在已经清楚，"六经"的一些内容是很晚以后所作。

为增焉。……徐而察之，亦似有其所由焉者，故谓之地道，皆因有圣人之道，借以言之耳。①

上面我们已经知道，在仁斋那里，天道与人道的连续性已被切断，宇宙论与伦理学已各自走向独立化。仁斋注力于"人道"论，但不管怎样也讲了宇宙论。然而，到了徂徕那里，天道只作为人道的单纯的类比，本来意义的天道论已看不到了，取而代之的则是天的不可知性、神秘性的浓厚云雾。徂徕说："夫天也者不可知者也。且圣人畏天。故止曰知命，曰知我者其天乎，而未尝言知天，敬之至也。"②天不是"知"的对象，而是被当作"敬"的对象。在此，还只是盘踞在仁斋理论结构一隅的人格意义上的天（天命论），犹如大堤之决，泛滥于徂徕学的体系中：

后世学者，逞私智而喜自用。其心傲然自高，不遵先王孔子之教。任其臆以言之，遂有天即理也之说。……然理取诸其臆，则亦曰天我知之，岂非不敬之甚乎？……程子曰："天地无心而有化。"岂不然乎？易曰："复（复卦之意——笔者）其见天地之心乎？"天之有心，岂不彰彰著明乎哉！③

天是否有心，对徂徕而言，从人类的理性立场来说，不能成为讨论的对象。这主要是因为在天与人之间有着深深的鸿沟。他用一个比

---

① 《辨名》上，《日本伦理汇编》第六，第32页。
② 同上，第81页。
③ 同上，第79页。

喻说明这一点:"夫天不与人同伦,犹人不与禽兽同伦。故以人视禽兽之心,岂得哉! 然亦不可谓禽兽无心。"① 天与此同样。在徂徕那里,天的人格性确实已被提升到了信仰的高度。这样,无论是宋儒的理气先后说,还是素行、仁斋的气一元论说,都已不是问题了。这些都是滥用"私智"的结果,是贸然不敬地以人伦推测天伦。宋学的合理主义就在儒学内部完全转化成了作为相反之物的非合理主义。

这样,在徂徕那里,所谓道完全就是指圣人之道。那么,圣人之道是什么呢? 为了说明这一点,首先必须区分道的内容和本质。徂徕指出:"吾道之元祖为尧舜,尧舜为人君,依之圣人之道为专治国、天下之道。"② 尧舜就是所说的先王。因此,圣人之道同时也就是先王之道,"先王之道,安天下之道也。其道虽多端,要归于安天下焉,其本在敬天命"③。圣人之道乃至先王之道的本质,首先在于治国平天下的政治性。这样,把治国平天下视为道的核心,不久在徂徕学中又出现了对个人道德与政治连接性思维的坚决否认,即便如此,对于追寻素行、仁斋与朱子学的分解过程而走过来的我们来说,这绝不是突如其来的事。徂徕说:"儒者之辈,以圣人之道乃安天下之道为第二事,先立天理、人欲、理气、阴阳五行高妙之说,以持敬、主静、格物、致知、诚意、正心等类似和尚之说为诚之事。"④ 这样,"但是非之辨论繁,终使人以为圣人之道与世之政道分,谁之过哉?"⑤ 因此,对徂徕来说,"谓圣人之道专以治一

---

① 《辨名》上,《日本伦理汇编》第六,第80页。
② 《徂徕先生答问书》(以下简称《答问书》),同上书,第87—88页。
③ 《辨道》,同上书,第15页。
④ 《太平策》,《日本经济大典》第九,第199页。
⑤ 同上,第197页。

己之身心为事，若一己之身心治，则天下国家亦自然而治，此说乃佛老之绪论。……即使治心修身、修行成就犹如无瑕之玉，无关怀下民疾苦之意，不知治国家之道，何益之有！"① 徂徕举了一个个人道德同政治非连续的明显例证。他说："政禁暴，以兵刑杀人，谓之仁而可乎？然要归于安天下。"② 因此，反过来说，"后世之儒者云仁，释为至诚恻怛。即有至诚恻怛之心，若不能安民，则非仁。无论有多少慈悲，皆徒仁也，妇人之仁也"③。但是，徂徕的逻辑仍未停止，进一步他又把个人道德当作政治的手段。照他的说法，君主之所以首先要注意个人的修养，这是因为"居人之上者，若身之礼仪不正，则下不敬信。下不敬信，则命令不行，难有安民之功，故修其身也。然不可推及修身以为治民之道"④。这离下一个结论只有一步之遥——"然则为人君者，纵被讥之为不合道理之人，然若足以安民，则不论其事若何均思以行之，具此心之人，可谓真天下之父母也"⑤。这就是说，为了安民这种政治目的，不合道理亦无妨。这不折不扣是对儒学道德所作的"价值转变"。在此，人们能不想起马基雅维利的《君主论》吗？例如，《君主论》书中这样写道：

> 谁也不能否认，一个具备上述所有那些善的优良品质的君主，是难能可贵的。但是，人类的弱点决定了一个人不可能具备所有的美德，因此，君主首先必须避免那些可能使自己亡国

---

① 《答问书》上，《日本伦理汇编》第六，第151—152页。
② 《辨道》，同上书，第17页。
③ 《太平策》，《日本经济大典》第九，第213页。
④ 同上，第214页。
⑤ 同上。

的恶行，而且如果可能的话，再避免不犯其他的恶行。但是，如果条件不允许，他可以毫不踌躇地顺其自然。①

这一位佛罗伦萨的市民更说道：

因此，对于一位君主来说，实在没有必要具备我在上面列举的全部品质，但是却很有必要让别人觉得他具备所有这一切品质。我甚至敢说：假若具备这一切优良品质并且常常本着这些品质行事，对他来说肯定是徒劳无益的。可是如果他显得具备这一切品质，却是有益的。②

不用说，这里只是一瞥，在把政治从个人伦理的束缚下毫不掩饰地解放出来这一点上，《君主论》远比《太平策》彻底。对此，首先必须考虑到两者所处的不同社会历史基础。但是，无论如何，在徂徕学中，既然政治思维之受道学的制约被排除到如此程度，那么犹如《君主论》的作者荣膺为近世欧洲科学政治学的始祖一样，我们把日本德川封建制度下的"政治的发现"归之于徂徕学就没有什么不妥当的。③

既然道以治国平天下为本质，那么道的内容不可能是什么理、

---

① 此处是根据马基雅维利的《全集》，H. 弗勒尔克编，第三卷，第 68 页。多贺善彦所译《君主论》日文版，第 131 页。
② 同上书，第 71—72 页；日文版，第 150—151 页。
③ 这里需要声明的是，我并不认为政治与伦理无关，而只是说，由于政治与伦理如何结合尚属问题，所以首先要以弄清政治的固有法则性为前提。在政治与伦理的随意的连接中，就没有产生本来意义上的政治学的余地。

性这种人的内在性的东西固不待言,其不只是单纯的超越的理念,也容易推测出来。徂徕给道做了如下的定义:"道者统名也。举礼乐刑政凡先王所建者,合而命之也。非离礼乐刑政别有所谓道者也。"① 这一定义有两层意义。第一,道是普遍的、总括性的存在("道者统名也")。徂徕特别强调道不能用抽象的概念来表达。他说:"道难知亦难言,为其大故也。后世儒者,各道所见,皆一端也。"② 又说:"当先王孔子之时,岂求一言以尽乎道焉。求一言以尽乎道者,务标异(与其他表示区别开之意——笔者)圣人之道者也。"③ 最后的词语值得注意。徂徕以孟子、子思的思想有论争的性质,故只承认其相对的价值,这就像我们上述看到的那样。照徂徕的说法,由于圣人之道是绝对的,所以它不与其他的思想相对立,反而包括了它们的一切。因此,徂徕说道:"诸子百家九流之言,以及佛老之偏颇,皆道之裂已。亦莫不由人情出焉,故有至言。夫圣人之道,尽人之情已矣。不尔,何以能治而安之哉!故苟立其大者,抚而有之,孰非圣人之道哉?"④ 如后述所论,徂徕对学问的广泛兴趣即萌芽于此。尽管他把自身的理论同异说严格区分开,但他对其他学术流派却采取了极为宽容的态度。例如,他也同儒者最厌恶的僧侣广泛交际,萱园门下僧侣如云。他嘲笑朱子学的排佛论说:"宋儒之学问,原出自佛法。嫌其似而与之争。"⑤ 请将此同暗斋派狂热排斥异端的不容忍态度对照一下,能简单地说,主张"穷

---

① 《辨道》,《日本伦理汇编》第六,第 13 页。
② 同上,第 11 页。
③ 同上,第 17 页。
④ 《学则》,同上书,第 124 页。
⑤ 《答问书》上,同上书,第 160 页。

理"的朱子学派，果真比对圣人之道抱有绝对信仰的徂徕学更接近近代性精神吗？

但是，道不只是普遍的、总括的。第二，它还是客观的、具体的。徂徕所说的"非离礼乐刑政别有所谓道"就表示这一意义。所谓礼乐刑政，在徂徕的方法论（古文辞学）中，就是被叫作"事"和"辞"的唐虞三代的制度文物的总称。这虽是一定的历史的产物，但在徂徕那里，它又具有超时代的意义（这一点待后述）。总的来说，它首先是客观性的存在，所以不言而喻，朝向人性的内在性被完全否定。徂徕说："心无形也，不可得而制之矣。故先王之道，以礼治心，外乎礼而语治心之道，皆私智妄作也。何也？治之者心也，所治者心也。以我心治我心，譬如狂者自治其狂焉，安能治之。"① 由于这样的立场，他常喜欢引用孟子之言"服尧之服，诵尧之言，行尧之行，是尧而已矣"，说这是"不问其心与德何如"。② 这样，素行和仁斋所推进的道的客观化过程，在徂徕学中就达到了顶峰。但由于道是客观的，同时又是具体的存在，所以它早已不可能是仁斋所说的那种单纯的应当、单纯的超越性理念了。徂徕指出了仁斋"道德"的空虚性。他说："如仁斋先生以知德自负，乃争性与德之名耳。亦误读孟子，而至谓扩充四端以成德，则与朱子何别？既不属诸先生，又不知德以性殊。徒谓如药有治病之德，如火有烹饪之德。是其所争，在全于养之后与全于性之初已。故其所谓德者，皆当其未成而言之。有名而无实，亦宋儒之归哉！"③

---

① 《辨道》，《日本伦理汇编》第六，第22页。
② 如《答屈景山书》中所说。同上书，第134页。原汉文。
③ 《辨名》上，同上书，第35页。

徂徕所追求的不是"尚未成"之道的这种抽象的理念,可以说不是"德性"(moralität),而是礼乐刑政(实),可以说是作为具体的现实存在的"德行"(sittlichkeit)。

这样,如果道已经不是单纯的"应当",那么,仁斋作为使自暴自弃者转向道的方便之门而保留下来的细枝末节的性善说被根本否定,也就是当然之事了。但是,徂徕也不赞成荀子的性恶说。① 总体上,道在他那里是绝对的,包括了一切。因此,道就不可能是违反人性的。照徂徕的说法,孟子的"性善论"是为了对抗老子以圣人之道为伪的说法而提出的主张,而荀子的"性恶论"则又是因为担心"性善论"会废弃道德修养而提出的。但不管是何者,它们均属于前述的论争性概念。如果把这些东西原封不动地绝对化甚至使之达到圣人之道的程度,其结果反而就是把圣人之道推之为与异说对立的相对性存在。问题不在于是性善还是性恶,而在于是否信仰先王之道:"苟能信先王之道,则闻性善益劝,闻性恶益勉。苟不信先王之道,则闻性善自用,闻性恶自弃。故荀孟皆无用之辨也,故圣人所不言也。"② 这样,则把至此构成儒学中心问题的性善、性恶论作为"无用之辨"一笔勾销。但是,徂徕的人性论变革不只是这种消极性的否定,他更提出了性不变论这一积极的命题。在宋学那里,本然之性被看成是先天的寂然不动的存在,变化气

---

① 一般认为徂徕的思想来自荀子,如津田左右吉博士就持这种见解。诚然,两人的思想中有不少共通之点。但是,只有作为朱子学分解过程中的最终完成者来赋予徂徕历史地位,才能正确理解他,这是我的根本立场。从这一立场来说,徂徕与荀子之间就存在着根本性的差异。如果硬要勉强比较的话,毋宁说太宰春台与荀子更接近些。

② 《辨名》下,《日本伦理汇编》第六,第91页。

质是恢复被遮蔽的本然之性。素行、仁斋和益轩都否认本然之性的存在，而专说变化气质。然而，到了徂徕，气质之性作为先天的东西，相反地被宣告为是不变的。在此，对宋学的乐观主义又做了一个一百八十度的大转变，转化为相反的东西——悲观主义。宋学的"人皆可成圣人"这一命题，现在亦被相反之命题"圣人不可学而至焉"取而代之。① 但是，徂徕的这种悲观主义，到底不是荀子的"性恶论"。由于"性恶论"仍要以礼乐这种客观的规范去矫正、压抑人的诸种情欲，所以，它和宋学虽然在理论上对立，但在实践上则殊途同归于严格主义。荀子仍认为学"固学为圣人也"②，但是，徂徕的悲观主义，毋宁说是对人类存在的两方面的谦虚承认：一是承认人对于天命主宰的无力性；二是承认人相对于道的总括性、普遍性的部分性和特殊性。他说："气质者天之性也，欲以人力胜天而反之，必不能焉。强以人之所不能，其究必至于怨天尤其父母矣。圣人之道必不尔矣。"③ 这段所说意味的是前者。由此毋宁说一定会产生对人的自然性的宽容态度。这一点我们将在后面叙述。在此，我们专就后一方面说一下。不同于道的包容性和普遍性的个人的特殊性和部分性是什么意思呢？说起来，所谓变化气质之性，无论在宋学那里，还是在仁斋那里，都是作为个人要实现道的前提而论的。然而，徂徕所说的道本来是指社会的性质，不能成为个人实现的目标，所以，他说："人之道，非以一人言之，必合亿万人而言者也。"④ 而且，这已具体化为礼乐刑政的存在，因此，它就不是

---

① 《辨道》，《日本伦理汇编》第六，第15页。
② 《荀子·礼论》。
③ 《辨道》，《日本伦理汇编》第六，第20页。
④ 同上，第15页。

个人将来应该实现的性质。这样看来，气质变化说所服务的目的在徂徕学那里就根本没有了存在的余地。因此，上述徂徕所宣告的气质不可能变化，进而又被断定为不需要甚至有害：

> 所谓变化气质，乃宋儒之妄说，责人以不能之事，无理之至矣。气质无论如何都是不可变化之物。犹米终是米，豆终为豆。学问只在于修养气质，以成就其所有。如同为米，同为豆，种下灌溉施肥，尽其天性之有而成其实。……故米为世界成米之用，豆为世界成豆之用。……倘如宋儒之说，变化气质，浑然中和，抑欲成上既非米又非豆之物哉！此何益之有？①

在此，徂徕也是从世界的整体性出发来考虑问题的。宋儒和仁斋思想中的现实与目标的关系，在徂徕那里，就被转变为了部分与整体的关系。部分只有贯穿着特殊性，才能成为整体的一部分。因此，每个人各依照其天性相异的气质，努力展现其自己的个性就是最好的。人对于特殊性的涵养，徂徕用"移"这个词来表示。他说："人之性万品，刚柔轻重，迟疾动静，不可得而变矣。然皆以善移为其性。习善则善，习恶则恶。"② 这就是说，性不可变，但却可以移。由于徂徕使用"变"与"移"这种容易混淆的词，他的说明未必明确。但他的本意是，前者是指气质的质的变化（用上述的例子说，就是变米为豆），而后者则是指气质上量的变化（使米结实丰硕），认为前者为不可能而且有害，只主张后者。这是补

---

① 《答问书》中，《日本伦理汇编》第六，第175—176页。
② 《辨名》下，同上书，第89页。

充上述的"习善则善，习恶则恶"。从他所说的下面这段话也可明白——"其所谓习善而善，亦谓得其养以成材。譬诸丰年之谷可食焉。习恶而恶，亦谓失其养以不成。譬诸凶岁之秕不可食焉。则何必求变其气质以至圣人哉！"。① 这样，每个人移其天性气质所获得的长处，徂徕称为"德"。在仁斋那里，与道同视的德，在徂徕那里，又重新像宋儒那样——但看法上完全不同——将它和道分离。德是让特殊的、部分的个人参与到普遍的、全体的道中的媒介："德者得也。谓人各有所得于道也。……性人人殊，故德亦人人殊焉。夫道大矣，自非圣人，安能身合于道之大乎？……盖人性之殊，譬诸草木区以别焉。虽圣人之善教，亦不能强之。故各随其性所近，养以成其德。"② 这样，同道的普遍性、总括性相比，德就必然是特殊的、个别的。徂徕将孟子以来并称的仁义礼智分开，以礼义为道之名，以仁智为德之名。当然，德绝不限于仁智。仁智同其他的一切德一样，不免有自己的特殊性。仁的本质在于安民，智的本质在于知人——擢用贤才。这两者都只是政治统治者固有的德，而不是大众应该修得的。尤其是，徂徕极力反对仁独占德。他说："苟以仁为全德，岂有所谓众德乎？"③ 又说："人之学圣人之道者，德以性殊，亦何皆仁？"④ 徂徕所说的德绝不是狭义的德，称之为"材"亦可，并广泛包括特殊的技能。因此每个人涵养接近于自己的性情的技能，也就是以各种不同的方法参与到了普遍的道中。

但是，根据我们所知，徂徕所说的道是指先王之道，而先王之

---

① 《辨名》下，《日本伦理汇编》第六，第 90 页。
② 《辨名》上，同上书，第 34 页。
③ 同上，第 38 页。
④ 同上，第 37 页。

道的本质在于治国平天下的政治性。这样的话，依据德，大众参与道又意味着什么呢？像仁和智这种本来肩负着政治性的德能成为沟通道与个人之间的媒介，这是当然的。但涵养普通个人的特殊技能，它同政治性又有什么关系呢？徂徕说："君之使斯民学以成其德，将何用之，亦欲各因其材以官之，以供诸安民之职已。"① 这就是说，君主把这些涵养了特殊技能的人提拔为官僚，这样，他们就能辅佐君主的政治统治，参与到治国平天下之中。但留下的问题是，对于那些不就仕途或不能进入仕途的人来说，他们修德是否无用，他们同圣人之道无缘吗？这一疑问也许早就应该提出，总体上这是因为，在一味从政治上追求圣人之道并使个人道德从属于政治的徂徕学那里，必须追溯到政治统治者的局限性与圣人之道的普遍妥当性这两者的关系如何这一根本性问题上。我们在徂徕的《答问书》中发现了值得注意的言论："农耕田，养天下之人；工制器，供天下之人用；商通有无，为天下之人助；士治之，使其不乱。各尽其职，相互助合。若缺一事，则国土不立。是以人各尽所好，不旁务，故满天下之人，皆助人君为民之父母之官吏也。"② 全体人民皆是官吏！这是毫无矛盾地解决上述疑问的唯一出路。至此，儒学的政治化也就达到了顶点。

三

根据以上所述，我们已经知道，在徂徕学中，道的本质在于治国平天下的政治性，因此，其内容要在礼乐刑政这种客观

---

① 《辨名》上，《日本伦理汇编》第六，第37页。
② 《答问书》上，同上书，第151页。

的、具体的定在中去求得。下面的问题是，提出具有这种本质和内容的道之为道的根据何在呢？徂徕学的道是唐虞三代制度文物的总称。像这种被限制在一定的历史和场所的道，为什么会有超越时空的绝对的普遍妥当性呢？在宋学中，道的最高根据不言而喻是太极，也就是理。于是，由于圣人之道同天地自然之理是完全统一的，所以它被认为是绝对的。但是，这种形而上的理是徂徕学首先要排除的。当然，徂徕并不否定理的存在本身，他只是把它置于人类认识的范围之外。因为从人类的立场来看，"理者无定准者也"①。所以，如果将道建立在理的基础之上，每个人就要用自己的见解去看待理，并以此为道，其结果就必然要破坏道的统一性。诸子百家之争就是这样兴起的。要使道从与其他思想的对立中超越出来的徂徕学，当然不甘心这种归宿。既然这样，那么其次就要问，道若丝毫不需要上述所说的根据，还应该被认为是自足的价值吗？仁斋似乎就是这样考虑的。如上所述，仁斋否定穷理与德行的连续性，阐明了道的规范意义。一般来说，在理想主义那里，超越了被认为是终极价值之理念的实在性是不存在的。理念自然而然地就具有自己的真理性的明证。就像仁斋说的那样，"设令宇宙之外复有宇宙，苟有人生于其间，必当君臣父子夫妇之伦，而循仁义礼智之道"②，他也使仁义礼智带有先验的绝对性。所以，仁斋的

---

① 《辨名》下，《日本伦理汇编》第六，第97页。徂徕并不否认理本身。这一点，看一看他在同一个地方所说即可明白："惟圣人能究理而立之极，礼与义是也。故说卦所谓穷理者，圣人之事，而凡人之所不能也。故先王孔子之道，言义而不言理，是岂废理哉！"他只承认圣人才有穷理的能力。

② 《童子问》卷上，《日本伦理汇编》第五，第80—81页。

道，虽然从否定与宋学中的自然法则（天道）的连续性，强调其人伦性这一点上说，它是非自然的，但在认为它不同于经验的人类行为而是理念的自足存在的意义上，毋宁说又是自然的。因为他说："道者，人伦日用当行之路。非待教而后有，亦非矫揉而能然，皆自然而然。"①但如上述，徂徕认为仁斋的理想主义"有名无实"而加以拒斥。徂徕不满意抽象理念的空虚性，他要探求道的更确实的具体实证，于是就走到了唐虞三代的制度文物那里。然而，如果这种制度文物自身就允许先验的自足价值，那么，其结果毕竟是对仁斋立场的扭转。这样，第二种解决办法也被拒绝了。从名到实、从主观的道德到客观的人伦形态转变这一徂徕学的工作，为了不成为建筑《圣经》所说的通天塔那样的行为，剩下的出路就只有一条：除了在道背后设置下创造道的绝对人格，使道的一切价值都依据这种人格之实在性外，没有别的方法。徂徕学中的先王乃至圣人，恰恰就是作为这种终极的实在而出场的。

道是圣人创造的。反过来说，所谓圣人只是创造道者之称谓。②在这种意义上，伏羲、神农、黄帝等这些最早的中国政治君主都可以说是圣人。例如，夫妇之伦是伏羲制作的，耕作是神农创造的，建筑、纺织是黄帝具体传授的方法。③但由于以道为礼乐刑政而加以体系化的人，是尧、舜、禹、汤、文、武、周公这些唐虞三代的君主，所以他们真是圣人中的圣人。由于如此的圣人是指制

---

① 《童子问》卷上，《日本伦理汇编》第五，第 19 页。
② 参照《辨名·圣四则》，《日本伦理汇编》第六，第 43 页。
③ 参照《徂徕先生答问书》下，同上书，第 196—197 页。

作道的古代的政治君主，所以，在徂徕学中，圣人和先王基本上是相同的概念。① 而且，这种圣人之所以为圣人，归根结底在于他们是礼乐的制作者，而非道德之完美无缺的具有者。因为"夫圣人亦人耳。人之德以性殊，虽圣人其德岂同乎？而均谓之圣人者，以制作故也"②。宋儒认为，圣人"亦谓浑然天理，无一毫人欲之私"，这只是"以一己之见窥见圣人者也"。③ 这样，不把圣人的定义系在德上，这不仅没有丝毫降低圣人的价值，相反，将圣人同一般人的连续性完全割断，反而使之具有了绝对化的意义。在此，人们也能够看出他的圣人概念中的政治契机的优先地位。

道就是在这种圣人乃至先王的制作中具有了终极的根据。像宋儒那样，说道存在于天地自然中，或者说它是基于事物的当行之理，"是皆厚信自己，薄信圣人所生之说也。宋儒以格物致知为修行，便事先自行规定，此事宜如此，彼事宜如彼，任我推究。曰：此即与圣人之道无异，是臆见也。……圣人之道，深远广大，非为学者见识所说之道理。然宋儒佯装已知内心以圣人为其弟子，诚可谓万万无礼也"④。对徂徕来说，"任我推究"道的根据完全是"臆

---

① 在道的制作者中定义圣人，如果将这一立场贯彻到底，那么孟子以后的贤人自不必说，就是孔子也不能算是圣人。很明显，徂徕似乎也想避免这一结果。他认为，孔子虽然不是道的制作者，但是，孔子如不编纂"六经"，恐怕先王之道就要亡失而不能传之后世了。所以，今天要把道归属于孔子。本来，自己不是圣人，以私见定圣人是僭越，所以孔子是不是圣人最终仍难断定。徂徕说："故且暂比诸古作者，以圣人命之耳。"（《辨名》上）在此，徂徕既把后述的圣人绝对化思想拿了过来，又巧妙地回避了问题。
② 《辨名》上，《日本伦理汇编》第六，第45页。
③ 《辨道》，同上书，第18—19页。
④ 《答问书》下，同上书，第195页。

见",是对圣人的"无礼"。赋予价值的方向,不是从人到圣人,必须要反过来从圣人到人。因此,他同时又说:"循先王之道,是谓正;不循先王之道,是谓邪。……先王之道,规矩准绳也。故循先王之道而后为正。"① 进一步他又说:"我等之心,唯深信圣人。纵使我心识为不应有之事,既此关乎圣人道,定非恶也,径行之而已矣。"② 至此,圣人几乎被抬高到了宗教绝对者的地位。不仅如此,当徂徕说"我等不信仰释迦,信仰圣人"的时候③,这绝非单单比喻的意思。在上面我们已看到,天在徂徕那里已成了彼岸信仰的对象。可是徂徕说:"帝亦天也。……盖上古伏羲、神农、黄帝、颛顼、帝喾,其所制作畋渔、农桑、衣服、宫室、车马、舟楫、书契之道,亘万古不坠,民日用之,视以为人道之常……而不复知其所由始。……故后世圣人,祀之合诸天,名曰帝。"④ 照他的说法,位于圣人行列中最早的五帝,很快又被徂徕视为天。切断了与一般人联系的圣人,在此则不折不扣地同人格的天连续上了。正是圣人的这种所谓的彼岸性(jenseitigkeit),成了徂徕学中道的普遍妥当性

---

① 《辨名》上,《日本伦理汇编》第六,第 70 页。另一方面徂徕又说:"善者恶之反,泛言之者也。其解见孟子,曰可欲之谓善。虽非先王之道,凡可以利人救民者,皆谓之善,是众人之所欲故也。先王之道,善之至者也。"(《辨名》上,同上书,第 74 页)这好像是让善恶先于先王之道而行。但是,在徂徕那里,善恶与其说是价值判断之标准,不如说像这里所看到的那样只是欲望的指向。因此,在这里并没有绝对的对立。根据上述的气质论,说恶是"以失其养不成之谓"也是这个意思。恶可以说是善的"可能形态",在此只有程度上的差异,"是这个还是那个"的价值决定,仍然非先王莫属。
② 《答问书》下,同上书,第 196 页。
③ 《答问书》中,同上书,第 172 页。
④ 《辨名》下,同上书,第 83 页。原汉文。

的最后保证。

向唐虞三代这种受时间和场所制约的制度中寻求道的徂徕学，何故没有陷入非历史性的独断主义之中呢？相反，为什么儒学思想中不可比拟的历史意识被高高扬起了呢？这一疑问，只要思考一下作为道的根据的圣人的彼岸性就可迎刃而解。唐虞三代的制度唯因为是具有彼岸性的圣人制作的，所以它是绝对的。① 这一基本命题，从消极和积极两个方面唤醒了历史意识。第一，从消极方面说，彼岸性失去之后，对一切礼乐制度的相对性的认识，进而对时代、场所的局限性的认识出现了。在给柳川内山的信中，徂徕这样说："三代之后虽中华，亦戎狄猾之，非古中华也。故徒慕中华之名也，亦非也，足下思之。"② 再者，正如从徂徕的本来立场出发不难想象到的那样，他对律学抱有广泛的兴趣，这方面研究的结晶，首先是他的名著《明律国字解》。在萱园门下讲解明律之际，徂徕让听讲者在所拿的誓约书中③，特别加上了这样一条，即"律者，异代异国之制也。慎勿辄用之当世，坏成宪"。第二，由于道在彼岸性上是绝对的，所以作为具体的、经验的约束力，它反而只有历史性地在特殊形态之下才显现出来。这即是徂徕学的历史意识的积极方面。在此，让我们想起了徂徕用作方法论的古文辞学。在这里，"物"相比于"义"，"事和辞"相比于

---

① 他说："教无古今，道亦无古今。以圣人之道，今日之国家天下亦治矣。……不通贯古今，虽古圣人之道，教亦不成。"（《答问书》，《日本伦理汇编》第六，第190页）徂徕的说法意味着道的彼岸绝对性，所以，这同他的历史意识不但不矛盾，反而使之成为可能。
② 《徂徕集》卷二十五。
③ 载于《萱园杂话》。

"议论",也就是"存在"相比于"当为"更为根本。唐虞三代的制度文物,恰恰就在存在的原样中被彼岸的圣人赋予了根据,而不是在任何规范的意义上被绝对化的。因此,当道在一定的时间和处所中作为应该而发挥作用的时候,它一点也不妨碍相应于各种具体状况而采取不同的形态。从这种观点出发,徂徕将制礼者、传礼者和行礼者区分开来。① 不言而喻,制礼者是"三代"的圣人,传礼者是"仲尼之徒",也就是"孔子一门"。现在的问题是实践礼的第三者。在对先王之礼的认识中,徂徕虽敏锐地排除了主观、私智的混入,但在礼的实践中,至少对于不处在先王治下的后世者,在履行礼的场合中,不仅以私见去斟酌先王之礼不可避免,不如说这才正合乎先王之道。徂徕说:"夫斟酌若何也?求合于人情也。"而且因为"圣人制礼,正基于人情。故今行礼以求合乎人情,可谓不悖道"。徂徕又说:"若以制礼言之,程朱之拟于圣人非也;若以传礼言之,程朱之乱古制亦非也。"但是,"若以行礼言之,程朱之礼亦可也,世俗之礼亦可也,特以己心斟酌先王之礼亦可也"。徂徕一方面否认神道的独立存在——这是圣人之道普遍妥当性的自然归宿,但另一方面又说"唯吾国之神道,祭祖考配天,以天与祖考为一,任何之事皆以鬼神之命之行……是又唐虞三代之古道也",说"神道虽无其事,然宜崇鬼神,况生于我国,敬吾国之神,圣人之道之意也,宜努力不可疏远也"②,这都是基于完全相同的理论根据。从这一意义上说,凡是对待历

---

① 参照《复安澹泊》第六书牍,《徂徕集》卷二十八。以下论述中没有夹注的引文皆出于此书牍。
② 《太平策》,《日本经济大典》第九卷,第201页。

史现实，没有比公式主义离徂徕学更远的了。①

这种历史意识的兴盛，同朱子学合理主义的解体的密切关系，从我们对仁斋和益轩的思想分析中已可以窥出。只是，只要道还被认为是天地自然之道，换言之，只要它的终极的根据被置于非人格的理念中，那么，历史终究就必然只能从它是否合乎理念——而且是道学性的理念——的观点来观察，因此，在这一历史意识中就存在着根本的局限性（请注意，在仁斋和益轩那里，《通鉴纲目》依然被视为史书的典型）。只有否定道自身的这种终极性，使之依据出现于古代中国——虽是复数性的——但又分别是一次性的人格，并将这些人格推到遥远的彼岸，此岸的历史才能摆脱固定标准的束缚，才能自由地发展。② 徂徕在《学则》的第四条中说道："盖自秦汉而后，莫有圣人，然亦各有所建（指制度——笔者）焉。……业已有物，必征诸志（志即记录——笔者），而见其殊（指特殊性——笔者），以殊相映，而后足以论其世。不尔，悬一定之权衡，

---

① 所以，常常把徂徕学归为中华至上主义的评论，如果只意味着视中国这一特定的国家为至上，那完全搞错了。在这一点上，太宰春台的思想更是非历史性的，他所看到的只是圣人之道的机械运用。这同他在后述的徂徕学中的公私分化之后，只继承其公的方面这一点有密切关系。另外，在这一点上一般对徂徕学的误解，请参照岩桥遵成的《徂徕研究》，第 242 页以下及第 464 页以下。
② 当然，三代之道绝不能认为是固定的。夏、殷、周三代之道，皆是变易的。但是，这不可以解释为对此岸历史变迁的认识，反过来又反射到了三代吗？所以，在一般的历史中，虽然有必要强调对各个时代历史个性的认识，但对于三代的情形，则要说"自非圣人之智，未能与知其（指道——笔者）所以更改之意者也"（《辨名》上，《日本伦理汇编》第六，第 32 页）。

以历诋百世，亦易易焉耳，是直已而不问其世，乃何以史为！"①这样，《通鉴纲目》之类的劝善惩恶史观，在徂徕那里，确已被废除了："纲目之议论，犹如按图章，格式、道理一定，按出画一。天地活物，人亦活物也，为绳所缚，诚无用之学问，只长人之利口……以事实计之，《资治通鉴》远胜之。"②很明显，在历史中，徂徕要探求的东西首先是"事实"。因此，把"朱子之流的理论"，"压到古今事迹之上"，"一向不关心事实，只留心于是否自圆其说"的非实证的态度③，就必须严格拒绝。正如已经叙述的那样，对于作为儒学经典的"六经"，徂徕反对主观性的混入。这是把圣人和圣人之道绝对化为信仰的反面。然而，这种实证精神在此已超出了儒学古典的范围，被扩展到一切历史现象上。例如，徂徕说："观鉴历史，惟知其各个时代为其要事。文章、政治、经学，非从时代变迁入手，其意不明。时代变迁，语言、制度亦变迁。深研历史，乃今之要务。"④这无疑是在"六经"中寻求辞（语言）与事（制度）这种古文辞学的一般应用。这样，徂徕的学问论又突破了狭隘的界限。在他那里，本来"学者，谓学先王之道也。先王之道，在诗书礼乐，故为学之方，亦即学诗书礼乐而已矣"⑤。但现在从"一定之权衡"乃至"道理"的羁绊中彻底解放出来的精神，如"见闻广涉事实，即谓学问，故学问极于历史"⑥，"所谓学问，乃广泛涉

---

① 《答问书》上，《日本伦理汇编》第六，第 123 页。
② 同上，第 153 页。
③ 同上，第 155 页。
④ 《诗文国字牍》，《日本文库》第三编，第 9—10 页。只加了句读。
⑤ 《辨名》下，《日本伦理汇编》第六，第 106 页。
⑥ 《答问书》上，同上书，第 153 页。

猎，以扩已知见"①等，把徂徕的学问兴趣驱使到了无限的旷野中。徂徕在《文会杂记》中的说法，就是他实践这种精神的实践性的表现："徂徕于诸国之言，各地之招呼，种种逸闻趣事，人之交谈皆记之。殁后，箱中之状文、碎纸所记各种闲话，分门别类，为人发现。"②试看一下徂徕的著作目录，从有关本来的经学、子学之类，到兵学、律学、史学、文学和音乐论，几乎包罗了所有的文化领域，给人一种百科全书之感。当然，若让徂徕自己来说，那么，圣人之道是绝对的、具体的普遍，而一切学问则"只是道之裂"。但是，如徂徕在他的随笔《南留别志》中所展现出来的惊人的细致考证，同治国平天下有什么关系呢？因把圣人推到彼岸而冲向堤防的对个体性的关心一旦打开，它立即就以怒涛之势奔腾，犹如忘记了自己本来所应服务的目的而汹涌澎湃。徂徕使圣人之道从一切对立中超越出来，但他没料到他的知识对象会分向两个方面：一是<u>直接指向治国平天下的经学</u>方面；二是<u>"广见闻行事实""广泛涉猎"</u>的方面。我们把前者称为公的侧面，把后者称为私的侧面，进而通过追究其意义，以阐明何以这种公私的分化实是贯穿在徂徕学整体中的根本特性。

四

首先，在此我们使用"公的"和"私的"说法绝不是随意的。在徂徕那里，公和私是在什么意义上被使用的呢？关于这一点，我

---

① 《答问书》上，《日本伦理汇编》第六，第156页。
② 《日本随笔全集》第二卷，第578页。只加了句读。

们首先想起的是引用过的有关赤穗义士事件的《徂徕拟律书》。书中徂徕把义士为亡君报仇的这种"知耻"态度叫作"私",把从国家的立场出发对义士加以处罚的做法叫作"公"。再举一例。《政论》卷四中有一节,说一直不让控告丸桥忠弥者从事公务,人们也不以为怪。总体上说,当时有一种风气,把控告者当作怯懦。这是因为人们认为,本来没有勇气自己杀死所怨恨的人,就借当局之力报私仇,这叫作怯懦;但出于对官府的忠节之意进行控告应与此完全区分开才对,而一般人却把两者完全混同了起来,武士、商人不约而同都不起诉人:"盖谓起诉人怯懦,乃私之义理也。然前所说之起诉人,大成忠节也。……盖私之义理同公之义理忠节,大相径庭矣。为国之治虽亦宜立私之义理,然如违公之义理而有所害,则不可立私之义理。"① 在此他也认为出于不良动机控告他人为"私"之德,从国家立场出发而敢于进行控告的态度则为"公"的忠节。通过这两个场合来看,"公"与"私"具有完全不同的意义是非常清楚的。也就是说,所谓"公"是指社会的、政治的、对外的;所谓"私"则是指个人的、自身的、对内的。对公私所赋予的这种意义,同现在的普通用法大体一致,不足为奇,但也未必一定如此。从理念型上言之,一般非近代的、更正确地说是前近代的思维,尚未认识到这种意义上的公私对立。这同前近代的社会结构本身——仍然是从理念型上来说——并不具有这种意义上的公私分化是相照应的。也就是说,在此,政治的统治关系与私的经济关系相互纠缠在一起。统治者的财政支出和个人的消费被混淆了。行政事务的推行被看作主从义务的履行。公法同时就是私法,私法同时又

---

① 《日本经济大典》第九卷,第167页。

是公法。广泛的文化行为中公的领域的独立，进而还有私的领域的解放，才恰恰是"近代性的"重要标志。当然，与此不同意义的公私对立亦非与前近代的思维没有渊源。例如，不是在公私的领域而是专在伦理价值中寻找公私的差别即是如此。在此，公意味着善，私则与恶同义。然而，徂徕思想中的公私丝毫不具有这种意义。诚然，在徂徕那里，"公"的东西优先于"私"的东西。在此，我们看到了政治性的优先地位。但是，这并不是排除私的东西本身。即使在《徂徕拟律书》中，徂徕也认为义士的行动是"洁己之道，其事乃义"。正因为如此，徂徕提出以"士礼"令其剖腹自杀，而反对斩首。只有私义超出了自己本来的领域，冒犯了公法，才被徂徕严加拒绝。第二个例子也一样。"私的义理"虽然大体上得到了承认，但在"违其公有所害"的情况下，换言之，即当公私之间产生了义务冲突（pflichtenkonflikt）的时候，优先要考虑的则是前者。在这两种场合中，所要处理的问题是让这两个领域接触，而不是对一方的否定。更准确说明这一点的，是徂徕在《辨名》中对公私所下的定义："公者私之反，众所同共，谓之公。己所独专，谓之私。君子之道，有与众共焉者，有独专焉者。……是公私各有其所，虽君子岂无私哉！只治天下国家贵公者，为人上之道也。"[①] 作为公的例子，徂徕举了《书经》中的"王道"和《大学》中的"平天下"等；私的例子，徂徕举了《论语》中的"父为子隐，子为父隐"和《孟子》中的"吾闻之也，君子不以天下俭其亲"。（这句话虽有不同的解释，但现在可以解释为，君子不会为不浪费社会财富而将父母的丧事从简办理。）不言而喻，这里的用法同上面所列举

---

① 《辨名》上，《日本伦理汇编》第六，第69页。

的两种情况完全一致。然而，另一方面，朱子学中的情况如何呢？很明显，在朱子学中，所谓公即是天理，所谓私即与人欲同义。天理同人欲处在严峻的伦理对立中，如前述。这样，私无疑是要加以否定的恶了。日本德川初期的朱子学者忠实地承袭了这种观念。如林罗山曾说："所谓仁者，乃除欲心，归于天理之公也。天理之公即义。……无私，纯真之道，天理之公。所谓人欲之私者，即目之见色而生欲，耳之闻声而生欲，鼻之嗅香而生欲，口之尝味而思食。"① 当朱子学的观念被当作思想界的一般性前提的时候，恐怕谁也不能否认徂徕对公私的思考方法所具有的划时代性了。

我们提出徂徕学中的公私分化，是因为它在徂徕自己的思维方法中深深扎了根，绝不止于对他的体系从单纯超越的立场进行评价，这在以上的讨论中大略已经清楚。在这种意义上，徂徕所说的圣人之道主要是在公的侧面，这一点也无须多说。当然，由于道是绝对的，所以这种公私的分化最终仍"只是道之裂"。尽管如此，以治国平天下为本质的道直接地属于"众所同共"的公的领域是很明显的。这一点，反过来，从使它属于私的领域的"慎独"的说明亦可知晓。徂徕说："慎独者，谓务成德于己也。大抵先王之道在外，其礼与义，皆多以施于人者言之。学者视之为道艺，而不务成德于己者众矣。故又有慎独之言。"② 先王之道首先是外在的和面对社会的。既然这样，那么在徂徕学中，所说的"虽君子岂无私哉"这种私的领域占主要部分的东西是什么呢？这里所说的"慎独"，前面所举出的"私之义理"等都属于私领域，这自不待言。

---

① 《春鉴抄》，《续续群书类丛·教育部》第十，第48页。
② 《辨名》上，《日本伦理汇编》第六，第65页。

但是，徂徕对这种个人道德几乎没有论及。由于他说"外礼而语治心之道，皆私智妄作也"①。所以，例如唯一适合成为规制个人内心生活的礼乐完全带上了政治的特性，就像他说的那样："宋儒说礼，犹如老太婆教育小女儿，琐琐碎碎。《左传》曰：'礼，国之干也。'云于国之要者即礼也"②，从而同规定人们日常生活的烦琐之"礼"严格地区别开来。既然这样，由于这种道的外在化犹如奔流一样，充满暂且空白的个人的、内心的领域，那么除了被朱子学道学合理主义所压抑的人类的自然性情之外，就不可能再有别的东西了。这样，徂徕学中的公私之分化，在日本儒学史上所具有的意义现在已逐渐清楚。至此我们所探寻的规范与自然连续结构的解体过程，到了徂徕学这里，因升华到了规范性（道）公的、政治性的层面，所以就从私的、内心的生活的一切严格主义中得到了解放而表现了出来。徂徕先生的《学则》总结说："宁学为诸子百家曲艺之士，而不愿为道学先生。"徂徕如何厌恶一本正经的道学家，在他的述怀中可谓表现得无以复加："世儒醉理，而道德仁义，天理人欲，出口便发。不佞每闻之，便生呕哕，乃弹琴吹笙。"③于是，从上述无视历史事实这一理论观点出发而被排斥的《通鉴纲目》，现在又以其严格主义的实践影响而被徂徕加以拒绝。徂徕说："人品好之人，一就学问，即致人品之恶者颇多，皆朱子理学之害也。尝观《通鉴纲目》，古今之间，合其今意者无一人。以此目观今世之人，自然无不恶者。"④作为宋学恶劣影响的恰当事例而置于徂徕俎

---

① 《辨名》上，《日本伦理汇编》第六，第86页。
② 《经子史要览》卷上。
③ 《与平子彬书》，《日本伦理汇编》第六，第136页。
④ 《答问书》上，同上书，第153页。

上的是暗斋派:"固守宋儒经学之人,好分是非邪正,事无巨细,皆吹毛求疵,遂致高傲多怒,厌恶风雅文才之悠然自得。人品变恶者,世上多可见也。山崎浅见(崎门三杰之一浅见䌹斋——笔者),其人品大抵已有所闻。其人品之恶,非惟为学之方所致,其故且在学流之偏。"① 徂徕认为性不可变而可移,主张发展个性(德)的人性论,在此已被实践化。萱园门下,多才多艺的后起之秀,群芳荟萃,呈现出百花争艳的景象。这样,在徂徕学中,从严格主义中解放出来的自然性情,当然就流到了"风雅文才之悠然自得"的方向上。萱园学风被称为文艺第一主义未必不当。同徂徕在政治上、历史上摆脱道学的制约一样,他宣告了文艺之于伦理的独立。在这一点上,他的抗议也是首先指向朱子学:"《诗经》之解,宋儒误之大矣。以诗为劝善惩恶,谬之千里也。诚为劝善惩恶,更有其良方……《诗经》多淫奔之诗。朱注言以为劝善惩恶,反致淫奔……《诗经》之诗,后世之诗,全无异处,只可以诗读之。"② 徂徕说:"既云诗,似乎觉严肃,宜理会为日本之歌。"③ 这种态度在实际的诗的创作论中也有所表现。如他说:"我等观世上之作诗者,形皆清弱无力,枯槁贫乏。毕竟诗如春风之吹来,花木争艳斗奇,以有天然富贵之态为其根干。而乃做出如上所言之清弱枯槁,则不可知如何哉!"④ 当然,圣人之道的最终制约是难免的。因此,虽然他认为诗非为劝善惩恶,而只是抒发人的情感,但同时,由于先王之

---

① 《答问书》下,《日本伦理汇编》第六,第 201 页。
② 同上,第 202 页。
③ 《训译示蒙》卷一。
④ 《诗文国字牍》,《日本文库》第三编,第 29 页。只加了句读。

道又是依于人的情感而立，所以，由诗而知人情是向先王之道前进的必须之路程，结果诗同先王之道联系了起来。因此，徂徕在肯定诗同和歌一样的同时①，又不免得出了和歌欠佳的结论。他说："日本的和歌（与诗）虽同其趣，然总有柔弱之感，国中无圣人故也。"② 对这种制约的最终排除要等着国学来完成。在此，"为艺术而艺术"的立场才第一次得到了肯定。但是，徂徕又说："犹如古人之学诗，今人之习谣……人之心以思为能，故闲暇无事之时，常有所思，况感于物，随其事，或喜或怒，或哀或乐，或爱或恶，情起于内，自然有言，发之为声。唯与日本和歌同也。一概不说修己治人之道，亦不示治国平天下之法。"③ 徂徕的这种认识可以说差不多已站在了儒学艺术观的边界线上。而且，在此指出文艺"不示治国平天下之法"，清楚地显示了文艺向私的领域的归属。

上述本来的经学同"广见闻行事实"的学问分化，也就不外乎是贯穿于徂徕学中这种公私的两面性在学问论上的表现。学问的公的领域完全被呈现于"六经"的所谓狭义的圣人之道所垄断。于是，朱子学、阳明学、仁斋学、老庄和佛教等一切——据他所说——非治国平天下的思想，被严格排斥，不得混入。然而，另一方面，被公的领域拒之门外的这些异端思想，在私的领域中却完全被允许存在。例如，他说："释迦舍世出家，以乞食为生。所出之道，尽在我身心之上，而不言治国平天下之道。……然治国平天下之道，乃圣人之道之本旨。"④ 同公的圣人之道截然不同的佛教，毋

---

① 参照《辨名·义八则》。
② 《答问书》中，《日本伦理汇编》第六，第180页。
③ 《经子史要览》卷上。
④ 《答问书》上，《日本伦理汇编》第六，第151页。

宁说正是因其截然不同之故，在个人领域中才被承认。徂徕说：
"佛法以治一人之身心为教，不曾留意圣人之道。"①照徂徕的说法，
同一人格"今求乐身心，自然窃自好佛法；信圣人之道，则用心
于天下国家，何难之有？"②，因为两个领域是不同的。再者，最初
开始阐明徂徕学与异学特别是宋学彻底对立而写出的《辨道》——
也即是他自己以"呜呼，孔子殁千有余年，道至今日始明也"③而
给予极高评价的《辨道》——最后也以极其宽容的语言做了如下总
结："然吾亦不欲学者因吾言以废宋儒及诸家之说也。……学问之
道，贵乎思。方思之时，虽老佛之言，皆足为吾助，况宋儒及诸
家之说乎！"④在这里，也展现出了他在"广泛涉猎，以扩己知见"
方面的面貌。

徂徕学中的这种公私分化不仅表现在学问的对象上，而且更渗
透到了学问自身的特性中。既然圣学是治国平天下之学，那么对于
政治统治者而言它就是必须具备的知识。在这种意义上，徂徕对武
士阶级的不学无知叹息不已："门第者，武士也；保天下国家者，
则人君也；服务国家者，则诸吏、卿大夫也。供王侯卿大夫之职，
不知吾身为君子，不知以学问广才智、以文治国，徒怒目张臂，以
刑罚之威吓人，残其天下，以是治国，愚之至也。"⑤徂徕在《政
谈》中提出这样一种方策⑥，即建议把儒者安置在整个江户，使旗

---

① 《答问书》上，《日本伦理汇编》第六，第 159 页。
② 《太平策》，《日本经济大典》第九卷，第 200 页。
③ 据岩桥遵成的《徂徕研究》，第 182 页。
④ 《辨道》，《日本伦理汇编》第六，第 27 页。
⑤ 《太平策》，《日本经济大典》第九卷，第 202 页。
⑥ 参见《太平策》，同上书，第 188—189 页。

本①、武士广泛听讲,并把儒者推荐的旗本擢升为官。这一方策,也是由此种观点而来。在此,学问明显带有公的特性。但是,这只有在将学问视为治国平天下的手段时才是这样,而做学问这件事本身却好像被认为是私的。徂徕自己在书中同一地方所说的"学习异于官府之勤,毕竟为私下之事",就显示了这一点。这样一来,以学问本身为最终目的的儒者,虽然在全体人民皆官吏这种最广泛的意义上,通过学问参与到治国平天下中,但其本来的职务却要使之属于私的、非实践的领域,这是必然的。他说:"儒者之业,唯守章句,传诸后世,陈力就列,唯此是其分。若至其道,则以俟诸后之圣人,是不佞之志也。"②徂徕的这种谦虚自白,就是由此产生的。在这里,儒学与儒者的关系,在朱子学与徂徕学中,恰恰就成了完全相反的关系。在把穷理与德行、德行(修身齐家)与治国平天下做直线连接的朱子学中,由于其理论的性质是非政治性的,所以,儒者的任务反而成了政治性的。但是,在切断了私德与政治纽带的徂徕学那里,由于是在治国平天下中去揭示儒学的本质,所以儒者的地位反而又成为非政治性的。在此,充其量只有认识道和叙述道才是儒者的事业,而实践道乃至制作道则完全是委任给政治统治者的任务。比起"应当"首先是"存在"的徂徕的这种方法论(古文辞学),无疑就是上述立场的具体化。我们回想一下徂徕的圣人概念完全从政治上加以规定这一点吧!徂徕排斥私智的介入,主张忠实于经典文辞的态度,如同上述的那样,正是神化圣人的反面。他将圣人在政治的价值上绝对化,通过以"卑求辞与事"为"学问之要",反而使他自身的地位非政治化了。

这样,从作为方法论的古文辞学开始考察的我们,再度发现站

---

① 旗本:江户时代幕府将军家的直属武士。——中译者注
② 《答安澹泊书》,《日本伦理汇编》第六,第127页。

立在出发点的我们自己。至此，不论如何，我们总算围绕徂徕学的基础结构走了一圈。要而言之，我们在此看到的是一切意义上的朱子学的反命题。合理的天道被转变为非合理的天命；人们对于"穷理"的能力，被命令停止使用；圣人成了不同于一般人的异质存在；规范与自然的连续性被一刀切断；严厉主义被废止；治国平天下离开修身齐家而独立出来，另立门户。这样，朱子学的连续性思维在此已完全解体，一切都走向了独立化。这就是我们在具有代表性的人物素行、仁斋、益轩等人那里探测出的各种要素所达到的最终发展形态。① 但是

---

① 为了证明徂徕学的产生只有以朱子学思维的解体过程为背景才有可能，趁此机会，我们把常常作为比较对象的荀子思想中是如何缺乏上述的徂徕学中的那些特性的问题简单讨论一下。首先，在荀子那里，修身与治国是完全连续的。荀子说："请问为国？曰：闻修身，未尝闻为国也。君者仪也，民者景也，仪正则景正。君者槃者，民者水也，槃圆而水圆。……楚庄王好细腰，故朝有饿人。故曰：闻修身，未尝闻为国也。"（《荀子·君道》）因此，荀子的礼正如同性恶说有密切关系所显示的那样，完全是伦理性的，还没有像徂徕那样已升华为纯粹政治性的东西。荀子的圣人概念也一样，完全被规定为伦理性的，承认劲士、君子、贤人、圣人等的等级性。同徂徕说的"圣人不可学而至"恰恰相反，荀子主张"学固学圣人"，这是当然的结果。这样，既然荀子对圣人、礼的规定都不同于徂徕，那么，即使荀子提出了"礼仪法度者，是生于圣人之伪"（《荀子·性恶》）这样的命题——即便徂徕在此得到了暗示——在其客观意义上也迥然不同。伦理与政治的这种连续，毕竟是基于荀子还处在徂徕所说的公私未分化的状态中。如荀子对公私的说法，与朱子学没有两样。荀子说："《书》曰：'无有作好，遵王之道，无有作恶，遵王之路。'此言君子之能以公义胜私欲也。"（《荀子·修身》）这完全与朱子学无异。因此，在荀子那里也完全看不到形成徂徕学的私的领域的特性——历史意识、反严格主义、对其他学派的宽容和对文艺的尊重等东西。与徂徕相比，太宰春台之所以更接近荀子，是由于他只继承了其师的公的领域（即使如此，也是经过了公私分化之后的继承，所以详细分析，与荀子仍有相异之处）。要而言之，这些不同说明荀子同徂徕学中所萌芽的近代意识完全无缘。

正如上述，近世初期的朱子学思维的普遍性，只是在德川封建社会的固定地盘上才成为可能。既然这样，那么，在这种乐观主义思维方式解体的背后，又存在着什么样的近世社会历史的发展呢？尤其是在徂徕学中，这种解体达到了根本性的飞跃，其社会根据又何在呢？依靠什么样的契机使他把儒学彻底政治化了呢？要回答这些问题，我们就有必要暂时离开理念的世界，去俯视一下徂徕目睹过的活生生的现实世界。这个现实世界，在时间上纵贯了元禄、宝永、正德和享保，即从17世纪末到18世纪初大约半个世纪。下面，我们就尝试概观这一时代的社会情形吧！

五

"风景依稀似旧年。"[①] 德川幕府政权确立之后约八十年，趁着国内的无秩序和国际的无交流而在社会政治领域中显示出的异常活跃的战国精神，因国内秩序的稳定和锁国所导致的对外发展的中断，一下子全都消失了。但是，向外发展被阻塞的国民活力，不久就开始一个劲地在内部酝酿起来，在此所谓元禄文化的萌芽也展开了艳丽的画卷。首先，第五代将军德川纲吉把武家诸法令的开头一句改为"须励文武忠孝，端正礼仪"，鲜明地呈现出文治主义的色彩；元禄三年（1690），他在汤岛建造圣庙，并为亲笔书写的"大成殿"匾额揭幕。元禄四年（1691），他又命林信笃束发，叙为从五位下大学头，同时又召集大名、旗本、儒者，亲讲经书，使儒

---

① 此句原意为"日卖一钟，江户之春"。这里借用唐代诗人赵嘏的《江楼感旧》诗中之句以译之。——中译者注

者讨论,等等,极力推动文教兴隆。即便是林家学问上的权威比起上述身份所受到的宠遇极不相称①;即便纲吉这种多半是表演性的讲解嗜好后来受到了徂徕的激烈批判——"先代之时(指纲吉之时——笔者),专以解释为事,儒者不为他学,亦以讲解为务。今之儒者皆无学,亦无用也"②,但是,这种自上而来的道德教化振兴政策,对于所谓"元禄中,文教大盛,家读户诵,是先所未有也"这种元禄文化的繁荣并非一无所助。③ 纲吉不仅关心儒学,他还显示了对歌学的关心,从京都召来了北村季吟父子,加以擢用,并在柳泽吉保的宅第举行和歌朗诵会等。

但是,元禄时期学术和艺术的主要特征是它的自主性。因此,当时,在各个领域中反叛传统的自由流派竞相而起。以上叙述过的堀河学派和萱园学派的兴起,无疑是这种一般趋势在儒学界中的反映。即使看一看其他文化领域,也会一目了然。如在歌学上,公卿文学被户田茂睡、僧人契冲批判得体无完肤;在纯文学上,俳句中松尾芭蕉的出现,形成了从谈林到正风的转变。④ 作为同是谈林

---

① 在《先哲丛谈》中,说林大学头信笃"通博多识,乃一代硕儒"(日本文库版,第14页)。但白石狠骂他为"曲学阿世",并慨叹道:"哀哉!我国学之衰,无至于此也。"(《折焚柴记》,岩波文库,第193、187页)当然,在政治上持反对立场的白石的话也不能全信。但信笃凡事与白石冲突,而白石的见解又通行,这对官学来说,并不光荣。另外,徂徕在《萱园杂话》中,记述了受吉宗之命训点《六谕衍义》的经过:"德庙之时,派加纳远江守、有马兵库头,嘱六谕衍义于林家,然不得其宜,乃仰之以付徂徕翁圈点。"林家的学问权威,在信笃时已经丧失,这应为不争的事实。
② 《政谈》卷四,《日本经济大典》第九卷,第192页。
③ 《先哲丛谈》,日本文库版,第14页。
④ 谈林:日本古代俳句的一种流派,亦称"檀林";正风:松尾芭蕉俳句的风格。——中译者注

的俳句师而开始文学生涯的井原西鹤,不久就首创了浮世草子①,以逼真的笔调,描写了在政治上成为"无"的町人一味追求物欲和性欲。② 还有,与烟花巷为邻,在作为商人逃避场所而急剧发展起来的戏剧部门中,无与伦比的净琉璃③作家近松和歌舞伎④演员关西的坂田藤十郎、关东的市川团十郎等人物,纷纷出现。把目光转到绘画,即使在可与林家儒学相比的学院画坛狩野派中,也出现了像英一蝶那样的反叛者。他挣脱师法的桎梏,描绘出了洒脱动人的风俗画,同将这种风俗画作为商人艺术而确立起来的浮世绘⑤版画之祖菱川师宣,还有幸阿弥、古满等御用泥金画画师相颉颃。还有使泥金画在常宪院时代名噪一时的尾形光琳等,不论是谁都属于这一时代。就这样,一切文化领域中都充满了活泼旺盛的创造性。这种"元禄形象"所表现出的华丽、细腻的色彩,恰恰都是元禄文化的基本精神。而且,这种文化创造的兴盛,当然是以生活欲望的昂扬为前提的,同时反过来又是其结果。元禄文化的这些创造集中在江户、京都和大阪,不言而喻,它同商人经济力量的增长密切相关。这样,元禄精神首先是作为商人社会的奢华生活方式而被实践化的:"近年以来,男女皆竞尚奢侈,衣类讲究,打扮似新年盛装。绸面之棉袄,双层纺绸,近一两银钱的半匹丝绸,百般细染,变化无穷,染价高自不待言。出金一两,毫不足惜。金银花费

---

① 浮世草子:亦称浮世本。日本小说体裁之一。——中译者注
② 町人:日本江户时代的商人、手艺人、工匠等。——中译者注
③ 净琉璃:以三弦琴伴唱的日本说唱曲艺。——中译者注
④ 歌舞伎:"歌舞伎芝居"的略称,日本传统戏剧之一。——中译者注
⑤ 浮世绘:日本江户时代初期由岩佐又兵卫创始的一种风俗画。还有一种是版画,主要是描绘当时人民的生活。——中译者注

如同流水。束腰绸缎带子，一幅一丈二尺，一条缀银二枚，金币二两饰发梳，折合成今天的米价是很贵的。衬裙也用二块本红的布来做，穿白簿绢的袜子；等等。以前诸侯之贵夫人，亦不奢华如此。今日商人之妻子如此享受，真走运，大有不可思议之感。"① 西鹤所讲的是元禄五年（1692）的事情。但是，武士也不能不为这种风俗所同化："此三四十年以前，江户时代下级之治安人员，家居无铺草席者，无着武士之礼服，同治安之长甚差异。今则铺之，着武士服，立隔扇，家居生活富裕，犹如受禄之武士。家康入江户城之初，武家若党② 无着和服裤裙者，无着绸以上之衣。……其初，旗本系直属，故与诸大名同位，旗本之家臣与诸大名之家臣同格。如今旗本家中的若党亦升至相同之位。"③ 旗本及其从者尚且如此，更何况诸侯的生活："朝夕一身之装束衣服、饮食器物，人之行为与尊夫人之表现，音信赠答之次序，使者之礼节，通行江户市中之陪同伙伴，旅行道中之行列，至冠婚丧祭之仪式等……世中风俗自然奢美。"④ 武士的发上有着沉香油一样的味道；刀剑的护手也装饰上了精巧的金银镶嵌。还有，所谓"元禄、宝永之时，恶所⑤ 繁荣，昼如极乐，夜如龙宫界"的烟花巷⑥，也是武士阶级并不生疏的场所。⑦ 上下欢乐之声，彻宅满巷，战国的杀伐风气一扫而光。而且，

---

① 《世间胸算用》卷一，《西鹤名作集》下，日本名著全集刊行会版，第571页。
② 若党：日本江户时代武士从者。——中译者注
③ 《政谈》卷二，《日本经济大典》第九卷，第77—78页。
④ 同上，第68页。
⑤ 恶所：指花街柳巷。——中译者注
⑥ 《我衣》，《燕石十种》第一，第141页。
⑦ 这一点从后来享保风气肃正时代也曾发布禁止大名、旗本逛烟花巷之地的警告中也能推测出来。参照高柳、石井共编《告示书宽保集成》，第580—581页。

99

幕府初期以来对诸侯酷烈巧妙的统御术至此时已完全成功；现在连边地的诸侯都把曾有的政治野心融化在江户的享乐生活之中；秘密思变的牢人①已基本受到整顿；"庆安事件"②也变成了老人们的昔日旧话。这样列举武士和商人的生活，就再次祝贺了这一"静谧的时代"（西鹤语）。从文化乃至政治层面来看，元禄时代确如史家所说是日本德川幕府最为兴盛的时期。

但是，如果我们把着眼点从华丽鲜艳的元禄舞台转向它的幕后，就能准确无误地看到，那里已逐渐酿出将来对封建权力不利的事态。它的震源在德川封建社会产生过程之中就深深地扎根了。在决定性地使士同农、工、商身份分离，以及贯通君臣上下阶层关系根本上已经稳定这一点上，德川社会的确是日本封建制度的完成形态。但同时，由于室町末期以来领主分国的扩大以及武士在城下町的集中，所以，政治统治从土地事实上的使用收益关系中脱离开，也就意味着封建制根本特性的丧失。③一方面，拥有知行所④的武士，虽然通过自己的知行所和贡租，尚能保持同土地仅有的联系，但对于大多数的下级武士，他们同土地的牵连，就只是以给予他们"现米"⑤的方式象征性地表现出来。另一方面，幕府确立之后

---

① 牢人：亦即浪人，指流浪武士。——中译者注
② 庆安事件：亦即"庆安之乱"。庆安四年（1651），由井正雪、丸桥忠弥等策划的阴谋事件。他们与党徒一起，在江户、骏府、京都和大阪试图举兵，但阴谋败露。忠弥被捕，正雪用剑自杀。——中译者注
③ 吉尔克（O.V.Gierke）要在"领主和领地一体相连"中求得封建制的"典型性特征"的这一见解，对日本中世纪的封建制差不多适用。离开土地的封建制就如同丧失了血缘关系的氏族制度一样。
④ 知行所：江户幕府将军的直属武士按俸禄被给予的土地。——中译者注。
⑤ 现米：又称扶持米，是作为俸禄所给予的米。——中译者注

不久，出现了需要普遍垄断货币铸造权的货币经济，由于庞大的封建家臣团在城下町集中，从而开辟了进一步发展的道路。还有，这一趋势随着参觐交代制确立的同时，被大大地强化，达到了全国性的规模。不限于城下町和农村，甚至江户和诸藩也由商品经济这一媒介更加紧密地联结了起来。武士也从已有的以物权为中心的生活转入了以债权为中心的生活，即徂徕所说的"旅宿之境遇"。这样，如果说一般"只要法生活主要是基于物权界限时，它就具有静态的特性。但债权一旦成为主要的基础，就会带有动态的特性"①，那么，现在武士阶级就必须以"静态的收入"来应付"动态的支出"。这种矛盾，随着上述元禄文化对武士阶级的浸润，急速地激化起来。

这种难局首先在幕府自身的财政中表现了出来。徂徕说："伊丹播磨守任职御勘定头②之时，窃私语亲近者曰：幕府之财政，岁入岁出相较，支出多，库藏之金，每年仅为一二万两。及于后，幕府吏人，尝有所困。此乃吾父语吾也。"③正如徂徕这一怀旧谈所表明的那样，四代将军家纲末期已显出征兆的财政困境，因纲吉的豪奢和对近臣的滥施完全地暴露了出来。于是，元禄八年（1695），采纳荻原重秀的建议，幕府颁发了金银货币改铸令。由于这是用货币越改越坏的手法来图其利，所以，之后直到幕府末期，它是被频繁使用作为弥缝财政的手段的第一次试探，在德川

---

① G. 拉德布鲁赫（G.Rabdruch）:《法哲学》第3版，1923年，第141页。
② 御勘定头："勘定奉行"的异称。此指江户官职名。对幕府直辖地的地方官、行政官进行监督，掌管税收、金钱出纳等幕府财政及领地内农民的行政和诉讼，为三奉行（另为寺社奉行和町奉行）之一。
③ 《政谈》卷上，《日本经济大典》第九卷，第78页。

封建制的解体过程中具有历史性的意义。依靠上述手段，在元禄年间，幕府获得的利润总计五百万两，也有说是四百七十万两左右。① 但是，依然散漫的财政，加上元禄十一年（1698）的江户大火灾、元禄十六年（1703）的关东大地震及引起的火灾，还有宝永四年（1707）富士火山大喷发等接连不断的天变地异，一下子就把幕府的这笔利润消耗殆尽。不得已，宝永三年之后，幕府又继续改铸银币，致使"其色黑暗生锈，失银之本色，无异于铅锡"的恶劣货币泛滥于市场。② 对货币的这种不断改铸，当然使物价暴涨，并对幕府的支出产生逆反作用。它害苦了一般武士，却使金银座③的御用商人以及和他们相勾结的重秀等一帮结算官吏得以中饱私囊。④ 而且，金银货币的跌落，使钱与银的比价暴涨，这也使武士阶级更为贫困。因为，武士是用作为俸禄的禄米换成金，然后再兑换成钱进行消费。但用钱购买的日用品之类是必需品，弹性少，所以钱价虽涨而物价意外地上涨不下。⑤ 于是，宝永五年（1708），幕府又铸大钱（宝永通宝），使一文当过去的十文。但结果是，"此钱出，民大觉不便利，甚憎恶之。国家虽出严令，欲强行之，民益为不用。国家弥下严令，告诸不用者将处以严刑，官

---

① 《折焚柴记》，岩波文库版，第100页，参阅竹越与三郎《日本经济史》第四卷，第87页等。
② 太宰春台：《经济录》卷五，《日本经济大典》第九卷，第525页。
③ 金银座：日本德川幕府直辖的金币、银币铸造厂。——中译者注
④ 这种情形，《折焚柴记》有详细记述。参阅此书第164—165页，岩波文库版。
⑤ "士人以钱之贱为利，民以钱之贵为利。钱贵金贱也，钱贱金贵也。……士人卖米换金，以金买钱，以钱应万事之用，故金贱钱贵则用不足，此异于商卖之钱，虽贱而不失利者。故今之政，莫若丰饶钱，而使价贱也。"（《经济录》卷五，《日本经济大典》第九卷，第528页）

员日日下令此事，民愈不行之。至此，虽以国家之权力亦不能强行，诚民情不协，虽严刑亦难使之服从也"①。正如以上太宰春台所言，在此已暴露出幕府的权力到了极限。这样，在因数种货币同时流通以及金银钱各比价的变动所引起的经济生活的空前混乱之际，纲吉去世，六代将军家宣继位。他起用新井白石，并首先罢黜了元禄放宽财政政策的发起人荻原重秀，致力于恢复原货币的成色。白石虽然一方面致力于如结算审查官的恢复、限制长崎贸易额等财政整顿措施；但另一方面，他的公卿礼治主义，不可能从根本上遏制幕府的大量支出，加之由于家宣、家继相继遽世，问题依然没有得到解决，留给了八代吉宗将军。吉宗断然推行了人们所说的"享保改革"。这是德川时代首次大规模的封建制强化工作。它在财政上表现为彻底的紧缩政策，并实施了一些新政策，如与庆长金银货币同位的享保金银货币的新铸造、幕府支出的大量削减、对一般支出的严格俭约令等。但是，这些政策最终仍不能从根本上重振千疮百孔的幕府财政，以致幕府压低家臣的俸禄，享保七年（1722）又向一万石以上的大名课以领地收入百分之一的"上米"②，代之把参觐交代的在府期限缩短为半年。在以复兴"权现样"③为目标的享保政治中，就连参觐交代这一幕府的基本政策也放松了，因为不得不顾虑财政，在此，事态的严重性暴露无遗。这真如《告示书宽保集成》所说的那样，确实是"不顾耻

---

① 《经济录》卷五，《日本经济大典》第九卷，第 527 页。
② 上米：享保改革中，德川吉宗将军为了解救幕府财政困难，1722 年，向一些诸侯发布命令，以一百万石百石的比例，往上交纳大米。1731 年废止。——中译者注
③ 权现样：德川家康的尊称。——中译者注

辱，以求供奉"①。于是，这一制度在享保十五年（1730）果真被废除，参觐交代也复归原初，但这只不过是"财政虽不足，然由来已久"，因此才废除了。②而且，使财政日益恶化的原因，还有享保初年以来的米价大跌。特别是，从享保十三年（1728）左右开始，连年丰收，米价也跌落到了最低点。但一般的物价不但不随之下跌，反呈上升的趋势，所以，幕府乃至一般武士阶级愈来愈困穷。幕府虽限制把大米转运到江户、大阪，同时定了公价，采取了种种控制米价的对策，但基本上仍是无济于事。因此，到了元文元年（1736），幕府又再次实行元禄劣币铸造政策，健全的财政政策在这里又受到挫折。从货币政策的一角开始崩溃的"享保改革"，随着吉宗的引退，犹如大堤之决，溃不可收。到了家重、家治所谓的田沼时代，又进入了胜过元禄的宽松期。这样，自此以后，经过松平定信的宽政改革以及文化、文政的骄奢期和之后的水野越前守的天保改革等，幕府政治就像拉锯一样，在时而宽松、时而紧缩的反复过程中，被卷入了幕末的动乱时期。在这种意义上，想不到"元禄"（1688—1703）和"享保"（1716—1735）显示出了日本近世封建社会衰落期纠缠在一起的两种时代类型。

幕府财政的匮乏以及由此带来的旗本、御家人的穷困，也就或多或少地意味着与幕府同一经济基础的诸侯以及所属藩士的穷困，这自不待言。而且，经受了元禄文化洗礼的武士阶级的生活，也早已难以维持当年手握一把枪、一把刀驰骋战场的质朴了。他们对

---

① 《告示书宽保集成》，第859页。
② 同上，第563—564及876—877页。

掌管金融的藏元①、挂屋②、札差③等的依赖性也更强了。这些高利贷资本巧妙地利用金银比价的变动和一般物价的上涨，以保持自身财利的增值。进一步，纲吉的土木事业和自然灾害之后的复兴政策，使木材商及御用商人大获其利。④ 当然，货币价值的混乱，也对商人有一定程度的打击。但是，一般来说，白石建议的"不可谓天下之上下财用大乏，应谓武家之财用匮乏"⑤、徂徕感叹的"商人之得倍利，此百年以来之盛，天地开辟以来，异国、日本皆无也"⑥，绝非无病呻吟。这样，武士与商人的社会地位，从享保前后开始，就渐渐显示出颠倒的趋势。一方面，照春台的说法是："今世之诸侯，大小皆低首向商人求金，赖江户、京都、大阪及其此外各处之富商，以渡生计也。……常为催债所逼，谢其罪，无安心之时。见于钱家（高利贷资本——笔者），如畏鬼神，忘其为士，俯首商人。"⑦ 连大名都这样，更何况一般的武士，他们"近来，同略有讲究之商人通信，大都在书信上写着'大方样'的字样。相遇之际，相互呼'殿'，武士、商人已难分辨，大家平起平坐"⑧。这种状况说明，武士昔日的威严已难再保持。其反面当然是商人自我意识的提高，就像映现在近松眼中的情形那样："带刀不带刀，武士、商

---

① 藏元：替诸侯和武士保管米和其他物资的商人。——中译者注
② 挂屋：代替诸侯、武士保管、汇送其出卖租米及其他物质所得价款的商人。——中译者注
③ 札差：日本江户时代代替旗本、御家人领取禄米的人。——中译者注
④ 参照《折焚柴记》，第162页。
⑤ 《庶政建议》，《新井白石全集》第六，第159页。
⑥ 《政谈》卷二，《日本经济大典》第九卷，第52页。
⑦ 《经济录》卷五，同上书，第512页。
⑧ 《山下幸内上书》，《日本经济大典》第十一卷，第281页。

人皆是客。佩刀再多,也不会佩五六把,最多不过插长刀、短刀两把。武士也归小春使。"吾辈商人不带刀,但有的是新银币,它闪闪发光,普通的刀在它面前都得弯曲退却。"①

但另一方面,我们不能夸大商人兴起的历史特性。武士所"俯首"的商人,无论是藏元、挂屋、札差,还是金银座商人、木材商等,无不是封建权力之下的寄生虫,他们的地位很难高到哪里去。他们缺乏创造新生产方法能力的商业高利贷资本,他们获得的利润绝不是正常的,不如说带有浓厚的暴利资本主义(wucherischer kapitalismus)的特性。②他们只有寄生在封建权力之上依靠直接或间接从农民那里获取贡租才能生存,因此,他们只不过是一旦触怒权力,立即就要破产的无常之物。那个淀屋辰五郎的命运正是一般商业资本的存立地盘脆弱性的典型证明。所以,他们积累的财富,转眼之间快乐荡尽犹如皂泡一现。像纪文③、奈良茂④等人的种种骄奢逸闻,虽说有夸大之处,但至少道出了商人生活态度的一个侧面。大阪商人同因吝啬而常被江户人戏称为"上方赘六"⑤,但在为快乐而挥霍钱财上他们彼此之间并没有根本的差异。这在西鹤所描写的商人形象中鲜明地表现了出来。这里,只以《日本永代藏》

---

① 《情死天网岛》,岩波文库版,第69—70页。顺便指出,此为享保五年(1720)所作。
② 关于暴利资本主义的意义,参照 M. 韦伯的《经济史》,1924 年版,第236页。
③ 纪文:纪国屋文左卫门的略称。日本江户中期的豪商,晚年落魄。——中译者注
④ 奈良茂:奈良屋茂左卫门的略称。日本江户深川的木材商。——中译者注
⑤ 上方赘六:性子急的关东人对性子慢的关西人的蔑称。——中译者注

中《煎法与众不同的药》为例来看一看。① 一个穷人向一个富翁请教治疗"贫病"之苦的药方，富翁给了他叫作"富豪丸"的灵丹妙药。富翁给他开的处方是：早起五两，家职二十两，加夜班八两，节俭十两，健壮七两，总共五十两，研之为丸，分早晚服用。但是，服"富豪丸"，同时还必须进行以下衣食等忌讳：从避开"美食、淫乱、着绸衣"及"尊夫人乘舆、风流女弹琴、玩纸牌"开始，到"夜游闲、博弈、围棋、双六"，"饮酒、烟草、好色心、无目的入京"，"交优伶、近妓院"乃至"八厘以上之借债"等方面，几乎一切快乐生活都要禁止。于是，领受其教的这位穷人，忠实地按处方去做，以辛辛苦苦四十年的勤劳，成了拥有十多万两家业的大木材商。然而，从此开始，他觉得"这是因为年轻时服用富豪丸的灵验。现在已七十余岁，稍不养生，也无关紧要"。于是，他就一改往日的清苦生活，以豪奢送走了自己的余年。如同西鹤亲自注解的那样，"人年轻时积蓄财富，到年老时享乐，此为要事也"，彻底的禁欲生活最终只是为了日后的快乐消费。正如商人尚不能形成"中产阶级"一样，"商人禀性"也远离像马克斯·韦伯所说的那种意义上的作为发展产业资本心理条件的资本主义精神。②

---

① 《西鹤名作集》下，第 121—123 页。
② 参阅 M. 韦伯的《新教伦理与资本主义精神》，单行本，1934 年版（日译本，梶山力译，1938 年）。特别是下面引的这段话，对讨论德川时代商业资本主义的特性具有启发性："这并非完全是因为营利欲望在资本主义以前就不为人所知或尚不发达（人们常常这么说）。……在这一点上是找不到资本主义精神与前资本主义精神之间有什么区别的。……许多国家的资产阶级、资本主义发展程度，按西方的标准来看，一直是落后的，但在赚钱谋取私利方面绝对不讲道理的做法普遍盛行，却恰恰是那些国家（指南欧及亚洲诸国——笔者）一直所具有的一个突出特征。……营利过程中绝对的和有意（转下页）

在浏览了从元禄到享保的台前及幕后之后，为了大体上完全理解这一时代，我们必须更往下把目光转到舞台的底层去。在此，作为封建社会最后支柱的农民正持续着默默的生存。幕府以及其他封建领主，从近世初期以来，为了确保作为其经济基础的贡租，采取了各种手段，其中主要是广泛地干涉农民的生活。如"各处农民之食物，皆须嘱其食杂谷，不得食大米"①，"不宜买酒饮茶，妻子亦同"等食物限制②；如"农民衣类，不可比以前更优，村长及妻可穿绢、家机绸麻布、棉布，低等农民只许着麻布、棉布，此外不可使用襻带之物"等服装限制③；如"为保五谷之用，自本年起，烟草不论旱田、水田皆不得栽培"等作物种植的限制④。进而尚有夫妇之间的规观，如"不留心侍夫，喜用茶、乐拜佛游山之妻宜休之。……貌虽丑，然勤于持家之妻，宜亲睦之"⑤。这是多么恳切的教示啊！所有这些做法的最终目的，首推《庆安告示书》结尾一句话说得最雄辩有力："若年贡交清，则百姓省心。"正因为这样，即

（接上页）的冷酷无情态度常常最紧密地与最严格地遵从传统联系在一起。而且随着传统的崩溃和自由经济企业或多或少的扩张（甚至已扩张到社会群体的内部），这一新生事物在伦理上也并没有普遍地得到认可和鼓励，只不过作为一个事实而加以容忍。"（原书第41—43页，日译本第39—41页）加点的地方，几乎完全适合德川时代。把人欲本身作为恶这一朱子学思维所典型代表的封建意识，因把"人欲"驱逐于伦理之外，反而阻碍了人欲的两大领域——恋爱和财富积累的伦理化。

① 《宽永十九年记之内》，《告示书宽保集成》，第685页。
② 庆安二年，《发向诸国乡村命令书》，《德川禁令考》第五帙，昭和七年（1932）版，第243页。
③ 宽永二十年，《土民处置记之内》，《告示书宽保集成》，第686页。
④ 同上。
⑤ 庆安二年，《告示书宽宝集成》，第244页。

使对百姓实行最严厉的居住转移，也订立"若土地管理者、掌管年租户籍之事的官吏处置不当，百姓不堪忍受，可纳清年贡，移居近乡等处居住"①。但是，商品经济的发展在此也产生了各个方面的影响。一方面，正如前述，由于它使武士阶级变得困穷了，使贡租的收取无论在质上还是在量上都大大强化。另一方面，由于它直接渗透到了农村，又逐渐瓦解了农民的自然经济："昔日，各处甚乏钱，一切之物不用钱买，皆以米、麦换之，此事余在乡下闻之。今则不然，较诸元禄之交，钱已遍及乡下，物以钱购之。"②正如徂徕这里所说，这一情形在元禄之后急速地发展了起来。农民被卷入商品经济，当然是元禄文化在某种程度上普及到农村的结果。尽管有幕府对农民的极端限制，但农民的生活欲望也在逐渐升高："近年乡下法令松弛，处处风俗不正，怠其正业耕作之事，习其非职之艺能，衣食住及万事，皆过其分限。"这是正德三年（1713）《皇室直辖领地告诸百姓书》中直截了当的说法。③这样，在愈来愈重的年贡与农民日益提高的生活要求这两者之间，必然要引起摩擦。享保初年领主与农民的关系开始恶化，以至徂徕这样说："土地管理官所为只在收取年贡，百姓亦视之为专收年贡的人。土地管理官欲多收，百姓则求少出，相互除给与不给之争更无他事，土地管理官与百姓当时的情形犹如仇敌。"④而且，商业资本向农村的渗透导致了土地金融化，永远禁止田地买卖的法令因种种违法行为被破坏，一方面

---

① 宽永二十年，《告示书宽保集成》，第687页。
② 《政谈》卷二，《日本经济大典》第九卷，第76页。
③ 《告示书宽保集成》，第707页。
④ 《铃录》卷一。

是土地兼并，另一方面则是土地被零碎分割。这样，被挤到最低生活线上的农民，试图在疯狂的起义中求得最后的解放。仅据黑正博士的统计，从宝永到享保，农民武装起义就有四十次之多，比起以往一年不到一次的平均数成倍地增加起来。①

但是，农村的状况恶化到对封建社会产生致命冲击，则是从享保后的宝历年间开始的。即使在这一点上，元禄和享保也具有分水岭的意义。百姓武装起义在享保年间的增加幅度，远比不上明和（1767—1771）、安永（1772—1775）、天明（1782—1788）之际的飞跃性上升。另外，农民中的广泛溺婴行为也是享保以后的事。德川时代的人口到享保为止，大体上仍呈现上升的趋势，但以后就持续停滞，有时甚至显示出绝对下降的态势。②这一点如果无视占人口80%以上的农民的生活状况所发生的变化就无法理解。

至此我们以极其简单的方式对自元禄至享保时期的社会形势做了概观。在此，我们所看到的都是些什么呢？这就是所有意义上的转变期的现象。在华丽的元禄文化的后面，无论是在都市还是在乡村，或通过消极的腐蚀，或因积极的反抗，威胁封建权力的一切要素都蜂拥而至。而且这些要素都还未能发展到能给封建社会以根本打击的程度。德川封建社会虽然经历了最初的大动摇，但总体上尚未丧失其健全性。使徂徕把儒学"政治化"的社会契机毫无疑问就在这里。大体而言，统治阶层政治思维的优先地位，常以两个界线为条件。一方面，在大致安定的社会中它不会发生。在这里，普遍意识形态是秩序的乐观主义。要待处在统治立场的社会阶层因某种

---

① 黑正严：《农民起义研究》，第271页。另见第263页第二图表。
② 参阅本庄荣治郎的《德川时代的人口及人口政策》，载《经济史研究》。

社会性的变动动摇了自身的生活基础的时候，危机意识才会在敏感的头脑中萌生，在此"政治性的东西"便成为思维的前景。但是，另一方面，一旦社会的混乱和腐败已经到了不可救药的程度，政治思维便又销声匿迹，取而代之的是蔓延开来的逃避、颓废和隐蔽。只有在这一中间的范围（Grenzsituation）[①]中，直视现实的真正的政治思维才能存在。徂徕恰恰因为处于这一状况中，所以才说"人皆不知，圣人之道与世之政道乃分别之事，此谁之过哉"，否定了朱子学的乐观主义，并欲通过儒学的政治化，使之成为"世之政道"的哲学基础。而且，徂徕学自身仍不免在动摇封建社会的文化要素（元禄文化）上强烈地刻下私的侧面的印记。对于儒学的将来来说，这成了影响此后思想界的重大问题。其展开讨论属于下一节的主题。

六

因此，在我们最后讨论这种社会形势之前，先叙述一下徂徕提出的作为治国平天下之学具体运用的社会政治组织的改造论。但由于徂徕的这一部分内容已广为人知，也有适当的介绍书[②]，所以，比起政治论本身来，在主要关注潜伏在其底层的思维方法的本章中，只简要地触及一下。

[①] 参见 K. 希林（K. Schilling）的《国家与法哲学史》，1937 年版，第 22 页。只是，它在希林那里的意义与我所说的稍有不同。
[②] 野村兼太郎教授的《荻生徂徕》，是一部主要介绍徂徕的社会经济论的优秀著作。另外，还有本庄荣治郎的《近世经济思想》和中村孝也的《元禄及享保时代的经济思想研究》等，对此问题也有不少论述，不一一列举。

徂徕先把存在这一方法论出色地活用到现实的社会中，对封建社会面临的难局，进行了在当时无与伦比的一针见血的理论解剖。其结果，他找到了造成武士阶级穷困的主要根源和直接的原因。主要根源是：（一）武士们不分阶层上下皆处于"旅宿之境遇"中，也就是说"虽一根筷子，也必须出钱买之"①；（二）万事没有制度，即"一切物虽各有其限"，但需要却无限制。从这二者中找出的直接原因是：（一）"物价不断上涨"；（二）"金银数量减少"；（三）"借钱途径窒塞，金银少，且不通用"②。徂徕所列举的这三项直接原因中，（一）是来自商品方面，（二）和（三）是来自货币方面。对此，徂徕提出的解决办法是，当务之急是先解除直接的原因，然后逐步进行根本性的改革。因为"治天下国家，先为富饶，是治之根本也"③。所以，第一步"若不治此种困穷，欲止旅宿之境遇，立事物之制度，甚难也"④。这一救济方法是一种依靠钱币铸造的通货膨胀政策。这是以前述的钱与银的比价暴涨而引起的武士阶级的贫困这一事实为背景的。但"只计于殖钱，而不改旅宿之境遇，不立制度，虽可暂补以润泽天下……然天下之奢亦随之而盛也，终仍归于困穷也"⑤。因此，如果不去除根源，问题不能解决。于是，徂徕一方面主张，为了中止"旅宿之境遇"，就要所有的武士都有知行所（土地），使之定居下来，造立户籍，控制人口流动；另一方面主张建立制度，按照身份，限制欲望，使供给与需

---

① 《政谈》卷二，《日本经济大典》第九卷，第 51 页。
② 同上，第 72 页。
③ 同上，第 48 页。
④ 同上，第 79 页。
⑤ 同上，第 80—81 页。

要相一致。不言而喻，前者是要求通过向自然经济的复归以脱离对商业资本的依赖。这也会收到一些附带性的效果，如武士在农村定居，就会去掉都市人的浮薄习性，生活变得刚健，并缓和同农民的对立关系等。后者制度的建立是徂徕在礼乐中求道的哲学基础的具体化。因此，上述徂徕学的思维方法就原封不动地移到了这里。所以，这绝非像常常误解的那样是"法家"的立场。徂徕认为制度始终是要适应"人情"的。即使是物价上涨，徂徕也将"只发布号令、法令以制之"斥责为"不改变风俗，强行事，毕竟是无理强迫之处置也"①。还有，道不是封闭性的存在，它依据的是圣人的人格，如此制度的变革最终也依赖活动着的人："比之于法，行之其人，尤为重要。即使法恶，行之其人佳，亦有相应之果。溺于制法，但若行之人恶，何益之有？"②此中清楚地表明了徂徕的这种立场。徂徕在《政谈》和《太平策》中所展开的人才录用制，是他的政治论中最光辉的部分。气质不变说在这里被充分地运用，强调每个人个性的全面发展。在此，封建社会类型的人类观几乎完全烟消云散。

徂徕的社会改革论朝着复古的方向迈进，这是不能否认的。尽管如此，我们不能忽视的是，正如他用不一定是儒学的思维方法来给原始儒学提供基础那样，在他主张复归原始封建制的政治思想中，则潜存着恰恰与原始封建制背道而驰的政治集中的要素。如他的人才录用论就是其中之一。在此，我们要对绝对主义观念——当然是德川氏本位——的萌芽加以注意。徂徕为说明幕府自身的

---

① 《太平策》，《日本经济大典》第九卷，第210页。
② 《答问书》中，《日本伦理汇编》第六，第161页。

"旅宿性"指出:"官府本身的身份即同旅宿,故任何所用皆需购买。办理公事者,旅宿也。……但将军既统治天下,则日本国中皆御国也,何物皆可径用,无须购之。"① 这种思想带来各藩的强力统御,但另一方面明显同自己又是最大封建领主的德川幕府的政治形态相龃龉。因此,徂徕又说:"诸侯以为不须进贡,乃大误也。"② 从这一观点出发,他强烈把吉宗下发"上米制"说成是"不顾耻辱而言之"的做法。他愤慨地说:"所谓征借,何言也!海内之封国,皆国家之命也。若有需要,何不令其奉上。上借用,何事也!"③ 此外,徂徕又说:"四五十万石以上之诸侯,对于日本如此之小国,过其分也。"④ 从这里出发,他主张把大名的俸禄限制到三十万石。贯穿在这些想法中的是"日本全国,如其不能如将军所愿随心所欲,随时随地即可妨碍幕府政治"这种在幕府绝对主义之下走向"平均化"的倾向。⑤ 他之所以对乍看上去类似于他所设想的吉宗复古改革,发出"终难成中兴气象"的感叹,归根结底就是出于这种绝对主义。⑥

但是,徂徕认为,实施他提出的大规模的制度变革在元禄时期最为恰当,甚至到享保就稍迟了。⑦ 时代的危机已深深地刻在了他的意

---

① 《政谈》卷二,《日本经济大典》第九卷,第 52 页。
② 同上,第 64 页。
③ 《文会杂记》卷二,《日本随笔全集》第二卷,第 572 页。
④ 《政谈》卷四,《日本经济大典》第九卷,第 159 页。
⑤ 同上。
⑥ 《文会杂记》卷二,《日本随笔全集》第二卷,第 585—586 页。但在此不是直接以与绝对主义的思想之关联说这句话的。
⑦ 参照《太平策》,《日本经济大典》第九卷,第 212 页。

识中。他所看到的封建社会绝不是林信笃心目中的"唐虞之世",也不是"上有仁君贤臣"之世。毋宁说恰恰相反,那是一个"国脉大缩之极,甲冑将落也"之世①,是所谓"上者无学问,不知圣人之道,天下早入老衰,终至末世,权势下移。……上之威力渐薄,酿成乱事,其兆今已可见也"之世。②当那些肤浅的观察者正在讴歌"享保中兴"的时候,徂徕早已以他敏锐的眼光洞察到这里已是落日黄昏。徂徕确实是德川社会所产生的第一位伟大的"有危机意识的思想家"。

第四节 徂徕学同国学特别是宣长学的联系

徂徕学的普及及其反叛 —— 萱园学派的分化 —— 徂徕学之后儒学的衰落 —— 国学同徂徕学的否定性关联 —— 两者在思维方法上的共通性 —— 积极关联的种种表现 —— 关联之总结及国学在思想史上的地位

一

徂徕学的出现在思想界引起了强烈的共鸣,这一点如果考虑一下他的理论内容的时代性——反过来说,即朱子学思维的非时代性,就是十分自然的事。但是所引起的共鸣的程度,大概是我们现在想象不到的。这一点徂徕比起别人来更为惊讶。在给堀景山的信中,他有这样的一段述怀:"不佞僻惰,一病夫也。……未尝以劝

---

① 《文会杂记》卷二,《日本随笔全集》第二卷,第573页。
② 《太平策》,《日本经济大典》第九卷,第202页。

人教人为事，况与人争哉！而足下乃谓海内从风而靡者，虽不佞亦怪焉。岂耳食之士，初不识不佞所为学者，传响雷同欤。不尔，亦时运之使然也，岂不佞之所能知哉！"① 这绝不能视为他一时的逃避之言。单单因宽容精神，徂徕就甚忌讳形成帮会型学派，并且抨击之。尽管如此，徂徕学的强大吸引力，不管他自己是好是恶，不知不觉中仍然促成了一个拥有数百人的萱园学派。这样，在"从风而靡"之中，像太宰春台、山县周南、服部南郭、平野金华、安藤东野和宇佐美灊水等，无论挑出哪一位都可被视为当时一流的俊才。他们荟萃一堂，就足以充分地将萱园学派的势力一直维持到徂徕去世之后。不！若从社会影响这方面来看，毋宁说，徂徕学的黄金时期是徂徕去世后才来临的。那波鲁堂讲述这一情况如下："徂徕之说，享保中期之后，实可谓风靡一世。然至京都而盛，于徂徕殁后，自元文初年，至延享、宽延之交，此十二三年之间尤甚。世人喜其说而习，信仰如狂……用程朱注讲书之人，无人一顾。假初有为者，或亦有偶在朱注之中杂《论语征》（徂徕的著作——笔者）教人者。……中叶以来，多少考索之书，经书、语录、诗文之类，徂徕一言其非，无人再看，如同烂堆故纸。"②

当然，徂徕学也不是没有敌对者。任何的反叛没有摩擦也就不会有进展。既然徂徕学对于一切既成儒学具有革命性的业绩，那当然就一定要招致固守传统地盘的儒者们的抵抗。只是，徂徕在世的时候，这一摩擦还不太明朗。徂徕在学问上无与伦比的博大性和他避开个人攻击在其他学派中广交朋友的态度，很好地抑制住了对他

---

① 《徂徕集》卷二十七。
② 《学问源流》。

的激烈反击。但是，这些潜在郁积的反徂徕学的气流，在徂徕去世后就渐成声势。这样，一方面，萱园学派愈使"世人""如狂"，另一方面，他派对它的非难之声就愈加喧嚣不止。至其顶点，在宝历、明和、天明之际，单是直接以攻击徂徕学为中心内容的书籍就有唐崎彦明的《物学辨证》、石川麟州的《辨道解蔽》、蟹养斋的《非徂徕学》、五井兰洲的《非物篇》等，计其数实有三十余种之多。像这样许多诘难、攻击集中于一种学说的情况，在日本思想史上可以说是空前的。然而，这些激烈的批驳书在理论上几乎不值一提。他们依然是从旧立场作陈腐的批判，要不然就是，他们虽然在攻击徂徕学，但其实同时在一定程度上恰恰又依据了徂徕的思想方法。关于这一点的公平说明，反而从彻底和一切儒学——包括徂徕学——对立的平田笃胤的口中能够听到："皇国自古多数儒者中，唯物部茂卿（徂徕的别称——笔者）见解高、卓著超群……然却有不思其惠者，吹毛求疵，索此人说非而多诽谤之，甚者云茂卿无考证之学，或不知古文辞甚多。此皆依茂卿之惠而又尽索茂卿之说非也……可谓今之大多儒者皆祖传徂徕，此非过言也。"[①] 这样，徂徕学给予思想界影响的巨大性，比起他的追随者，反而在他的反对者的思想中更多地得到了证实。

但是，即便在萱园学派自身中，也已经看不出对徂徕学理论的进一步发展了。岂止如此，萱园在为其黄金时代而自豪的时候，在外表兴盛的背后，徂徕学的分裂已在进行着。我们在前一节中将徂徕使儒学政治化，而且因这一政治化反而把非政治性的契机导入自身之中的经过，作为徂徕学中公私的分岔进行了叙述。这种分岔首

---

① 引自岩桥遵成的《徂徕研究》，第 474—475 页。

先表现为两个方面，一个是徂徕学的对象中治国平天下的经学方面，另一个是希望"广见闻行事实"的方面。如诗文、历史之类都成为后来的私的侧面。尽管古文辞学本来也承担着先王之道方法论的任务，但被徂徕学历史意识所激发，于不知不觉中文辞的考证研究自身又成了目的。这种公私的分岔，因与圣人和圣人之道的绝对化相结合，并被认为"只是道之裂"，所以好歹保持了体系的统一性。但是，这种体系的统一性，能够同时伴随着人格上的统一性，多亏徂徕这种几乎是超人的博学多识才得以可能。蘐园门下虽说人才济济，但是，自治国平天下之学到典故、来历的考证，能一身兼之的人物已难觅求。这样，徂徕学的分裂首先是作为人格的分裂而表面化的。徂徕学中公的方面与私的方面在蘐园门下就可以看到各各相异的担当者。代表前者的有太宰春台、山县周南等。与此相对的有服部南郭、安藤东野、平野金华等，他们都是私的侧面的继承者。① 后世，角田九华讲述的"及徂徕殁，其门分而为二。诗文推服部南郭，经术推春台"，不外乎指的就是这种情形。② 这样，治国平天下之学与诗文、历史、考证学，分别被个别的人格所追求的结果，不久也必然导致徂徕学理论统一性的破坏。因为他们个个像追随者，因有意无意地把自己所承继的一面当作徂徕学本身加以绝对化，遂至无视对方的领域，在同一平面上争执不下。这种争执在春台和南郭身上表现得最为清楚。一方的春台把摆弄古文辞骂为"粪

---

① 当然，公私各侧面的继承者并非完全无视其他侧面。如春台就有讨论诗歌的优秀随笔《独语》。这一点无论怎么说都是蘐园共通学风的反映，但问题在于以公私的哪一个侧面为徂徕学的本质。
② 《近世丛语》卷二。原汉文。

土",并痛斥说:"圣人之道,除治天下国家之外无所可用。……舍是不学,徒以著诗文为事过一生者,非真学者,与琴棋书画等曲艺之辈无异也。"①这时候在另一方的南郭,却如《近世丛语》中说的那样:"其学虽博,然深自韬晦,未尝挟师儒之重,居恒以雅致自恃。人或问时事,乃讥曰:文士迂阔,不知事务,沾沾自喜于空谈,何异于蹇人(跛人——笔者)之谋道乎?故予不敢。"②如所说,他远离政治现实韬晦起来,唯以作诗为乐,一头钻到文辞研究之中。而且,像春台、周南这种继承经学并加以深化者,毕竟是少数之人。萱园的趋势是追着南郭的倾向而行。尽管有春台的警告,但"徒以著诗文为事过一生者"的"曲艺之辈"仍逐渐占了绝对的多数。徂徕学中所能看到的真挚的危机意识不知不觉之中就被遗忘了,到处只是充溢着浮薄的人文趣味。即使古文辞学和诗文在南郭那里还没有失去活泼的创造性,达到了"后世语文辞必先称南郭"的境界③,但再到其后的追随者,则一味盲目地模仿本来只是在徂徕学一个阶段上受过影响的李于麟、王元美的文辞,无论在学问上还是在艺术上,都一路走下坡路。文政年间(1818—1829),太田锦城评论这一派道:"其徒以茶酒游荡为事,玩弄书画器玩,勾引贵游子弟、富家少年,使趋于风流淫靡。为此家破人亡者不少。故世之笃实俭朴之人,恶今之儒生,与赌徒帮闲同视。"④这一评论,可谓言辞稍有偏激,虽不尽恰当,但也有合乎实情之处。当然,这

---

① 《经济录》卷一,《日本经济大典》第九卷,第394—395页。
② 《经济录》卷三。
③ 《近世丛语》卷三。
④ 《梧窗漫笔》卷下,《日本随笔全集》第十七卷,第66—67页。

种倾向的渊源可以追溯到徂徕学爱好"风雅文才之悠然自得"这一私的侧面之中,但它与萱园初期的文艺趣味在基调上已迥然不同。如果说一个是在反映华丽之中贯穿着新鲜生活意欲的元禄文化,那么,另一个毋宁说同文化(1804—1817)、文政末期的颓废倾向有相通的地方。而且,萱园的这种颓废在徂徕的直系弟子大都去世的明和、安永之际就已经开始了。这样,为如此兴盛而自豪的萱园学派,以天明(1781—1788)前后为界,就急速地丧失了在思想界中的主导地位。促使徂徕学走向没落的既不是汗牛充栋的反徂徕学文献,也不是松定平信的"宽政异学之禁",实在是萱园自身。

这样,一方面,徂徕学在后继者那里日益走向分裂、颓废,另一方面,当宋学在为如何医治古学派造成的创伤而深感困惑的时候,进入儒学界的则是井上金峨、山本北山、龟田鹏斋、细井平洲、片山兼山、吉田篁暾、皆川淇园和太田锦城等一批所谓的折中考证学派。他们的学说如称为"学派",那太嫌杂多,但其共通态度是排除党派偏见,通过对诸说取长补短,以求中正之道,并以广泛的考证、文献的征引加以证实。由于他们是以抗拒萱园的跋扈及其所引起的党派论争的面目出现的,所以,他们虽然也同时排斥宋学,但毋宁说反徂徕学的色彩更浓。但是,像井上金峨和片山兼山等一度受过徂徕学影响的人自不待言,就连其他的人也或多或少受到了徂徕学的感化。结果,虽然他们在抗议各学派独断的党派性、主张自由研究这一点上,多少具有一定的积极性,但犹如"折中"最终仍是折中,不意味着任何"创造"那样,在理论上他们几乎没有提供什么新颖的东西。而且,这种折中性不单是折中学派的特性,亦是徂徕学以后的儒学界的共通倾向,虽然有程度上的差别。就连朱子学派,既然构成宋学基底的思维方法早已不再适应于社会,那么最终也无法停留在近世初期那种纯粹的朱子学中了。这一点只要把近来在一蹶不振的朱子学派中扬眉吐气的怀德堂一派的学风,同上述作为古学派批判对象的朱子学派本身比较一下就可明白。成为第一代学主的三宅石庵,因其学说的折中性而被讥为"杂而无统的学问"。应是宋学大敌的仁斋之子伊藤东涯也受邀于此开堂讲课。四代学主中井竹山虽是反徂徕学的一个主要文献《非征》的著者,但他同时也对山崎暗斋的褊狭固陋抨击不已。另外,在怀德堂,一般不偏重经学,诗文也受到尊重。这种折中的倾向,从享保晚期开始,在主要向平民普及心学,即所谓石门心学中达到了顶点。成为心学核心的思想仍是宋学,但是,在此,它已失去了本所具有的完整性(Geschlossenheit)。对神道妥协当然不用说,由于说"以佛法所得之心,即以儒道所得之心,心何有二品乎?无论以何道得心,以其心行仁政,治天下国家何害之有"①,这显然是与佛教调和。它进一步又对能作个人修养之用的东西采取一切皆可吸收的态度。如说:"佛老庄之教,皆所谓磨心之法,不可舍之。"又说:"以不舍一法,不泥一法,不逆天地为要。"②但是,这早已不能同在徂徕学中所看到的宽容态度相提并论了。因为,在徂徕学那里,这是既高度地维持圣人之道的纯粹性,同时也承认异质思想在其他领域中的存在。但在这里,杂多的思想系统流入了心学的内容本身中,且混为一谈。既然凡是缺乏一贯性原理的单纯性的宽容主义,都不能冠以学术上的宽容之名,那么,心学无论多么夸耀于作为通俗道德的普及性,但在理论价值上,则是连折中、考证学派也超不过的。

---

① 《都鄙问答》卷三,《心学道话集》,有朋堂文库,第524页。
② 同上,第527—528页。

笼罩儒学界的折中性，不外乎宣告了近世儒学已停止了独创性的发展。这样，结局是徂徕学作为儒学最后的重建，在理论上也独占鳌头。从藤原惺窝开始展开的近世儒学思想到徂徕打上了终止符。德川时代将近末期的天保（1830—1843）年间，《茅窗漫录》的作者书写了《朱子学四书的由来》，在概观了近世儒学史之后，说"因念惺窝、徂徕二先生，当为当代文学之儒祖"①，这一判断绝非信口开河。萱园的没落差不多同时意味着儒学已在思想界的第一线中落伍了。于是，恰好接替它而来的既要求思想界的主导权，同时又点燃了排斥儒学烽火的就是国学。

二

国学一词应该如何理解呢？应该以范畴加以定义呢，还是以历史加以定义？再者，如果以历史加以定义，以谁为创始者呢？是户田茂睡、契冲，还是荷田春满、贺茂真渊呢？等等。这些问题在本章中加以讨论实在太大，其本身已充分构成了一个主题。从与本章的关系上说，我们所理解的国学，是指由上列的这些人——特别是贺茂真渊（元禄十年—明和六年，1697—1769）所发展，由本居宣长（享保十五年—享和元年，1730—1801）加以完成的一连串的思想系列。②这一国学的形成具有种种复杂的因素，对其学问的由

---

① 《日本随笔全集》第七卷，第420页。
② 我们认为，以宣长学为主大体上即可把握住国学在思想史上的意义。笃胤学则可以说是朝着新的方向发展。这一问题现在只能直截了当地提出结论，没有工夫讨论其理由。但可以相信，在以下的叙述中，我们解释的根据虽不够充分，但基本上也展开了。

来也不可做出单一的界定。但不可否认，徂徕学也对其形成提供了有力的因素①，而阐明两者在思想上的关联即是以下的论题。而且，徂徕学的各种影响从春满周围就可以见出。不过，我们的问题不是去清点各个国学家所受的影响，而是集中讨论朱子学思维方式的解体过程如何内在地促成了国学这一统一思想的形成，两者具有怎样的结构上的联系。因此，在这里，我们虽也常常提到真渊，但主要被提出来讨论的则是国学的完成者宣长。固然，限于篇幅不能详细展开，我们只能就问题的重点提纲挈领地说一下。

首先要说一句，这里所说的影响乃至联系，不可限定为有意识的，这自不待言。经过宣长，国学在思想界已确立了不可动摇的地位，这之后虽然国学家方面可以看到对这一联系的自觉承认②，但是，处于勃兴期的国学，要从作为一切儒学的彻底对立者来为自己赋予特征的时候，当然会采取完全否认儒学派对国学系谱的任何影响的态度。尤其是，因国学自称古学，所以当时的儒学家常常提出批评，说它是来源于儒学的古学派。因此，国学家就不得不特别强

---

① 先辈学者已指出了徂徕学对国学的影响。作为宣长学的解说书，同时又是作为古书而占据经典地位的村冈典嗣的《本居宣长》（1911 年初版），在有系统地叙述这一关联上大概是先驱者。村冈教授认为，儒学古学派在国学思想派系谱形成中虽有力，但始终仍只是一个影响要素。津田左右吉博士则认为，古学派尤其是徂徕学对于国学派的形成有决定性的影响。（参照《文学中的我国国民思想之研究》一书中的"平安文学时代"部分。另外，《岩波讲座·哲学》中所收津田博士的《日本外来思想移植史》也阐述了同样的见解）。其他，虽有程度上的差异，但徂徕学对国学产生的影响，在国学研究者中间也几成定论。

② 在本居大平（宣长的养子）所作的家学系统图解《恩赖》（村冈《本居宣长》新版卷尾附，1928 年）中，也能看到徂徕、太宰、东涯（仁斋之子）的名字。

调他们同古学派的无联系性。如宣长以《某人语》为题指出："某人言，古学乃出于儒之古文辞家之言，此怪事也。吾人之古学，由契冲开其端，彼儒之古学开其端者为伊藤氏等。伊藤与契冲大致同时，然契冲稍早，伊藤稍晚，荻生氏更晚，安可归于儒之古学乎？"①而且，国学家们不单是消极地主张无关联，而且常常积极地把攻击儒学的目标指向萱园学派，尤其受到激烈非难的是太宰春台。对春台的排斥势必又要波及他的老师。真渊阐明古道的主要著作《国意考》，就以反驳春台的《辨道书》为主题。平田笃胤（安永五年—天保十四年，1776—1843）因以《呵妄书》驳斥同一《辨道书》而在思想界初露头角。宣长虽没有写出以春台乃至徂徕为批判目标的专门著作，但他对所谓中华崇拜思想的满口攻击明显主要是对准徂徕学的。在他的《葛花》中，成为论争对手的市川鹤鸣（元文四年—宽政七年，1739—1795）就是萱园派中的儒者。但是，这些国学家主观上否认同徂徕学的关联性，甚至进行大肆的攻击，显然都不能干扰两者关联性的客观存在。不！让我们来看，毋宁说，正因为如此更显示了国学同徂徕学的近似性。徂徕学如同那个犹太人，承受着"因为站在上帝门前反而变成了最受排斥的人"的命运。②

现在我们先从人物关系方面来叙述一下国学同徂徕学的联系吧。贺茂真渊曾向太宰春台的弟子渡边蒙庵学过汉学，但更重要的

---

① 《玉胜间》八，《增补本居宣长全集》第八，第239页。由本居清造氏重新校订的增补全集是迄今最完备的全集。以下引用为了方便，统一引用增补全集版，只是正文未必依于全集版。

② 此为黑格尔的说法。参看《精神现象学》，格罗克纳氏版《全集》，第二卷，第265页。

关系是真渊同服部南郭的亲交。关于这一点，据村田春海门下的国学家清水滨臣所说："翁（县居翁，即真渊——笔者）下东都，同南郭先生交往甚密，向先生学诗。先生亦习国学于翁。相互切磋学问。故先生之墓在此寺，翁亦指定墓地于此。"①在这里，因同后面所要叙述的地方有关，我们特别有必要牢记的是南郭是徂徕学私的侧面的继承者这一点。另外，本居宣长虽然同萱园没有直接的人际上的交往关系，但他在京都游学之时所师事过的、他的大部分儒学教养的授予者堀景山，就是以屈景山之名出现在徂徕书信集中的人物。景山原本为朱子学派的人，不知他是因同徂徕的通信受到了徂徕的影响，还是为了脱离原来的朱子学意识而同徂徕交往的，大概是两者兼而有之。但不管怎么说，他的思想非常接近徂徕学。例如，他指出理是无定准的："所谓理者，毕竟可究极又不可究极。因空洞不可捉摸，如推之，白谓黑，黑谓白，随心所欲，任其指而不同也。其能真知理者，必圣贤也。以凡人之智慧，思之为彼则为彼，思之为此则为此。"②景山也重视文字的研究。他说："无论所言何者，若不通达文字之意，实无以解圣贤之语意。视经书若己物，依我作种种之辩说，似为仔细，闻之摇唇鼓舌之谈也。纵令闻之似极有理，若错解文字之意，乃妄作辩饰……多不合重要的本来的圣贤之意。"③另外，景山还竭力强调圣人和礼乐的政治特性。如他说："所谓圣人之名，古本大体为能以德治天下之天子者。称无位之人为圣人者，仅限孔子一人也。……《礼记》亦言：'作

---

① 《泊洦笔话》，《日本随笔大成》第一辑，卷四，第752页。
② 《不尽言》，《日本经济大典》第十七卷，第324页。
③ 同上，第319页。

者谓之圣。'所谓作者，即一代天子也，乃作天下礼乐、教民、正风俗之人，非为天子者，不作礼乐也。"①这些地方几乎都与徂徕学相通。特别重要的是，景山排除了朱子学的严格主义。他说："详玩味人之五伦之内，唯夫妇之间仍有人之深切实情。"又说："一言欲，视为恶，谬之千里也。欲即人情之事，无此，不可称为人……无欲者，乃木石之类也。"②由此出发，景山鲜明地反对朱子学的艺术观。他说："愚拙，经学虽以朱学为主，然其论《诗》，朱子不得其意也。《诗》云'思无邪'。朱子于《论语》之注，解为劝善惩恶。然劝善惩恶，乃《春秋》之教也，非《诗》之教也。"③进一步，景山又指出："以无出人之邪念之诗为佳，固不待言。然《诗》三百篇内，出于邪念之诗颇多也。……唯邪念为邪念，正念为正念，吾不知不觉发心中之所念者，此即诗也。"④"和歌本与诗同……人心之内有气郁，见闻所触，不加安排，不知不觉所发之词，当即表现其情景也。"⑤他采取了主张把艺术从伦理中解放出来的态度，从其立论的方法到表现，不能认为没有徂徕学的影响。宣长最富感受性的青年时代，就是在此师门下度过的，这一点有不能忽视的意义。⑥后面我们就可清楚，由徂徕传到景山的艺术观是如何渗透到宣长的"物哀"论之中的。但是，国学同徂徕学的这种直接、间接

---

① 《不尽言》,《日本经济大典》第十七卷，第344页。
② 同上，第370—371页。
③ 同上，第364页。
④ 同上，第363页。
⑤ 同上，第362页。
⑥ 有关景山与宣长的关系问题，参照河野省三的《本居宣长与堀景山》(收入河野省三的《国学的研究》中)。

的人际交往,更强化了下述那种两者实质性关联的契机,而不是给彼此附加基础。

首先,我们关注到至上一节为止追寻过来的从朱子学到徂徕学的儒学之"道"的变迁过程。朱子学的道被天地自然之理赋予了基础。它贯通天与人,统摄社会与自然,既是规范又是法则,既是应该同时又是存在(本然之性)。这种绝对总括性的道,通过素行、仁斋和益轩等所表现出的连续性思维解体的过程,其诸要素就逐渐地开始独立化。人道脱离了天道,规范脱离了人性,应该脱离了(自然的)存在。但是,在为这种分离赋予了最精密理论的仁斋那里,道仍是"不待有人无人"的理念而被赋予了先验性。到了徂徕,道自身的终极性才开始被否定,并使之依据圣人的人格。这种人格在徂徕那里由于被提升为可望而不可即的彼岸之物,所以道竟能维持绝对的普遍妥当性。然而,在儒学之道的这种演进方向上,已出现了危险的信号。因为,道的价值已不存在于合乎天然自然之理中,也不存在于其自身的终极的理念中,而完全系于圣人的制作。道之所以能成为道者不是理,而是权威(Autoritas,non veritas, facit legem!——霍布斯)。但是,权威只有对于相信权威者才能成为权威。在徂徕学中,早已不能以道的真理性来说服那些不相信圣人权威的人了。庞大的徂徕学体系归根结底只是依据于一点:"愚老不信仰释迦,唯信仰圣人。"[①] 这何等危险!这一据点一旦被拆除,圣人之道的整体构造就会立即在大地上倾倒。而且,徂徕的圣人是出现在中国古代的政治君主。这种受历史、场所制约的人格所创造出的道,何以值得如此崇拜呢?徂徕学必然使跨出

---

① 《日本伦理汇编》第六,第98页。

儒学思维框架一步且有余力思考问题的人产生这一疑问。果然如此，国学家首先冲击的就是这一点。照真渊的说法，"唐国之儒"所说的道，是"强天地之心，故做小人之事"①。这也就是，"虽暂时以立制者为人，然其制也以国以地而异，如草木鸟兽之异"②。而且，"偶立一制，心思天下之人守之后世，愚之举也"③。在此，把道视为圣人在历史中的一次性制作这一徂徕学立场，很显然，原封不动地就成了批判儒学的出发点。宣长更详细地说明了这一点。在他那里，所谓圣人，即是"名有威力、有深智、能服人之人。善夺人之国，又不为人所夺；善治国，又能为后世之法者，唐土谓之圣人"④。由此来说，宣长的圣人虽与徂徕所说的一样也是政治上被规定的，但其价值却从高不可攀的彼岸一下子被降低为权力的篡夺者。因此，对圣人之道，宣长这样说："圣人所作所定乃谓之道。如此，中国所谓道者若欲究其旨，只可分为谋夺人之国与不为人夺之二者。"⑤这种说法，虽然仍是在政治目的中来找出道的本质，但在道的内容上则把徂徕学完全颠倒了。在彼正是因圣人的制作才被视为绝对的道，在此恰恰又是因圣人的制作所以要加以排斥。当然，国学家绝不是根据徂徕学才走向怀疑儒学的。因契冲以来对日本古典的研究，儒学道德同日本古代精神的乖离已被他们意识到了。但是，决定他们的儒学批判方向的，无疑是徂徕学。这可以说是国学与徂徕学的否定性关联。

---

① 《国意考》，《贺茂真渊全集》卷十，第359页。
② 同上，第369页。
③ 同上，第370页。
④ 《直毗灵》，《增补本居宣长全集》第一卷，第54页。
⑤ 同上。

作为这种否定性的关联,更重要的是徂徕学思想的纯粹性。在此,我们再回头简单地回顾一下近世初期以来儒学同神道的关系。日本近世中的儒学独立,伴随着猛烈的排佛论,这一点上面已提到了。这一潮流,驱使一连串近世初期的儒者,把以往在山王神道、两部神道中同佛教相结合而来的神道从佛教中解放了出来,反过来又驱使神道去尝试同儒学相结合。在日本近世儒学之祖藤原惺窝那里,早已可以看到这种尝试的萌芽。他说:"日本之神道,正我心,怜万民,以广施慈悲为极意。尧舜之道亦以此为极意。唐土所谓儒道,于日本即所谓神道,名异而心为一。"① 但是,大规模策划神儒合一的则是林罗山。罗山说:"或问:神道、儒道何以别之?曰:由吾视之,理唯一,其为有异……呜呼!王道一变而至神道,神道一变而至道。道者,吾之所谓儒道也。非所谓外道,外道者,佛道也。"② 很显然,这是用对抗佛教的意图,树立他的理当心地神道。它的内容正如所说:"神道即理也。万事不在理外。理者,自然之真实也。"③ 这里完全依据了朱子哲学。罗山最终都是一个儒者。但进一步发展这一倾向的,是虽然始于朱子学后来又脱离儒学,最终归于纯粹神道的山崎暗斋,其所说的垂加神道,也是依据理、气、阴阳、五行等明显的宋学范畴来解释甚至附会《日本书纪》的。另一方面,从一直以来的神道一侧也能看出向儒学靠拢的痕迹。如果能考虑到儒学在日本近世的统治地位,这种现象就不难理解。例如,被认为是伊势神道的中兴者的度会延佳(元和元年—元禄三年,

---

① 《千代本草》,《日本伦理汇编》第七,第40页。
② 《罗山林先生文集》第六十六(京都史迹会本,卷二,第360—361页)。
③ 《神道传授》。

1615—1690），一方面排斥附着在旧伊势神道上的佛、老因素，另一方面又采取了神儒一致的态度："神道、儒道其旨一，故皆依其道修教，当无所异。"①即使是出于吉田神道，后成了幕府神道一方的吉川惟足（元和二年—元禄七年，1616—1694）的神道，其"理学的神道"之名，已明显地表现出同儒学的妥协性。然而，徂徕学的出现及其风靡，犹如电闪雷鸣一般遮盖了这种神、儒拥抱的滔滔大势。把通过古文辞所发现的圣人之道视为绝对，严密排除一切后世歪曲乃至异质思想混入的徂徕，始终忠实于逻辑上的归结，完全否定了神道存在的本质。只是，徂徕的历史意识仍导向了承认圣人之道的历史特殊性。他说："虽无神道之事，然宜崇鬼神。生于我国，敬吾国之神，乃圣人之道之意也。"②但是，到了把徂徕学公的侧面等原封不动作为徂徕学自身而加以继承的太宰春台，他把圣人之道绝对化到机械性的程度，结果徂徕对神道的否定就被彻底推进了。春台认为，所谓神道只不过是"巫祝之道"，断言"非属巫祝者，不知亦无所缺。故宜使其知，此非士君子所学之事"③。春台以"平生只敬天畏罪，守礼义，行仁德"为君子的唯一信念，把自己对孔子的信仰态度比为"专信弥陀一佛，不信其他佛神"的一向宗门徒。④这样，被占据儒学界统治地位的萱园派毫不留情地拒之门外的神道，不管愿意不愿意，都被赶到了独立化的立场上。国学家恰好趁机行事，开始向一切旧神道宣战。这样，国学家的古神道与徂徕学，就从迥然

---

① 《阳复记》上，《日本精神文献丛书·神道篇上》，第30页。
② 《日本伦理汇编》第六，第100页。
③ 《辨道书》，同上书，第208页。
④ 《圣学问答》，同上书，第291—292页。

不同的立场中对于神儒之拥抱出乎意料地形成了共同的战线。宣长对徂徕否定神道评论说:"后世之云神道,其流者所说,皆依儒、佛所造之物。唯'国常立于尊''高天原'等名目耳。其说之趣,不异儒、佛之意。故无以别立其道之趣。故荻生等云神道无道,乃至当之论也。"① 对于春台,毋宁说,宣长也很欣赏他的立场的彻底性。宣长说:"太宰之《辨道书》,吾心思之,甚有道理也。……其故,世世神道者之所谓神道,皆慕儒、佛之言而作之者也……非真之神道。故太宰所言是也。彼诚真儒者也。"② 但是,这种对徂徕学的肯定,完全是出于不同的立场,也可以说是反论性的承认,所以转眼之间就原封不动地转化为猛烈的否定:"又荻生、太宰,辨后世神道者流之说虽当,然尚无以知于神道者所说之外有真之神道。且彼等之徒,唯尊汉国,以为何事皆优。轻皇国,贱而视之,以强学夷为卓见。……彼等幸生皇国,亦关神典……未以知此神道之胜外国之道,乃真之正大之道。且舍之、讥之,是何心耶?"③ 这种攻击未必都恰当。尤其是,如上所述,徂徕并没有把中国这一特定的"国"视为至高无上。但是,徂徕学思想的纯粹性,通过神道论使徂徕学与国学否定性地关联在了一起,在这里无可争辩地明确显示了出来。

三

神道自近世初期以来向儒学尤其是朱子学寻求理论根据,这给了那时神道的构想共通的特质。宋学把理个体性地内置于宇宙

---

① 《铃屋答问录》,《增补本居宣长全集》第六,第121—122页。
② 《后讲谈》,同上书,第140页。
③ 《铃屋答问录》,同上书,第122页。

万物之中，同时又使它超越这些个体事物，成为赋予它们价值的终极实在。所以，当宋学的思维方式被置于神道的根基的时候，神道就或多或少地具有了泛神的——否——毋宁说是具有泛心论（panpsychismus）的色彩。罗山所说的"心外别无神，别无理"这种"理当心地神道"自不待言①，此外，度会延佳所说的"如神原本为心之主，则不可去之。神明即我，我即神明，全无隔离"的这种神②，还有吉川惟足所说的"求其体无物，然由是见形，以无形成万物。此则使国常立尊。虽微尘之中，其灵亦无所不在"的这种神等③，所有这些无不具有泛神论的特性。因此，即使这里所说的是人格神，那它也连续性地被视为非人格的理。虽然在非合理性宗教色彩最浓的"垂加神道"那里，神的概念未必是单义的④，但是，它依据理和阴阳五行说明天地的生成，强调"唯一神道"的语言不是单纯对于两部的唯一，而是天人唯一之意，这也很明显绝不是例外。与此相对的"古神道"的理论构成又如何呢？只要真渊排除儒学的"狭理"，彻底否认赋予古道以合理的基础，那么，他另一方面就要强调老子的"天地顺势"的自然无为性，以四季的运行说明道的自然性，这就带有了无神论的自然哲学的色彩。⑤但可以说在这一点上没有改变，即取代以往的理，把"自然"置于世界

---

① 《神道传授》。
② 《阳复记》上，《日本精神文献丛书》，第36页。
③ 《神道大意注》，同上书，第21页。
④ 参阅竹冈胜也的《近世史的发展与国学者的运动》，第221页以下。
⑤ 做出这种界定，是依据村冈典嗣的《作为思想家的贺茂真渊与本居宣长》（载《日本思想史研究》）。当然，所谓"无神论"并没有积极的意义，它只是对"称不上有神论"所作的一点形容。

价值的基准上，在非人格的东西中寻求道的根据。但到了宣长则发生了大转变。宣长以忠实地归纳《古事记》的用例为基础，古典中出现的诸人格神自不待言，就连"鸟兽、草木、山海等，其余无论何者，皆非寻常，有优秀之德，可畏之物也"①等，全部理解为"迦微"（神）。由于宣长不仅排除了对这一切神的合理解释和伦理评价，而且在高皇产灵神和神皇产灵神这二神之中寻求这些神及世界的最高根源，所以，在此赋予古道的根据也为之一变。照他的说法："此道，问之为何道？既非天地自然之道，亦非人之所制作之道。此道，可畏，乃由高御产巢日神之神灵、神祖伊邪那歧大神、伊邪那美大神所创，天照大御神所受，故是以名为神道。"②现在，道既不是老庄的自然，也不是圣人的制作，而是被归为皇祖神的首创。这样，宣长又进一步阐明了同一切抽象的神概念彻底对立的立场："指为神者……在彼国（指中国——笔者）……只是空理，实无其物。然皇国之神，今管治着御宇天皇之祖神，非空理之类。"③但是，横卧在旧神道泛神论构造基底的朱子学思维，随着后来儒学思想的发展，又会遭遇怎样的命运呢？根据从开始直到上一节的探讨结果，朱子学合理主义的解体过程，一是表现为天人的分离，与此同时，天的法则性（天道）后退，而天的具体人格性（天命）则来到了前台。这在仁斋学中我们已明显看到了。仁斋虽然否定朱子学的理，但由于他把道本身作为自然并肯定其终极价值，所以天命概念没有充分展开就戛然中止了。到了徂徕，道的一切价值

---

① 《古事记传》卷三，《增补本居宣长全集》第一卷，第 135 页。
② 《直毗灵》，同上书，第 61 页。
③ 同上，第 61—62 页。

性都被归结为创造它的人格（圣人），而且这一人格同天连续起来而具有彼岸性，最终结果是以人格性的天驱逐了非人格的理。在此存在着徂徕学与宣长学思维方法的深深契合。徂徕学不但通过对神道的否定从外部同宣长学接续，而且他还通过破坏近世神道所依据的儒学思想泛神论构造，内在性地援助了宣长学对旧神道的革新。当然，由于宣长把圣人打倒在地，所以，在他的意识中，通过"道非人所制作"这一简单的语言，就可以从范畴上将徂徕学的思维构造同皇祖神首创道的思维构造区别开。因此，在宣长学中，早已不需要把人格性认定至天，其结果，天完全被从空间上来理解了。他说："盖天只是诸天神所居之国。非有心之物，故亦非有天命。非尊畏神，而尊畏天，此犹唯尊畏宫殿，而不尊畏其君也。"① 这就同"天之有心，岂不彰彰著名哉"的徂徕学正面起了冲突。尽管如此，在不是像宣长那样超越性地批判徂徕学，而是内在性地理解它的时候，既然圣人因同天连续而具有了与一般人本质上不同的彼岸性，再反过来说，天因为同圣人相连续而成了赋予道根据的人格存在，那么，就不能否定徂徕学中的圣人乃至天的体系性地位，与宣长学中的神的地位之间所具有的共通性。同徂徕学相比，宣长学之道的内容迥然不同，但在为道赋予根据上则采用了相同的思维方法。在此，徂徕学对朱子学合理主义的批判原封不动地被宣长学继承了下来，并很快被看成排除儒学乃至一切儒学思维（"汉意"②）的武器。照宣长的说法，天地自然人事，一切的根源，皆在神之所为："凡神之所为，非人以寻常之理所能测知。人之智纵然若何聪慧，亦有其限。

---

① 《玉胜间》，《增补本居宣长全集》第八卷，第22页。
② 汉意：指学习汉籍、醉心和崇拜中国文化的心理意识。——中译者注

其限外之事，不可得知也。"①然而，"圣人们以己之私智，设阴阳乾坤及其外种种之说，言天地万物之理，然此皆暗推造作之语。所谓天道、神，皆系以理附会而名之，实有此物乎，似不可定"②。这明显是徂徕批判宋儒的相反运用。徂徕说："后世学者，逞私智，喜自用。……任其臆言之，遂有天即理之说。……然理取诸此臆，亦曰：'天我知之。'岂非不敬之甚乎！"③因此，例如，宣长在批判两部神道的时候，竟然积极地援用徂徕学的立场。④宣长说："两部神道，自云取三教（儒佛神——笔者）之优舍其劣。……定优与劣，以何为准定之乎？岂非皆以己之凡心定之哉！……即云以今日万物当前之理而知优劣，然愈不得于心。凡所谓理者，乃不定之物，非以人智可测知之物。故儒者用儒道古圣人之说，佛道用佛之说以定其理，于儒佛之中择优劣，名之为道，皆己所私作之道也。"⑤

这样，徂徕学与宣长学，单从在置终极的根据于彼岸的人格、否定非人格之"理"的价值标准上有共同的立场来看，两者还产生了更为重要的关联。通过日本儒学史上朱子学合理主义的解体过程而逐渐被孕育，在徂徕学的儒学界限内所达到的最高发展诸成果，在宣长学中，因徂徕学的最后制约——从儒学自身的本质特性而来——被排除，所以得到了飞跃性的发展。⑥当然，对这种道学合

---

① 《葛花》上，《增补本居宣长全集》第五卷，第460页。
② 同上，第486页。
③ 《日本伦理汇编》第六，第81页。
④ 同上，第95—97页。
⑤ 《讲后谈》，《增补本居宣长全集》第十卷，第141—142页。
⑥ 只是，同为朱子学道学合理主义解体的成果，而且最能赋予徂徕学以鲜明特色的"政治的发现"，在宣长学中则完全看不到。何以会如此呢？这依据后述的国学在思想史上的地位自可理解。

理主义的批判，随着茂睡、契冲以来国学的展开，或独立，或在徂徕学的部分影响之下，也为春满、真渊所继承，在此结出了同样的硕果。徂徕学与宣长学在思维构造上具有本质性的类似，这种基础确保乃至发展了上述成果，而且在这一点上有着特征性的关联。我们回顾一下到前一节为止的叙述，并简单地讨论一下这些成果。这种成果，第一是文献学的、实证的方法论的继承乃至发展。徂徕的古文辞学及其影响，无论是在春满那里，还是在真渊那里，都已能看到。尤其在同宣长学的关联上的重要之处在于，在文献解释中排除一切主观随意性的倾向，是与被徂徕学和宣长学置于根底的对人格实在的绝对信仰态度互为表里的。徂徕说："古人之道载于书籍。书籍者，乃文章也。领会文章，照书籍原样，勿稍杂我意，则古人之意明。然文章、字义随时而辗转，此为着眼处。后世儒者……欲以我之知见，解圣人之道，故皆流于己意。"① 其立场是"吾等只深信圣人，即令我心以为不应有之事，如为圣人之道，则亦定非恶事"② 这一态度的反面。就像这样，在宣长学中，也是说"自作聪明，使神武天皇以前之书，流为汉意，悲哉！"③，说"无传之事，无由知之，不知为不知也"④，认为在解释古典尤其是"记纪"⑤ 的时候，须舍弃任何先验性的范畴，同时还要把所谓悖理、非道德也作为古人的意识内容而原封不动地加以接受。这种方法论是与那种对

---

① 《答问书》下，《日本伦理汇编》第六，第 189—190 页。
② 《答问书》下，同上书，第 98 页。
③ 《玉鉾百首》，《增补本居宣长全集》第十卷，第 110 页。
④ 同上，第 111 页。
⑤ 记纪：指《古事记》和《日本书纪》。——中译者注

皇祖神的非合理信仰密切地结合在一起的。① 宣长说："以人之微贱之力，岂可与神之业绩争胜哉？"② 又说："纵人聪慧，然其悟，仍有其限，何可测神武天皇之所为乎？"③ 如果说否定道的先验性，使之依据于圣人的徂徕学，因排除了盘绕在仁斋古义学中的道学歪曲从而构筑了更好的儒学文献学的话，那么，因宣长进而超越了把"自然"同儒学的"自作聪明"对立起来的真渊，排斥了包括自然在内的一切理念优位，所以国学本来的文献学才得以确立起来。徂徕将"物"而非"义"，"事和辞"而非"议论之精"置于根底。同样，宣长也是以寻找神武天皇以前之迹，即事迹作为古学的首要目标："世中之旨趣，无论何事，皆可寻出神武天皇之迹。"④ 而且，在前者，通过这种古文辞而明确的道，仍然是作为先王之教或术而论的。与此相对，按照后者，"事迹"不单是寻找道的阶梯，它本身就是道，无论在什么意义上都不能把它作为"教"加以规范。所谓古道，是"唯物中所行之道"，是"物中之道即一切，而万教之殊，此道彼道，异国之事也"⑤。因此，"神道之中无书教，此乃真道之证也。凡教人之旨，原非正确而经常之道……无教故尊。以教为旨者，人作之小道也"⑥。这样，因着排斥一切"教"、始终朝向

---

① 这种实证的方法论作为事实上的结果进行到哪里，不是我们要问的问题。问题是宣长采取这种态度在思想史上的意义。以下使用实证主义、文献学立场等用语时也与此相同。宣长对《古事记》也有一些自作聪明的例子，但这并不影响他的方法论在思想史上所具有的意义。
② 《玉鉾百首》，《增补本居宣长全集》第十卷，第112页。
③ 同上，第111页。
④ 同上，第112页。
⑤ 《直毗灵》，《增补本居宣长全集》第一卷，第53页。
⑥ 《铃屋答问录》，《增补本居宣长全集》第六卷，第122页。

事实（物）的这种态度，所以传统的学问概念就实现了重大的转变。说起来，"教"当然预设了"教"的主体（师）与客体（弟）。因此，当"教"被当作学问的本质时，师的传授就具有了非常重要的地位。以往的学问或多或少都站在了这一传统之上。然而，文献学的、归纳方法的兴起就将这一传统逐渐地破坏掉了。契冲以来的国学家对堂上歌学师承传授的批判，就是其表现。徂徕对讲解中心主义的激烈排斥，就是儒学中这一趋势的反映。这样，对游离于事物之上的任何规范，遂被宣长完全否定。这一转变明显地被提高到了方法论上的自觉。学是相对于真理之学，而非相对于"教"之学。主体与客体的关系已从师生之间，转移到了学与对象本身之间。宣长把真渊常常告诫不要拘泥师说的态度称赞为"我师优于世者一也"，认为"师说，知其恶陋，竟默认遮掩，善于修饰，此唯知尊师而不思其道也"。宣长本人也告诫自己的弟子说："从吾学物，若在我之后，我立良教，宜善于咀嚼。其有误者，必当言吾之误，善推广思虑。吾之教人，唯在明道。……故不思道而一味尊我，岂合我心乎？"①为了认识这种研究精神在封建教学中具有何种重要意义，我们不妨把当时映现在徂徕眼中的讲解情形揭示出来并加以对照："弟子所尚师是，其仿之，挥笔记下师之所讲之言，事之前后经过，一字不差。尚之又甚者，师于此章此节之一声咳，是语是句一挥扇。于其语言音调、容颜衣饰，无不仿效，乃成习惯……其不思无过于此。"②

伴随着对非人格理念优位否定的第二个关联是历史意识。根据

---

① 《玉胜间》二，《增补本居宣长全集》第八卷，第61—62页。
② 《诗文国字牍》，日本文库，第三编，第20页。

之前的叙述，我们知道，朱子学的合理主义在实践上导致了"三代以前尽出于天理，三代以后总是人欲"这种严格规范的复古主义，古学派的兴起反而带来了对规范历史变迁的认识。可以看出，徂徕学通过使道依据于圣人的历史行为，几乎完全排除了历史上的道学理解。摒弃道的任何规范化的宣长学，正是因为彻底贯彻了徂徕学的历史意识，因此才不会陷入道学的历史观。宣长不仅排除了以人类为标准的劝善惩恶历史观，而且反对依据超人的标准（例如天命、天道、神）来使历史合理化，还举出了善人遭殃、恶人得福的实例。在这一点上，他的立场也如所说的那样是彻底实证性的："所谓天道福善祸淫，此意虽一文不知之儿童，即可辨而知之，确为当然之道理也。然此语虽妙合于理，然证于事迹，则不合矣。"① 宣长这种对历史事实的忠实同他把一切世事都归于神的统治这种信仰相结合，又走向了对神的伦理化的拒斥。在他那里，代表性的恶神虽是祸津日神，但善神未必尽为善事："善神之所为，无丝毫邪恶乎？如此之思，儒佛之习气也。神可视为寻常之人。"② 如前所述，在徂徕那里，我们也看到所谓"浑然天理，无一毫人欲之私"这种宋儒圣人观已被排斥："夫圣人亦人耳，人之德以性殊，虽圣人其德岂同乎？"③ 徂徕所认为的"夫圣人亦人耳"，同他把圣人绝对化并不矛盾，可以说是相辅相成的。同样，宣长拒斥神的伦理化，是他把神置于人的价值判断之外这种意向的当然结果。宣长所说的神同徂徕的圣人在积极的规定中虽完全相反，但都从道学合理

---

① 《葛花》上，《增补本居宣长全集》第五卷，第474页。
② 《铃屋答问录》，《增补本居宣长全集》第六卷，第114—115页。
③ 《辨名》，《日本伦理汇编》第六，第97页。

主义中解放了出来。两者的思维方法如此接近，这令我们惊异不已。

排斥把历史观察导入一切理念中的宣长，尽管主张"古神道"，但也绝不能说他是浇季末世论者。当然，他在很多地方都指出，儒佛的传来造成了对日本古道的歪曲。但是，他绝没有以其古代主义，而闭眼不顾历史进步的事实。他说："后世胜于古世，无论万物、万事……或古无之，今多有之；或古劣今佳之类也多有。以此思之，自今以后，又将若何？胜今之物不可限量。"① 因此，宣长又说："一切事中，后世胜古，未尝无，故不可一味以后世为恶。"② 这种素朴的客观态度在宣长的歌论中有更为鲜明的表现："近顷，作'万叶'风之歌者，泛言心之高之说。贬俊成卿、定家卿等之歌，轻易论之，此妄也。平心论之，诸卿之歌，即有其恶，然较之古者，亦有高于各代之胜处，诚可贺也。"③ 如此，当时的一些国学家，"唯凭一通理，遽定万般之事古善而后世恶，强贬之"④ 这种非实证的复古主义，照他的说法，不管表面上多么与儒学相对立，实际上都不过是"汉意"的变形。在这里，经过说"后世不能无君子，犹古不能无小人，岂独以三代以后尽为人欲哉"这话的仁斋⑤，再到说"悬一定之权衡，以历诋百世，亦易易焉耳……乃何以史为"⑥ 这话的徂徕，历史的精神掀开僵化的儒学合理主义的沉重土块，一步步实现独立生长的过程，就鲜明地浮现了出来。

---

① 《玉胜间》十四，《增补本居宣长全集》第八卷，第428页。
② 《初山踏》，《增补本居宣长全集》第九卷，第498页。
③ 《玉胜间》十二，《增补本居宣长全集》第八卷，第350页。
④ 《初山踏》，《增补本居宣长全集》第九卷，第497页。
⑤ 《日本伦理汇编》第五，第58页。
⑥ 《学则》，《日本伦理汇编》第六，第101页。

道学合理主义的解体，表现为由朱子学作为"人欲"加以压抑的人的自然性的解放，这也已为我们所知。在此，产生了宣长学同徂徕学的第三个关联。宣长学的反严格主义，已广为人知，无须重述。不过，在此应注意的是，朱子学中规范与自然连续性的分裂，取得了一方面是规范性的纯化，另一方面是自然性的解放这两个方面的发展。但其重点之前往往被放在前者，后者照字面作为"解放"只具有消极的意义。① 在把这种分裂推到顶点，把规范提升为纯粹政治性的东西并排除一切严格主义的徂徕学中，圣人之道的本质也是在公的侧面上。然而，现在宣长连徂徕的道也加以排斥，在无一切规范之处发现他的道，由此从对人的自然性的消极承认，进一步赋予其积极的基础。在宣长看来，道本来是万人之心具备的："盖道非以学问知，人天生之真心，即有道。所谓真心，不唯善，恶亦生而具于心也。"② 只是，"后世之人，皆染上汉意，遮盖真心。故今若不为学问，便无不得道"③。由于为"汉意"所蔽，所以只能生出"喋喋不休，自作聪明之心"。可以说，宣长是用"天生之真心"来取代"本然之性"，用"气质之性"来取代"汉意"。这原封不动地成了朱子学的人性论。在"天理"自然性中发现道的朱子学乐观主义，在徂徕学中被逆转为气质不变的悲观主义，再一转就到了在人欲的自然性中去发现道的宣长学："勿谓背道之心为人欲而憎之……人欲即是天理矣。"④ 作为道学乐观主义

---

① 只有素行如前所述，承认了人欲的积极性，但必须注意的是，他所谓的人欲明显是被扩大解释的。
② 《玉胜间》一，《增补本居宣长全集》第八卷，第16页。
③ 同上，第16—17页。
④ 《直毗灵》，《增补本居宣长全集》第一卷，第64页。

的否定之否定，本来的感性乐观主义终于得以诞生了。宣长对于儒、佛传来以前的日本上古之人，赞美其乐天的生活："所有卑贱之人，皆以天皇大心为心，唯时刻敬畏天命……尽所能行当为之事，安居乐世。故今言其道，岂别有受教而为之乎？"①宣长还借助于对"真心"的尊重，揭露了当时占主导地位的道德意识的形式性和虚伪性。这已众所周知，无须重述。只是，我们附带指出，宣长的乐观主义，后被明治初年的启蒙思想家津田真道进一步发展。真道说："朱子学者流，执天理人欲相反之说，诚可笑也。夫人欲岂非天理哉！求通夫事物之性，好新奇，喜自由，冀望幸福等情欲，皆为人欲之至美者，岂非人性之必要者哉！盖是皆促使吾人进步之所以也。"②

从反严格主义的徂徕学同宣长学的关联中，自然又令人想到他们的文艺观。在这一点上，显示了宣长学从对徂徕学思维的继承再到逐渐加以克服的发展过程。③在宣长学的初期文学论中，把文学从伦理及政治中解放出来的侧面表现得比较明显。在此，同摒弃诗文的道学解释，使之归属于私的领域的徂徕学产生了明显的类似性。例如，被认为是宣长在京都游学时所写的《苇别小舟》，其中有言："问：歌助天下政道之道也，不可思为空自玩物……此义如何？答曰：非也。歌之本体，非为助政事，非为修身，唯言心之

---

① 《直毗灵》，《增补本居宣长全集》第一卷，第65—66页。
② 《情欲论》，《明六杂志》第34号（收入《明治文化全集》第十八卷）。
③ 当然，排除这种劝善惩恶文学观的，也不是只有徂徕学。自契冲以来，伴随着国学的发展，这一点也渐次被确立了。由于在此只是专门讨论同徂徕学的关联，所以其他的因素就暂且放在我们的视野之外。只是即使在这一点上，给予批判方向的首先似乎还是徂徕学。

所思之事，别无他事。"① 又说："如为助政道，为修身，比咏歌近之者甚多，何待迂远的倭歌。"② 他这种说法是认为："论五经内之《诗经》，是似于吾邦之和歌之物。非为言心身之道，亦非为论治天下国家之道。古人忧乐之时，即有咏叹，出之为言。"③ 这同徂徕所说的完全相同："言诗为劝善惩恶，是大误也。如诚为劝善惩恶，诗外有其良方也。"④ 对于这一点，应不能忽视徂徕的直接影响和通过堀景山所产生的间接影响。徂徕虽如此把诗从伦理政治中解放出来，但同时又主张诗的"功用性"："学诗，不为道理，在善修辞，抒人性。故其力可自如运用自然与心，谙练道理……陶养我心，通达人性。居高位知卑贱之事，男知女心，贤人知愚人之心，皆有其益。……只就风雅而论，对居上者其益亦多矣。"⑤ 同样，宣长也指出："和歌之本体，非在助政道，唯抒心之所感。"⑥ 然为"人君者，知下之情态，无过于歌咏也"⑦。而且，一般人"若不解一切之事，概不知事之情趣。富人不知贫者之心，年轻人不知老者之心，男者不知女者之心"，但依据歌即可"知其事之情趣"⑧，这就是歌的"功用"。特别是，在都把文艺从伦理、政治中解放出来，在从属的意义上才去讨论社会政治的效用这一点上，两者的思维方法完

---

① 《增补本居宣长全集》第十卷，第149页。
② 同上书，第162页。
③ 《答问书》中，《日本伦理汇编》第六，第179页。
④ 《答问书》下，同上书，第111页。
⑤ 同上，第179—180页。
⑥ 《排芦小船》，《增补本居宣长全集》第十卷，第175页。
⑦ 同上，第176页。
⑧ 《石上私淑言》卷三，同上书，第199页。

全相同。但宣长学这时也早已开始了对徂徕学的超越。徂徕一方面把和歌与诗同视，但同时又认为和歌"唯风俗柔弱，此国无圣人之故也"①。与此不同，宣长虽也认为诗与和歌在本质上是一致的，但是，他说："三百篇风雅之诗，自然抒发人情，故像妇幼之言，皆叹怀无常之言，此诚诗之本体也。"②这样，宣长又逆转了徂徕对诗的规定，指出后世的"男性风"诗反而脱离了诗的本质，这就是"唯动乃人之真心，言之不动，此人木石乎？"③这是宣长的主情主义。宣长通过把来自中古（平安时代）之学的立场彻底化，从而排除了徂徕文艺观的——来自儒学的特性——最后制约，同时又超越了他的老师真渊。摒弃儒学妄智的真渊，既然相对于中古的"弱女风格"而赞扬上古的"丈夫风格"，那么，相较于蔑视"风俗柔弱"的徂徕他也没走出几步。然而，宣长的文学论称："武士赴战场，慷慨捐躯，述其事无不称勇者。然如不掩盖其时真实心情而述之，或思念家乡父母，或欲重见妻子儿女，或亦希生命尚在，是皆人情所必有，谁都有此情。无此情者，不如木石也。若真实书之，则依恋、哀愁如妇幼者多矣。"④这样，宣长就在比"丈夫风格"更深层的心理中发现了作为诗歌故事本质的物哀。这样，如果说在蔑视"柔弱性"和"女子风格"中尚潜伏着封建武士的思想意识的话，那么独立于一切道学范畴的文学在此时才得以确保。而且，伴随着宣长学的发展，问题又实现了进一步的重要进展。这样，在宣长

---

① 《日本伦理汇编》第六，第 111 页。
② 《排芦小船》，同上书，第 178 页。
③ 《玉鉾百首》，同上书，第 114 页。
④ 《紫文要领》卷下，同上书，第 306 页。

那里，自觉到固有价值的文学，不久就与来自真渊的古代主义相融合，并渐次占据了古道的核心地位。也就是说，"一切神道，皆无儒、佛之道所谓善恶、是非之论。唯多妙合雅物、歌之情趣，与此甚合"①。作为"歌之情趣"的"物哀"原封不动地被提升为神道的本质。这样就可以看出，一度从修身和治国中解放出来的文学，本身又具有了社会的、政治的特性。如果暂且把这称为"文学的政治化"，那么，宣长学中的文学政治化，既不是文学的内容变质为政治性的东西——像徂徕和初期的宣长那样——也不只是意味着文学具有政治上的效用，而是意味着文学的精神（"物哀"）宛如被当作了政治原理。宣长以万人"安居乐业"的上古为理想的这种乐观主义，其方法论的根蒂，恰恰就存在于这种"物哀"之中。但是，文学一如原样被政治化，从反面来说，就不外乎政治被文学化，如稍微矛盾性地说，就不外乎是政治被非政治化（entpolitisieren）。不，这不只是单纯的反论。通过追寻这一问题，我们相信，随着总括性地为上述的宣长学同徂徕学的诸关联赋予意义，就能明确作为国学集大成者的宣长学在思想史上的地位了。

四

在朱子学中，治国平天下被还原为德行，而德行又进一步被还原为穷理。由于这种"合理主义"的解体，政治就逐渐从个人道德中独立了出来，到了徂徕学时儒学已被完全政治化了。然而，在向着规范的政治升华的同时，另一方面就走向人的精神的解放，并

---

① 《初山踏》，《增补本居宣长全集》第九卷，第494页。

打开了自由发展之路。国学适逢其后，作为一切儒学的制作的否定者而登台，在徂徕学中可以说是在作为私的领域来享受消极自由的内部心情中，找到了自己本来的栖居之处。这样，国学在完全排斥徂徕学公的侧面的同时，大体上继承了它的私的、非政治性的侧面。把徂徕的经学推到极点的春台，之所以成为国学最激烈的反驳对象，原因就在这里。再者，对春台的《辨道书》愤怒不已的真渊，其所以能够同作为徂徕学私的侧面的继承者南郭结为亲交，也可以由此得到理解。从上述宣长学同徂徕学的连接面这一观点再回溯看一看吧。古文辞学的考证立场和历史意识，虽然是徂徕学整体的基础性特征，但具体而言，更多地被发现则是在"广见闻行事实"这种非政治性的对象中。反严格主义和文艺的独立，属于徂徕学的私的侧面，这自不待言。再者，在徂徕学中，儒者的任务只在于固守章句，传诸后世，道的实践被认为是"有待于来的圣人"。与此一样，对宣长来说，"学者唯寻道以明之，乃是本务和法门，非我私之行道也"[1]，这同样是把学者的地位规定为非政治性的。如此，宣长学通过其私的侧面同徂徕学联系起来就清楚明白了。而且，徂徕学私的领域，可以说是把儒学政治化的副产品。相反，国学则是把扫荡一切规范性的内在心情原封不动地作为道而加以积极化。这样，国学遂把徂徕学中的非政治性的东西反过来使其同政治连接上。在真渊那里，他已称"大凡人心皆有私，与人争，以理别事。如有此歌之心，理上用和，故世安而人定也"[2]。这是认为"歌心"是"世安而人定"的基础。只是，既然这歌心还

---

[1]《初山踏》，《增补本居宣长全集》第九卷，第486页。
[2]《国意考》，《贺茂真渊全集》第十，第374页。

是"丈夫风格",那么,可以说它一开始就带有政治的、实践的色彩。然而,宣长称"知物哀,扩而充之,可至修身、齐家、治国之道也"①,这就把从伦理、宗教、政治和其他一切价值标准中一度完全独立出来的文学精神,原封不动地提升为政治性的东西,完成了"政治的非政治化",相对于规范主义思维的反命题也才彻底化了。因此,现在连"物哀"这种精神自身的规范化也不能被允许。如若"物哀"相对于"非物哀"的东西成为规制原理时,那就已失去了心情的纯粹性。相对于规范而主张自然,这已不再是自然。所以,对宣长来说,真渊所礼赞的老子的自然主义则不得不说是:"所谓自然,亦非真之自然,实比儒甚诬之物也。若真尊尚自然,则世中不管如何变迁,皆任之而不违。无论儒之行,与损古之自然之行,皆为天地自然之事。以之为恶,使返古之自然,则背自然之强行也。"②而且,照宣长的说法,老子的这种谬误是由于"唯以己之智虑而论之焉"③,所以它作为思辨产物的结果,就与他"不为私智所限,于神典中见其原样"④的古道区别开了。在此,我们可知,宣长对心情纯粹性的尊重是同他学问论中客观的、实证的态度密切结合在一起的。像这样,无论是在理智的意义上,还是在意志的意义上,构成排斥"妄智"态度的根基性的东西就是宣长所说的"世中善恶,皆为神心之所为"⑤这一立场。所以,他强调的是,"解道无定,对所道之意,世人取与不取,皆所不问",认为学问必

---

① 《源氏物语·玉梳子二》,《增补本居宣长全集》第七卷,第513页。
② 《铃屋答问录》,《增补本居宣长全集》第六卷,第128—129页。
③ 《玉胜间》七,《增补本居宣长全集》第八卷,第209页。
④ 同上,第208页。
⑤ 《玉鉾百首》,《增补本居宣长全集》第十卷,第112页。

147

须是"偏于一面",严厉拒绝一切学问的妥协。① 尽管如此,就排除这种汉意、佛意而被辨明的日本古道,他说:"某说道之趣,非若彼儒佛等教,劝此于今世之人,必使其行如上古……违今世,强而行古之神道,尤必背神之所为而欲胜之也?"② 这明显是排斥提高到政治上的复古主义。进一步,宣长又颂扬说:"今世唯畏今之法则,勿可行异。"又说:"东照神命,安国定邦,万世不已。"这显示了对德川幕府的绝对忠诚。这一点既非像往往所误解的是宣长主观上的曲学阿世,也不是逻辑上的矛盾,而是把被给予的东西作为被给予的东西直接接受下来的宣长的立场的自然归宿。所以,他说的并不具有特别为德川幕府赋予基础的意味。虽说"今世唯奉今世之法",但因"时时之法,亦神之时时之命,岂可固之",如果现在的政治形态发生了变化,那就要把新的政治作为"神之命"而加以肯定。这是彻底的非政治性的态度(unpolitische haltung),所以,也就孕育了包容一切政治原理的可能性。在此,与其说是保守的心情,毋宁更正确地说是同一切浪漫心态共通的机会主义性的相对主义。说"万事生灭兴衰,皆神之心"③的宣长,因承认幕府形态的历史的——且据他所说——神意的必然性,不管他自己有意与否,反而被剥夺了赋予先验(arriori)绝对的基础的可能性。

宣长学的"道",结果上显现出了自相矛盾的性质。他的道存在于对所有"琐烦之教"、仁义礼智等从抽象道德到政治意识形态的一切规范的否定本身之中。所以,宣长指出:"实有道故不言道,

---

① 参照《玉胜间》,《增补本居宣长全集》第八卷。
② 《葛花》上,《增补本居宣长全集》第五卷,第513页。
③ 《玉胜间》二,《增补本居宣长全集》第八卷,第41页。

虽无道之名即实有其道。"①徂徕所说的道，虽也是指"事与辞"，但他所说的"事与辞"，仍是指先王之教。然而，宣长的道却是"事之迹"，而且它本身也不允许作为教被加以规范化。所谓"人非因教而成为善，本非待教而成者"②，这是宣长的确信。道学合理主义的反命题至此就走到了它应该到的地方。但是，对规范性的否定，作为否定一旦被彻底化，就必然原封不动地转为肯定。既然宣长学的道同儒佛之道相区别，那么，在这种被区别及其被赋予特征的过程之中，就已伴随着对"事之迹"观念的提升。这样，本来同否定有密切关系的肯定，不知不觉作为肯定开始了自身的发展。古道成了一种积极性的规范。业已内在于宣长思想中的这种倾向，在宣长死后，更被他的门人平田笃胤等推向前去。历史的"所与"早已不单是作为"所与"来接受，它要服从于古道这一政治"主义"的批判。一部分平田派国学家在明治维新中的政治实践，在此被赋予了逻辑上的根据。但是，这同时也或多或少地招致了对宣长学的学问性的破坏。在实证的、客观的精神同非政治态度不可分地结合在一起这一点上，从思想史的地位来看，存在着接受儒学的政治化，但又作为其否定者而出现的国学的可悲的二难推理。国学不是因为把它自身提升为排他性的政治原理，而是彻底贯彻学问方法上的纯粹性——排除汉意，同时在政治的层面上，宣长称"释迦、孔子也是神，其道亦即为广大无边神道之一支"，称"若不以儒治难以治，则以儒治之；若不以佛谋难以谋，则以佛谋之。是皆其时之

---

① 《直毗灵》，《增补本居宣长全集》第一卷，第55页。
② 《玉胜间》十四，《增补本居宣长全集》第八卷，第430页。

神道所为也"①，它反过来依靠包容一切思想意识的态度，从而保持了在新时代的生存权。

第五节　结束语

我们从近世初期儒学的独立出发，到此总算走完了当初所计划的旅程。在此必须再次声明的是，由于我们的阐述重点在于追寻近世儒学自行解体过程的轨迹，所以，像国学这种带有复杂相貌的思想系列，也只能压缩性地从与主题的关联面上进行处理，其结果就造成了某种程度上的观察的片面化。在此，自然许多问题未充分展开就停止了，这是我最感遗憾的地方。只是，几乎垄断了近世初期思想界的朱子学，随着之后的历史推移，是如何丧失其社会适应性的呢？为了恢复其适应性而把儒学"政治化"的徂徕学，却因此把非政治性的契机导入自身之中，它又是如何必然使国学抬头的呢？通过这一过程，近代意识又如何徐徐萌生的呢？——对于这些，如果在思维方式的这种微妙变化中，不管多少只要能具体地领会到一些，我想我们这一旅程就不全是徒劳无益的。

既然这样，那么通过儒学思想自身解体而来的近代意识的成长，从思维方法的变化和接受的观点来看，有什么根据呢？这一问题在前言中我们已有所触及，现在趁即将结束本章时再简单提出来看一下。论点分为两个。第一，在内在的思维方法中去探寻近代意识，而未必在政治思想的反对者的要素中来探求，这是何故呢？如

---

① 《铃屋答问录》，《增补本居宣长全集》第六卷，第 129 页。

果从反抗封建权力的意识这一点来看，主张幕府绝对主义的徂徕和主张幕府政治神意性的宣长的思想，比起大盐中斋自不待言，就连跟竹内式部或山鹿素行相比，也可以说是更为"封建性的"。但是，这样的看法——根底的思维方式的变革同站立其上的政治思想的变革大略相平行——即使能成为欧洲近代思想史的观察方法，但也不能原封不动地成为日本的观察方法。在市民的社会力量于封建社会机体内的顺利成长受到阻碍的德川时期，多被偶然条件所支配，缺乏从同根底性思维相关联的政治论中来窥看近代意识，就不免陷入随意性的结果。我们要讨论的问题，不是各个思想中零碎的"近代性"，而是探索思想系统的脉络中一贯的近代意识的成长。第二个论点是，既然以近代意识为主，仅就儒学自身的解体过程加以追寻，它的意义如何？本章绝非意在寻求德川时期的一个全景式的近世思想发展史。首先，即使作为个人如何卓越，身上带有怎样丰富的近代性，但从整体思想系列来看，多是孤立的那种学者在此就要被撇除在外。像新井白石和三浦梅园这样的人物就是如此。再者，在享保以后逐渐兴盛起来的兰学及兰学家中，当然能看到比较丰富的近代意识，但这一切也未加处理。本章只是专门讨论成为儒学思想主流的学派及比较纯粹的儒者。这是因为我们认为，既然儒学是封建社会最强有力的意识形态，那么，对其不是来自外部的破坏，而是来自内部作为所谓意想不到之成果的解体过程的分析，才最好地证明了日本近世思想何以不单是"空间上的持续"，换言之即它的发展性。结果，成为日本近代的东西具有双重的特性：它的后进性（第一个论点）和尽管这样它的非停滞性（第二个论点），这就规定了以上的方法论。

可是，近代精神以合理主义为其重要的特质之一。不过，从朱子学，经过徂徕学到国学的这一历程，它所显示的大体上与其说是合理主义，倒不如说是向着非合理主义倾向的展开。这应如何说明呢？关于这一问题，我们有必要从两个侧面进行考察。第一可以说是从世界史的过程来考察；第二是从朱子学的特殊性质来考察。首先从第一点来讨论。近代的理性绝不像通常单纯认为的那样是由于非合理的东西的逐渐消散而直线式成长起来的。近代合理主义或多或少同以自然科学为基础的经验论具有相互制约的关系，但在认识意向主要朝向经验的、感觉的东西之前，必须首先断绝朝向形而上学的志向。在这一过程中，被认为是理性认识的可能范围已显著缩小，非合理的东西处于优位。我们在自欧洲中世到近世的哲学史中，想起了后期经院派哲学所扮演的角色。邓斯·斯各脱（D. Scotus）等方济各派及接续的威廉·奥卡姆（W. Ockham）等唯名论者（nomin alist），在同兴盛期经院哲学的"主知主义"的论争中，因给人类的认识能力加上了广泛的限制，把从来的理性认识对象的许多方面都割让给信仰的领域，所以一方面准备了宗教改革，另一方面开拓了朝向自然科学兴起的道路。[①] 徂徕学和宣长学中的"非合理主义"就正好处在这样的阶段上。当然，正如古学派和国学不同于唯名论一样，在朱子学的"合理主义"与经院哲学的"合理主义"之间也存在着决定性的差异。但是，后期经院哲学相对于托马斯主义所具有的思想史的意义，和儒学古学派乃至国学相对于朱子学所具有的思想史意义之间有着不可忽视的

---

① 例如，可参阅以下书籍：文德尔班的《哲学史》，第九和第十版，1921年，第260—292页，特别是第289页；E. V. 阿斯特的《哲学史》，第二版，1935年，第164页以下；M. 拉格曼的《中世纪哲学》（第三卷"哲学史"，萨姆隆·戈希恩编），第100页以下。

共通性。①朱子学"穷理"的局限性,诱发了仁斋的人道与天道的分离,以及徂徕的对政治的经验观察,这已经阐述清楚了。进一步,对圣人的非合理信仰的强化,伴随着古典的文献学的、实证的立场的兴起,这在以皇祖神替代圣人的宣长那里也原封不动地被继承和发展了。有关宣长对穷理的彻底放弃,是争论最多的一个问题。但在这里既然被作为批判对象的理,是朱子学的,乃至是佛、老的形而上学范畴——阴阳五行、因果报应等,那么,一般毋宁说是培养了对自然科学的认识加以接受的素朴的心理准备。在宣长指出邵康节以天地循环一周的时间为十二万九千六百年的这种计算法的随意性时,他批判说:"一切犹如佛经,言人目之所不可见之事,皆任意论之,其事甚易也。……此天地始终之说,与佛经说同,系人无可见之物,空思理,任意造说。若非生于始终之时,若正以观之,其说之当如何,无以知也。"②还有,对于市川匡反驳他说的"若言除目所见之外无物,目亦无以见诸神,岂可定为皆无哉"③,宣长加以说明道:"某于本书所言目之所见者,乃就日月水火等目之所能见之物,就其一端而论之耳。此外,虽目尚不能见,然有声

---

① 从来,一般都把日本儒学中古学派的兴起和继之的国学的兴起同欧洲的文艺复兴相比较。但是,最近的史学家指出了两者社会根基的差异。这种传统的类比毋宁说已受到否定(参照羽仁五郎的《国学的界限》,载《思想》第169号,1936年)。不仅在社会的根基上,就是在思想的启蒙性程度上把二者比较也似乎有勉强之处(不言而喻,日本历史上的"近世"绝不是欧洲的"近世")。我们把可以对比的时期追溯到一二世纪,这是从纯思想史上的观点出发的。但在社会背景这一点上面,至少较文艺复兴更为近似吧。有关这一点,请参照本书第二章第二节第二部分。
② 《玉胜间》七。
③ 《祸津日神的纱巾》。

之物耳能闻之，有香之物鼻能嗅之。又若风之物，目、耳、鼻均不可触，然可以身触知之……诸神亦同样，神武天皇前之神，今虽目不可见，然当其时则目之曾见也，其中如天照大神等，则虽今日之人，目仍可见之。"① 在宣长以上的批评方法和说明方法中，我们能够看出，他对"妄智"的排斥是同他肯定只有在感觉世界中才有确实知识的立场结合在一起的。本来，正因为儒学和佛、老庄中附会性的"道理"的支配在中世以后强大有力，所以，来自徂徕和宣长的反叛亦格外强烈，以致损害他们实证态度的神秘化倾向亦很强烈。不过，一般来说，徂徕强调的是："不唯风云雷雨，天地之妙用，以人之慧智不可尽知也。理学者（宋学者——笔者）仅依阴阳五行等名目，猜测附之以义理，虽曰知之，诚未知之也。……神妙不测之天地，人智不可知也。故可谓雷即雷，逾出而解之，徒劳无益也！"② 再者，宣长也指出："火唯热，水唯寒。其热寒，依何理而然，实难测知之事也。不知强以为知，乃设所谓阴阳，且又于深处设太极之物，或离坎之卦，修左右皆通之退路，此皆汉国圣人之妄作也。"③ 徂徕和宣长在这里的立场，谁能说不是对当时"穷理"的具体内容所作的进步性的破坏工作呢？正如后来福泽谕吉所道破的那样："不除阴阳五行之惑溺，不可入穷理之道"④，近代的"穷理"只有在清扫非近代性东西的基础上才能发展出来。这样，一方面，将神道提升为排他性意识形态并欲强行"复古"的平田派国学

---

① 《葛花》下。宣长毕竟还忠实于《古事记》的记载，把天照大神解释为照耀世界的太阳。
② 《答问书》上。
③ 《葛花》下。
④ 《文明论概略》。

者，最终迅速失去了对当初维新的绝对指导性，转化为了徒对"欧化"悲愤不已的一群反动主义者。相对于此，另一方面，国学的实证精神则为了欧洲市民文化的普及而积极地发挥作用——虽未必著名——但在若干启蒙的神官中，恰恰看到了其同近代合理主义的结合。①

但是，作为给徂徕学与宣长学的非合理主义赋予近代特性的东西，不能忽视第二个侧面，即来自朱子学的特殊性质的作用。也就是说，由于朱子学的合理主义肩负着强烈的道学性，所以这一合理主义的解体，得以唤起诸文化价值的独立。这一具体情况已反复指出了，在此没有重复的必要。概而言之，由朱子学的连续性思维而完全被伦理性所束缚的政治、历史、文学等领域，就一一切断了其锁链，并要求文化上的市民权。于是，政治摆脱了修身齐家的单纯

---

① 作为其例，我们来看一看《明治文化全集》所收录的题为"文明开化"卷中神官的《道话集》吧！如其中有以下这样的话："抑我国之所谓神道，与彼之佛者之所说，大为相异。不强求，天然成之，所尊之道，实即我神道。唱奇怪之说，名之为两部神道，毕竟夹有佛法，乃由佛者之说而起。神道之中绝无奇怪之事。尤神武天皇以前之书，亦载有不可思议之事，以古及今，则大误也。神武天皇乃天地初开之际事，故不可思议之事，必有其理。……然天地之位定后，不应有不可思议之事。"（《全集》第二十卷，第14—15页）"闻奇怪之事动辄而惊者……不得谓之文明开化之人。无论何事，我心不解，宜好好推究其理，确实有其道理，自己辩别之后，应信之事则信，不可信之事则不信，乃善矣！"（同上，第17页）"世界之中，不管一切有情无情，皆有各自的道理，绝没有离开道理之事。世谚谓理外之理，此乃穷理不足之人所言……夫我之智慧无以分别之事，动谓理外之理，以相搪塞，殊不知究理之法不足也，故不明也。"（同上，第17—18页）这些说法，已是近代合理主义的立场，它同朱子学的"穷理""道理"等词语虽同，但却是不同的思想史范畴。

155

延长的地位,历史摆脱了教训的"镜子"的地位,文学摆脱了劝善惩恶的手段的地位。这样,它们分别被赋予了固有的价值标准,第一个为"安民",第二个为"实证",第三个为"物哀"。这种文化价值的自律性,作为"分裂的意识",正是近代意识最具象征性的表现。

最后,也许有人会对我们的观点提出最根本性的疑问。说起来,像这样在儒学思想自身的解体过程中探寻近代意识,究竟具有怎样的现代价值呢?这种近代性的思维不正是不折不扣被叫作现代"危机"吗?如果追溯现代精神的一切混乱、无序,那么在此不就可以找出其根源吗?对于这一疑问,我们只能这样回答:恰如其言。但问题在于,近代性思维的困境果真可以通过向前近代性复归解决吗?就像市民已不再是农奴那样,经过内部分化的意识,早已不能再次接受前近代那样素朴的连续。当然,自觉到自律性的各文化价值,亦不能同其他完全无关联而存在。例如,即便是艺术,在深层根底上也同伦理性的东西相联系。但是,这种联系在<u>直接被主张</u>的时候,艺术就不再是艺术。历史也绝不只是对过去事实进行叙述。但是,历史在成为某些道学准则的奴婢时,无论在什么意义上,都不能谈本来的历史。只有在黑格尔所说的实用的历史叙述(pragmatisch geschichtsschreibung)被彻底超越之后[①],真正的历史叙述才会开始。修身、齐家、治国、平天下——这是以多么美好、多么快乐的声音在我们的耳边回荡啊!但是,我们不能忘记,政治性东西的复杂性已在徂徕的时代就使这种单纯的连续性思维变得无力了。对于现在的我们来说,留下的只是这一问题,即站在对排除

---

① 黑格尔:《历史中的理性》,拉松版,第173页以下。

了一切规范制约的历史事实自身独立意义的承认上,同时又如何不丧失其实证性而将它同价值联系起来,以及一面始终保持着对政治固有法则的自觉,一面又形成同伦理的新的结合。我们想用文德尔班(W. Winddband)以希腊哲学与德国哲学的对比为主题的论文结尾的一段话,来结束本章笨拙的论述:"希腊哲学当它以认识站在世界万有之上的时候,它的思维是那样的调和单纯,是那样的朴素美丽,又是那样的无垢和谐。但是,我们已经没有必要为我们做不到这一点而感到可悲。我们不能选择,只能理解。也就是说,这种纯朴无邪已经丧失。我们有必要清楚地懂得,对希腊人所拥有的人类美好幻想,我们要代之以反省来保存它。总之,希望同一棵树在同一时间开花结果是一件愚蠢的事。"①

---

① 文德尔班:《序曲》,第一卷,第七至八版,第145—146页。

第二章
日本近世政治思想中的"自然"与"制作"
——作为制度观的对立

第一节 本章的课题

在德川时代，学问无论在内容上还是从承担者方面来说都摆脱了对宗教的依附。总之，由于它走向了自立，所以，显著地具备了现实性、社会性的各种学派，就相继兴起，在日本思想史上出现了一个前所未有的多姿多彩的时代。但是，人们的种种立场乃至学派，除了像后面要叙述的安藤昌益这种特殊的例外，全都无条件地肯定封建社会秩序，并大体上把它作为不可缺少的条件（conditio sine qua nongo）加以论证，这无疑使其社会政治的侧面明显地呆板化、单调化。福泽谕吉在批评旧日本的学问时断言："我国的学问，是所谓统治者世界的学问，恰恰不过是政府的一部分。试看德川治世的二百五十年间，国内称之为学校的，不是幕府自己设立的，就是各藩设立的。固然也有著名的学者和大部头的著作，但是学者都是诸侯的家臣，其著作也都是由官方发行的。固然在'浪人'中也有学者，也有私人刻的书籍，但是，浪人实际上希望成为诸侯的家臣，只是未能如愿；私刻书也是想让官方出版，只是没有实现罢了。（中略）要形容这种情况，日本的学者就像是被关进了名叫政府的牢笼里，他们把这个牢笼当作自己的天地，而在这个小天地里苦闷折腾。"① 特别是，福泽总体上给绝对统治着近世思想史的儒学赋予了这样一种性格："政府的专制是怎样来的呢？假定在政府的本性里就存在着专制的因素，但促进这个因素的发展，并加以粉饰的，难道不正是儒学者流的学问吗？"② 的确，近世有影响力的思想，从其直接的政治归宿来说，都免不了要受到这样的批判。即使是所谓尊皇论，在德川时期的大部分时间里，也以朝廷委任政权的形式，承认了幕府的形态。而且，就是在幕末政治形势急剧地把尊皇论推进为鲜明的讨幕思想意识的情况下，对封建社会秩序本身的变革也没有被纳入考虑的范围之内。如果我们依时代顺序追寻一下从幕末到明治初期的思想文献，那么就会看到，维新之后，明治四五年间的一连串改革——废藩置县、旧身份制的废除、职业自由的确立、土地买卖永远禁止的解除等，突然之间，从现代立场来批判封建制度的烽火接连不断，对此人们大概会惊叹不已吧！

但是，把近世政治思想等同为这样的政治归宿，从而把学派的多样性一概地说成是派别的对立，于此只看到思想停滞的一面，这绝不是正确的见解。思想的变革与社会的变革一样，不，比社会变革更甚，并不是突然发生的。即使在表面上看起来非常突然，但在其内部，必然是从旧东西的逐渐解体而开始的。所谓开化思想，在直接的思想系谱中，即使是"外来的"，但它能进来，无疑正是因为原来"内在的东西"发生了变质，能够没有多大障碍地迎接它。近世思想最终没有形成明显的反封建意识，虽然与这一时期市民社会力量成长的局限性有关，但产业资本没有成熟，并不影响封建生

---

① 《文明论概略》卷五。

② 同上。

产关系走向自我灭亡。与此一样，现代政治思想没有产生出来，未必就能成为否认它从内部腐蚀着封建观念形态的根据。事实上，如果我们不为表面的结论所限制，而是深入到由这一结论所引出的体系结构中，那么，我们就能在德川时期的思想发展过程中，探寻出乍看起来犹如深渊相隔的维新后的"现代"思想的逻辑脉络。在本书第一章，我正是从这种见解出发，把近世儒学的发展追溯到了徂徕学，并试图探索儒学思想结构的分解过程。但由于之前是把重点完全放在思维方式整体的内在推移上，所以没有涉及这种思维方式与现实社会的关系。因此，现在我们想稍微转换一下我们的视角，对以下这些侧面问题进行考察，即：从朱子学到徂徕学这一近世儒学思想的发展过程，对封建社会秩序的观察方法乃至给它赋予基础的方法，有什么差异？这一差异所具有的普遍意义何在？进一步，徂徕学以后的思想史从这里又学到了什么？等等。不管是朱子学还是徂徕学，在绝对看待封建统治关系方面，二者没有什么不同。但是，二者绝对看待封建统治关系的逻辑过程却截然对立。下面，笔者想以"自然"与"制作"这两个概念为范式，探讨一下这种对立，并力求弄清"何以"（wie）这种对立不单是封建社会框架内的问题，实际上是内在地包含了中世社会国家制度观与现代市民社会国家制度观的对立这一世界史课题，进而再追寻一下一直到明治初期"自然"与"制作"的发展方式，并看一看近世思想在多大程度上解决了这一课题。

首先我想指出的是，在对封建社会秩序的看法以及给它赋予基础方面，近世思想家所依据的都是对自己所处的社会政治环境的经验性的观察，而几乎没有讨论该秩序的妥当根据问题。到了德川中期以后，对此虽有所尝试，但在封建权力被认为是牢不可破的德川初期，并不存在进行这种尝试的社会条件。另外，说到它的理由，还必须考虑到这样一种传统，即与考察社会现实本身相比，一般也主要是把古典的知识当作学问来思索。但应当注意的是，当时的许多学者，是根据来自经书的知识，来解释和理解现实社会的。此时，经书的内容与现实社会之间的实质性差距基本上还没有进入他们的意识中。他们把儒学的诸范畴当作"视角"，并只是根据这种视角来看待封建社会秩序。中江藤树的话清楚地显示了这一点。他说："人类尊卑之位有五等，即天子、诸侯、卿大夫、士、庶人也。天子平天下，天皇是也；诸侯治国，大名是也；卿大夫受天子、诸侯之命，从事国家和天下之政务；士服务卿大夫，料理事务，为侍者也；种植称农，手艺人云工，商人云商，农工商三者皆为庶人也。"① 儒学所说的诸侯同日本近世封建制的诸侯，或者士同武士之间在内容上的差异，就被置之度外。同时，君臣、父子、夫妇、兄弟（长幼）、朋友五伦，包括了他们所了解的全部社会关系。在接触到"君臣之义"这种说法的时候，映现在他们脑海里的绝不是遥远的中国周代的君臣关系，而是现实中摆在他们面前的日本封建的主从关系。② 因此，从现在的立场指出当时的思想同社会现实的不

---

① 《翁问答》上卷。
② 认为五伦完全包括了现实社会关系，从近世封建社会结构的特质来看，有一定的道理。由于在中世领地权一方的公法征税权和另一方中的私有权（持有）两方面的分化在某种程度上达到了明朗化，而且政治统治由于以土地为基础的经济收益关系变得更加抽象和集中，所以确实显示出了向现代社会的大大靠近。但是，从阶层身份关系的配置来看，不如说作为社会制度的封建体制，只有进入这一时代才得以完成。它首先表现在作为封建结合方式的主从关系的普遍化。如果说武家法完全压倒了公家法、领主法并占据了普遍法的地位，是主从关系的横向扩大，那么，武士团内部在身份上的（转下页）

一致，并加以批判，虽然也有意义，但不能由此认为，这一时代的学者完全离开了社会政治的现实，而只是埋头于经书的议论。然而，他们的认识倾向与现实社会关系之间的结合，常常不得不伴随着"五伦"这一媒介。因此，像近世初期的思想那样，封建社会秩序本身虽然几乎不成为问题，然而我们可以通过观察给"五伦"赋予基础的方法，从而间接性地窥探这种封建的社会观。

第二节　朱子学与自然秩序思想

我们的考察当然应该从站在近世思想发展的开端并在幕府权力的庇护下很快又占据了封建教育和学术正统地位的朱子学开始。朱子学几乎完全垄断了近世初期的思想界。因此，只要看一看德川初期的朱子学者是如何认识作为他们环境的社会秩序，就可以知道，在近世初期的封建社会秩序中，占统治地位的对等级统治关系的看法是怎样的。如果要从当时众多的朱子学家中挑选出最有代表性的人物，那么，无论是从学术的规模来说，还是从对社会的威力

（接上页）精细化，进而庶民的社会关系多半以主从结合为模型而形成，则可以说是主从关系的纵向波及。同时，由于与主从关系并行，就连构成封建法枢纽的家族制度，在进入这一时代之后也有所发展，武士阶级的家同俸禄不可分地结合在一起，加上庶民中五人组制的完备，所以，家与从前相比就以更鲜明的政治意义浮现在了封建的统治关系中。这样，所谓贯穿上下的主从关系与户主对家族成员的统御关系，就成了近世社会的根本且普遍的结合方式。这种社会具有这样一种根基，即它最容易接受把朋友以外的社会关系全部集中在君臣和家族（父子、夫妇、兄弟）关系中这一儒学思维。这样，五伦道德简直就成了近世封建社会的"根本规范"。

来说，首屈一指的当然就是林罗山。侍奉家康、秀忠、家光三代将军并成为官学之祖的林罗山的思想，可以说是德川初期时代思潮的集中体现。那么，在罗山那里，是如何为五伦提供根据的呢？他说："君臣、父子、夫妇、兄弟、朋友，此五者，自古至今存于天地之间。此道正乃为达道。举凡人之关系，不逾此五者也。"① 在此，罗山强调的是，五伦包括了人类社会关系的一切，同时它又是永远不易的。那么，五伦的不易性由什么来保证呢？罗山指出："君父，乾道也；臣子，坤道也。男治外犹如天，阳也；女治内犹如地，阴也。君父之尊，臣子之卑，犹天地之位，不可乱也。然上之心通下，下之情达上，君臣父子之道相行，上下贵贱之义相接，阴阳内外之理相协，乃天道行于上，人伦明于下之所以也。"② 也就是说，君对臣、父对子、夫对妇的"上下贵贱之义"，是以天对地、阳对阴的支配关系这种自然界的原理为基础的。从对自然现象的观察中演绎社会关系，反过来说，即把人事反映在自然界中，这在人类思维的初级阶段屡见不鲜。但是，在中国，所谓"天人相关"是古代中国思想的一个显著特色。当然，这种倾向，是原始儒学所固有的。但是，不如说孔子和荀子始终关心的都是实践伦理而排斥形而上的思索。天人相关被大规模地突显出来，则是秦汉时代《易经》被提升为经典、阴阳学说与儒学伦理相结合之后的事。因此，从"自然"演绎出等级秩序的思想，在《易经》和《礼记》中随处可见。例如："天尊地卑，乾坤定矣；卑高以陈，贵贱位矣。"③ "上

---

① 《三德抄》。
② 《罗山林先生文集》卷三十。
③ 《易经·系辞上》。

天下泽，履也。君子以辨上下，定民志。"① 又如："乐者，天地之和也；礼者，天地之序也。和，故百物皆化；序，故群物皆别。乐由天作，礼以地制。"② 等等。不言而喻，这些说法都是上述罗山立场的思想背景，只不过朱子学者罗山有更明确的方法论基础。宋学凭借把秦汉经学中的原始儒学思想与易、阴阳说的杂然交错状态整合到一个庞大的形而上学中，从而也为天人相关提供了确实的理论基础。根据朱子学的观点，天地万物由理与气结合而成。理作为宇宙的终极根据，具有贯通万物的普遍特性，气的作用是赋予事物以特殊性。天地万物在现象形态上虽然千差万别，但它们毕竟都是一理的分殊。自然界的理（天理）在于人就成为人的先天本性（本然之性），它同时也是规定社会关系（五伦）的根本规范（五常）。这一终极的理称为"太极"，也称为"诚"。罗山说："夫天地古今之间，无一非诚。大而至于天覆地载，阳舒阴惨。日东出而西没，不曾出于南北。水之就下，火之就燥。昼明夜幽，寒来暑往，四时行焉，百物生焉。小而至于一草一木，一禽一虫，各有其理。……言之于人，则君臣之义，父子之亲，男女之别，长幼之序，朋友之交，皆实理之成之也。"③ 在五伦中，人应该如此的当为，与天覆地载、寒来暑往这种自然必然性相同，皆以"实理"为基础。与此同时，"行之（五伦）所以者，五常也。五常本在一心，此心所具之理即是性"④。在此，理与人的本性就被等置了起来。这样，儒学的伦理规范，在朱子学思维中，就从二重意义上被自然化了。一是规

---

① 《周易·履卦象传》。
② 《礼记·乐记》。
③ 《罗山林先生文集》卷八、六十八。
④ 同上。

范的根基被置于宇宙的秩序（天理）中；二是规范被先天地内置（作为本然之性）于人性之中。在这里，已经比较典型地包含了自然法的思想。宋学的这种自然法特性，早就被近世初期天主教著名文献《妙贞问答》的作者巴比庵（Babian，耶稣会士）敏锐地看到了："儒者论自然之教（natura——笔者），言得性之人心先天具有仁义礼智信五常，宜守之。而天主教则更激励之。"①（当然从根本上说，他是否定儒学的。）

那么，这种自然法，与实定的社会秩序是一种什么样的关系呢？一般来说，自然法一旦同实定的秩序联系了起来，它就要面临非此即彼（entweder-oder）的处境。也就是说，它要么是通过对自然法纯粹理念性的固守，使之成为变革实定秩序的原理；要么完全使自己同事实上的社会关系合而为一，成为保证后者永久性的意识形态，二者必居其一。②也不是不能从朱子学的自然法思想中引申出对现实的变革。从朱子学的理气论来说，事实上的君臣关系由于已经受到了气的支配，所以就应与君臣之义或理相区别。如果说，理应当优先于气，那么，背离君臣之义的现实的君臣关系就必须加以变革。但是，朱子学的理论结构中所深深浸透的自然主义，却大大地淡化了这种理的，因而也是自然法的纯粹的超越理念性。朱熹说："道之外无物，物之外无道。是天地之间无适而非道也。即父子而父子在所亲，即君臣而君臣在所严。……

---

① 《妙贞问答》卷中。
② 有关自然法的社会政治任务，请参阅 H. 凯尔森（H. Kelsen）的《自然法论与法律实证主义的哲学基础》，1928 年，第 37 页。尤其是，在此，事实上几乎否定掉了自然法变革的侧面。

故君臣之于天下也，无适也，无莫也（先不定取舍之见——笔者），义之与比。若有适有莫，则与道为有间，非天地之全也。"① 如其所说，从规范一侧不断弥补"道"与"物"、规范与现实事态之间隔离的冲动已内在于宋学之中。何况，这里的问题已不是朱子学本身，而是德川幕府完全平定了战国的下克上的动乱状态，编制了从将军到武家奉公人这种武士团内部的等级，进而又把封建的主从关系扩展到了被统治阶级的内部后，在贯通上下等级原理上发挥着如铁一般统御力的近世初期的朱子学。罗山说："天在上，地在下，天地之礼也。此天地之礼，人虽不察而当之于心，行诸万事，则有上下前后次第。扩此心至天地，则君臣上下之关系安。"②又说："天自在上，地自在下。上下之位既定，则上贵下贱。有自然之理序，即有此上下，宜也。人之心亦当如此。上下定，贵贱不乱，则人伦正。人伦正，则国家治。国家治，则王道成。此礼之盛也。"③在罗山那里，自然法的最终意义，当然在于把封建现实的等级制度当作"自然秩序"加以肯定。这样，存在于朱子学中的"自然秩序"的逻辑，在勃兴期的封建社会中，正是使朱子学成为最普遍的社会思维方式的因素。当然，用自然先天的东西来为社会秩序提供基础，其方法由于学者不同而不尽一致。在罗山那里，除了如上所述用天地这种空间的静态的自然赋予基础之外，还有用理一分殊这种动态的自然来加以说明的情况。罗山说："人物同出天地，本是一理。然予、民、兄弟、圣贤、不

---

① 《近思录》卷十三。
② 《三德抄》下。
③ 《经典题说》。

才、孝子、悖贼、富贵、贫贱，是分殊也。"① 而中江藤树则是用气禀之精粗为社会秩序提供根据。② 他说："太虚之中，凡有形之物，无不有精粗之分。日月星者，天之精也；辰者，天之粗也。生物之山、田地，地之精也；秃岭荒野，地之粗也。圣贤君子，人之精也；愚痴不肖，人之粗也。……万物之中，精为物之要，主也，粗依之也。禀精之圣贤君子，为愚痴不肖之君主，治愚不肖而教之。禀粗之愚不肖，为圣贤君子之臣下，遵圣贤之命，乃天命之本然也。本君少而臣多，成主君之圣贤少，而臣下之愚不肖多，此理不待辨而明也。"③ 但是，无论哪种说明，都是将五伦一方面推向宇宙法则（天理），另一方面推向人性（本然之性）的双重自然化，推尊宋学自然法思想中的这种终极逻辑并没有改变。这样，近世封建社会产生之后，最初作为提供基础而登场的思维方式就可以概括为自然秩序的立场。

中江藤树晚年倡导阳明学，不久这一学派因门弟渊冈山、熊泽蕃山又获得了飞跃性的发展，加上山鹿素行和伊藤仁斋分别在江户和京都几乎同时开创了古学，这样，被近世初期的朱子学几乎涂成了清一色的思想界，也渐渐显示出了分化的征兆。他们的理论都分别为朱子学体系的结构增添了值得注意的内在的变化。特别是蕃山和素行，他们在初期朱子学者所缺乏的社会政治现实的经验考察上取得了相当重要的成果。但是，在社会关系被赋予"自然"基础这

---

① 《罗山林先生文集》卷三十。
② 藤树晚年虽倾心于阳明学，但《翁问答》中的思想基本上仍属于朱子学。但就这里的问题而言，他是属于朱子学还是属于阳明学并不重要。
③ 《翁问答》上卷之末。

一点上，他们依然没有越出朱子学思维的雷池。例如，照蕃山的说法："天之元亨利贞，人之仁义礼智，同体异名也。天之五行，人之五伦，同气异形也。天地循元亨利贞之理，则四时行；四时行，则天地位，万物育。人循仁义礼智之性，则五伦明；五伦明，则家齐国治天下平也。"① 在此，治国平天下的原理依旧是五伦五常，而后者仍以自然的阴阳五行为终极依据。因此，像等级秩序这种作为伦理性的礼也是如此②，即"礼者，天理之享德，盛大流行之至神。感于天下，成恭敬辞让之心。上下贵贱之分定，品位固，无相争，天下太平也。天下太平，万物备。天以夏合万物盛长"③。素行也说："以何为教民人之本，唯因循天地自然之诚，更无别法相殊。云何为天地自然之诚，父子之亲，君臣之义，夫妇之别，长幼之序，朋友之信，云是五教。"④ 又说："凡天地之间阴阳二气，是则用之于人世即礼乐也。……阴阳之理相接于日用之上，依其差别，不乱其节，云之礼。物能相亲相和，云之乐。"⑤ 同样，在此，五伦乃至礼乐这种规范的妥当性根据仍求之于"自然"。素行说："大

---

① 《集义和书》卷六。
② 但是，蕃山明确地区别道与法。在他那里，道明显是自然的存在。他说：道"配天地人，配五行。尚无德之名，无圣人之教时，此道即已行矣。人未生之时，行于天地。天地未分之时，行于太虚"（《集义外书》卷三）。在蕃山那里，是把法、制度作为圣人制作的历史存在加以规定的。如他说：法者，"圣人以所处之位，制事之宜者。故取之以配道也"（同上）。这是从朱子学的自然立场走向徂徕学制作立场的值得注意的过渡思想之一。大致相同的见解在贝原益轩那里也能看到。
③ 《集义外书》卷六。
④ 《语类》卷七。
⑤ 同上。

凡上下之差别，乃天地之常经。顶天立地之不可拒，自明也。"① 又说："云名分，人之自然之高下、尊卑之差，乃一定之分位，不可逾越，此乃名分也，非人力私意成之。"② 在此，最终也是用"非人力私意成之"的"天地之常经"来把社会上下等级关系正当化。但是，伊藤仁斋分离了天道与人道，把阴阳五行同仁义礼智严格地加以区分，并进一步从后者"是道德之名，非性之名"的看法中，否定了宋学把社会规范一方面与自然法则、另一方面与人类本性相等同的做法，这意味着对朱子学自然法理论基础的相当重大的变革。但是，由于仁斋的讨论完全限于纯哲学中，所以，这一变革也没有浮现到社会思想的层面上。而且，在他那里，道、规范在其自身之中就具有妥当的根据，没有必要进行超出它们之外的追溯，因此断绝了通过自然界（Naturwelt）来提供根据的路径。但是，他说："道不待有人无人，本来自有之物也。"③ 如此，对于人类存在仍保有着先天的妥当性。他又说："道者，人伦日用当行之路也。非待教而后有，又非矫揉而能然。皆自然而然也。"④ 正如所说，其最终存在形态仍是自然性的东西。对于仁斋来说，君臣、父子、夫妇之伦，是"设令宇宙之外复有宇宙，也是有人生于其间"的应该存在的无始无终的秩序。⑤ 在此，封建社会的根本规范，即使不是实体意义上的自然秩序，但它本身也依然没有失去自然性秩序的性质。

----

① 《语类》卷十一。
② 同上。
③ 《童子问》卷上。
④ 《语孟字义》卷上。
⑤ 《童子问》卷上。

第三节　徂徕学的转换

自然秩序逻辑的破坏工作 —— 其政治实践志向

一

用自然法为特定的社会政治秩序赋予基础，这的确是保持该秩序不变性的最牢固的精神保证。但是，这里所说的最牢固的保证，恰恰又对赋予基础的可能性增加了一种限制。虽然这带有反论性，但是，社会秩序能作为自然秩序而通行，只有在该秩序看上去是自然秩序时才行。如果底部政治的安定性明显受到损害，乃至社会的变动成为突出的现象，那么，社会根本规范的自然法基础也很快会失去普遍的接受性。这是因为，赋予社会的自然法基础，在对社会的安定性起作用的同时，又是以社会某种程度的安定性作为前提的。这种情形，不管像朱子学那样，自然法被当作自然法则，还是像仁斋那样，其规范性是被意识到的，都没有差别。法则既然预设了同一事态的反复，那么，规范（norm）也就只会考虑通常的（normal）状态。一旦社会关系失去自然的平衡性，预测的可能性降低，那么，规范乃至法则的统治就会遭到破坏。规范已经不是因内在于其自身的合理性自然而然就是妥当的。现在必须问及的是，谁使规范妥当？又是谁挽回了秩序的平衡，并恢复了社会的安定？这样，不管是为了确定社会规范的妥当根据，还是为了克服政治的无秩序，在危机的状态下，登场的往往就是主体人格。进入元禄时代后，存在于近世封建社会中的诸矛盾急剧地激化，结果，在进行由吉宗所唤起的被称为"享保改革"

的这一德川时代最初的封建制的辅弼工作的时候,近世初期以来那种保持着牢固持续性的自然秩序观最终也就全面地覆没了。这样,荻生徂徕就以"道非事物当行之理,亦非天地自然之道,乃是圣人之制作"这一著名的命题,成了"谁"这一问题的最初提出者。

赋予社会关系以"自然"基础的朱子学思维,对徂徕来说,已经不仅是与赋予封建统治关系正当性的现实相乖离的乐观主义,而且由于把已显示出弛缓、崩溃征兆的现存的等级秩序也看成"自然的",所以就阻碍了为恢复其安定性而需要的徂徕所说的"制度的重建"。如封建等级规范,照徂徕的说法是:"当今之世,应酬之类,有种种大致之规范。故不知物之道理之人,虽亦想到制度之状况,然今世之规范,非自古所传之礼法,亦非幕府准确所定之规范。其中虽有幕府时时所定之物,然皆为世间风俗自然而出……实非本来之礼法制度。"① 也就是说,封建等级规范作为规范来运用最终仍是来源于朱子学的思维,徂徕说:"儒学之道理,一至末世,即失圣人本来之意图,以礼为天理之节文,犹如天地自然。当今之世,把自然所成之规范,无意之中,等同为礼,以为尽善。"② 这样,为了从现实的困境中拯救封建社会,并把它重建在牢固的基础上,首要的前提,就是在根本上变革作为封建社会观念基础的儒学理论本身,并且必须把自然秩序的逻辑转换到主体的制作本身上。徂徕大胆而且彻底地完成了这一课题。

"自然秩序"逻辑,孕育于儒学规范中被称为天道或天理的宇宙的自然和被称为"本然之性"的人性这两方面的连续之中。于

---

① 《政谈》卷二。
② 同上。

是，第一，徂徕把宇宙的自然从圣人之道中排除了出去。所谓天道、地道，照徂徕的说法，只不过是把人类的秩序类推到自然界中。因此，把阴阳这种自然界的范畴带到社会关系的做法也就被徂徕明确地拒斥。他说："阴阳者，圣人作易，所立以为天之道者也。所谓极也，学者以阴阳为准。以此而观乎天道之流行，万物之自然。……何则？圣人不立此以为人之道故也。后世说阴阳者，其言曼衍，遂至被之人之道，谬矣。"① 说到阴阳，在朱子学中，所谓"君者，天也；臣者，阴阳五行也"②，所谓"男治外犹如天，阳也；女治内犹如地，阴也"③，等等，常常都没有忘记构成上下贵贱关系的自然支柱。同时，与阴阳并称、成为五常（仁义礼智信）基础的五行（水火木金土），在徂徕那里，也不过是圣人为了便于计算无数天地之物而作的记号，就像"富商以记号别其货"那样，单单是"御繁之术而已"④，它本身并不具有任何必然的根据（"岂必有之理哉？"⑤）。而且，所谓天之经、地之义等范畴，虽然有"凡上下之差别，皆天地之常经也"这样的说法⑥，并在"自然秩序"的思想中屡屡被运用，但徂徕认为这也是"赞礼之言也"，以"谓之天地者，赞辞已"⑦，剥去了其实体的性质，使之降到比喻的意义上。这样，徂徕完全否定了用宇宙的自然来为道提供根基，相反，

---

① 《辨名下·阴阳五行二则》。
② 《经典题说》。
③ 《罗山林先生文集》卷三十。
④ 《辨名下·阴阳五行二则》。
⑤ 同上。
⑥ 《山鹿语录》卷十一。
⑦ 《辨名》下。

他实际上就是把儒学自然哲学的诸范畴当作治国平天下的手段，使之隶属于圣人之道。当然，徂徕并不轻视在原始儒学中不应该否定的具有重要意义的"天"这一观念。他注重"天"所具有的两种意义——法则意义上的天（天道）和人格意义上的天（天命）。他在否定前者的独立存在性的同时，全面地强调后者。在徂徕学体系中，天命论占有什么位置，在朱子学思维方式的解体过程中，它又起到了怎样的作用，这两个问题，第一章已经叙述过，此不赘述。这里只想附带说一下，从天道到天命的转换是把主体的人格作为基础的徂徕的整体思维方法中的一个表现形态。

第二，道（规范）从自然人性中的超越化，是通过把道专门限制为礼乐这种外部的客观制度而实现的。徂徕说："非离礼乐刑政别有所谓道也。"① 但是，徂徕所说的礼乐，不用说不是宋学中所说的"天理之节文，人事之仪则"这种抽象的东西，当然也与荀子的说法不同。它不是以人的精神性改造为问题，在政治统治的工具这一点上，相对于人性，它完全成了外在性的东西。②

但是，以上的工作如果只不过是推进到把自然的东西从道的对象中排除出去这一步，那么，在素行和仁斋那里，就已经有了这种萌芽。即使把道限定为人类的规范，并把它当作礼乐刑政这种客观的实在，如果它在自身中就具有妥当的根据，那么，道就与仁斋所说的一样，并没有失去其存在方式之中的"自然"妥当的自然性秩序。为了完全克服自然性秩序的逻辑，就不能在自身的背后以规范

---

① 《辨道》。
② 对于人性来说是外在的东西并不违反人的本性。与荀子不同，徂徕坚持道合乎人情（这与他主张气质不变、排斥性恶说有关）。

为前提，相反，只有做出规范，才能将赋予妥当性的人格置于思维的出发点上。当徂徕说"夫道，先王之所立，非天地自然之有"①的时候，实际上就具有了先王是这种道的绝对的制作者的意味。

不言而喻，先王就是伏羲、神农及尧、舜、禹、汤、文、武、周公等中国古代的这些政治统治者。由于道＝礼乐是他们"尽其心力，极其知巧"②才制作而成的，所以，它不是"不待有人无人本来自有"的存在。道的制作者不外乎就是圣人。反过来说，所谓圣人就是道的制作者。把圣人概念专门限定为先王这一历史的实在，是徂徕学同以往儒学思想根本上区别开的关键。过去，圣人的首要意义往往是完美无缺的道德所有者，是一个表示以道德修持为目标的普遍概念。尧、舜等先王当然都是圣人，但这只有在他们都是道德完美无缺的所有者时才是这样。换言之，他们之所以为圣人，完全在于他们所固有的理想性。因此，在这一理想性被强调的时候，圣人概念就很容易在这种非人格的终极理想中被解除人格性。在宋学中，所谓"圣人与天地合其德，与日月合其明，与四时合其序，与鬼神合其吉凶"③，所谓"圣人者，太极之全体"④等说法，就是典型的例子。另外，又如"圣人化性而起伪，伪起而生礼义，生礼义而制度。然则礼义法度者，是圣人之所生也"⑤，这种说法，往往被认为是徂徕学的思想渊源。在某种程度上说，这大概是正确的。但是，就是在荀子那里，圣人一方面意味着礼义法度的制作者，另

---

① 《辨名》。
② 《辨道》。
③ 《太极图说》。
④ 《太极图说解》。
⑤ 《荀子·礼论》。

一方面也意味着把修持作为目标的理想性,如他说:"圣人者,道之极也。故学者,固学为圣人也。"①又说:"圣人者,人之所积而致也。"②只要在圣人概念中还包含着这种普遍的理想性的意味,那么,作为礼义法度制作者的具体的圣人,最终也只能从自己背后的理想性中乞求其价值性。这样一来,先王就仍不是绝对的主体。徂徕把圣人完全限定到具体的历史存在中的先王上,以"圣人不可学而致"③,防止其非人格的理想化,这是把作为道的绝对制作者的逻辑上的资格赋予先王所不可缺少的前提。

圣人(先王)是道的绝对的制作者,意味着它是先于一切社会政治制度的存在。如果说,在自然秩序的逻辑中,圣人是被置于秩序之中的,那么,把它完全加以转换的立场,当然就是把圣人从这种内在性中拯救出来。反过来说,就是必须使圣人具有从无秩序中制做出秩序的地位。圣人制作之前是"无",制作以后就是"全"。以"圣人的制作"为契机,前后犹如深渊一样被断绝开。这一立场,当然是把圣人出现以前的社会视为霍布斯所说的没有任何规范的自然状态。五伦、五常并不像罗山所说的那样:"君臣、父子、夫妇、兄弟、朋友,此五者,自古至今存于天地之间"④,或者像蕃山所说的那样:"道者,三纲五常也。配天地人,配五行。尚无德之名称,尚无圣人之教时,此道已行。"⑤照徂徕的说法,五伦之中具有自然性的只有父子之爱。看起来如同自然本性的夫妇之伦,也是由伏羲首

---

① 《荀子·礼论》。
② 《荀子·性恶》。
③ 《辨道》。
④ 《三德抄》。
⑤ 《集义外书》卷三。

175

先建立起来的规范，因为"洪荒之世，犹如畜类"。徂徕说："君臣、朋友之伦，亦为圣人所立，故人知之。"又说："如耕作五谷，神农所立也。作宫室，织衣服，黄帝所立也。"① 这些生产方式全都出于圣人的制作。如同过去认为这些规范乃至生产方式不待圣人制作，是本来或自然产生的一样，现在一般认为，圣人"以深广之智慧，合于人之先天，而立其道"②。单从这一点来看，这即使能够成为否定荀子因人性为恶，想以规范加以矫正从而提出"伪"这一思想的根据，但也没有"圣人出之前，道即自然存于天地"③ 之事。当然，伏羲教夫妇之伦，神农是农业之祖等说法本身并不是什么新鲜的观念，而是儒者们的一般常识。但徂徕的独特性在于，他去追寻这种观念在方法论上的意义，并使它与自然秩序逻辑明确地对立起来。徂徕方法论的彻底性，是要把近世社会最根本的身份秩序——士、农、工、商的产生，纯粹归结为先王的制作。他说："世之有士、农、工、商四民，乃古圣人之所为，非天地自然固有四民也。"④ 又说："五伦者，别士、农、工、商也，非天之道，是圣人为安民所作之道也。"⑤ 可以把徂徕的说法同之前类似讨论中比较精细的说法比较一下。熊泽蕃山说"人之初，农也。农之秀者亦不能独存，故必与诸事物相接，调遣理事。故其人聚在一起务农，为裁判众事而选者，士之初也。处处皆秀者，协商所有之事，此乃诸侯也。诸侯之内有大秀者，其德被四方无所不及，尊仰为天子。士中出公卿、大夫，农中出工商，

---

① 《答问书》下。
② 同上。
③ 《答问书》上。
④ 同上。
⑤ 《太平策》。

天下万事备，配天地之五行，乃有五伦"①。另外，山鹿素行也说："民得天地之气，受其理而生，先有养口饮食之用。此养一日乏，疲劳以至于死，故有农耕。农耕不可只以手为，故赖木竹之力。然其制不宜，乃定木竹之法，化金铁，制耕具。虽耕作，然无百工，无以制其用具。……百工百营，虽自为商，然与远方远国交易难，其间乃有代理，以其劳役得养，号为商贾。上之三民出也。三民出，各专其欲，农欲坐山而全其养……商贾欲其利而奸曲，此皆己求其欲而不知其节；盗贼窃不止，各随其气质，失人伦之大体。故立人君所以受其命，以教化风俗。此士、农、工、商之所起，可谓天下制用之全矣。"②蕃山和素行都是从人类生活必需品的逐渐满足过程来说明士、农、工、商的产生。如果把蕃山、素行的看法同徂徕把士、农、工、商完全归为古代圣人的制作这一立场比较一下，那么就历史的说明而言，问哪一个更接近真理，人们当然会选择蕃山和素行。但是，把人的社会存在同自然的存在连续起来，认为历史的发生同时也就是自然的发生，为此所限，就不会再去追问创造历史的主体。从思想史的角度来看，徂徕通过贯彻先王制作这种绝对的始源性而提出的"非真理"，可以说是他在自然秩序思想全面转换过程中所付出的代价。

二

从存在于天地自然中的先验之"理"来探求道的本质这一朱子学的逻辑，与所谓先王实在人格从原始甚至是从"无"中制做出道

---

① 《集义和书》卷八。
② 《山鹿语录·民政上》卷五。

这一徂徕学的逻辑,虽都冠以同一儒学之名,但二者根本上又为何是对立的思维方法,从以上的叙述中,我们已经不难看出了。这最终是与哲学上的根本问题相关联的对立:即是理念先于个体、个体体现了理念呢,还是个体作为现实存在,理念从个体那里得到了实在性呢?对于这一问题,加以一般的逻辑解释,并做出优劣价值判断,不是这里的事情。像我们的主题最初所提示的那样,我们的问题点是,这种对立在具体的社会观、制度观上是怎样表现出来的。既然儒学是封建社会的意识形态,那么,儒学对"道"的看法,就会原封不动地转移到社会制度上。如同上面所说,封建社会的自然秩序观就是从朱子学的思维中引申出来的。在此,社会规范由于内在于自身之中的理念性自然而然地就拥有了妥当性。然而,徂徕的逻辑在制度观上又是如何表现的呢?在此,理念的先验绝对性已无存在的余地,它只有从属于人格实在才能存在。因此,社会规范同时也不能靠某些内在于其中的理念获得妥当的根据,而只能依据制作它的政治人格才能获得妥当性。所谓政治人格,不言而喻,根本的意义是指唐虞三代的先王。前面说过,从五伦到士、农、工、商的身份秩序都是先王制做出来的。对于道的制作者先王=圣人,徂徕这样说:"我等不信仰释迦,唯信仰圣人。"① 又说:"我等心中,只深信圣人。我心思之,即无此事,宜须重新思之。圣人之道绝无恶,径行之而已。"② 这样,徂徕就靠把圣人几乎提高到宗教绝对者的地位,从而把封建社会的规范绝对化。而且,徂徕并未就此止步。我们知道,徂徕学的"道",就是所谓唐虞三代这种一定的历

---

① 《答问书》中。
② 《答问书》下。

史性的制度文物，而制作它的人格像尧舜禹汤一样，也有历史上依次出现的开国的君主。单从这一点来看，这种圣人与道的逻辑关系就已不限于唐虞三代，而已被类推到任何时代的制度与政治统治者的关系中。徂徕反复指出朱子学的"合理主义"忽视了历史的个性，所强调的就是，即使在圣人之道衰退的秦汉以后，也有必要认识到各个时代制度的特殊性。从这种制度和它"皆出于代代开祖帝王之虑，如与其社会整体之结构有相违之处，制度法律亦须有变"①来看，徂徕把制度的妥当根据完全归为各个时代创业君主之自由（按照自己的"意图"）的制作。这正是徂徕学思维方法中所包含的最重大的社会政治意义。像刚才所提到的那样，摆在徂徕面前的政治课题有两个。一个是赋予封建社会所依据的根本规范以新的基础，再一个是提出克服现实社会混乱的强有力的政治措施。对于第一个课题，只要把根本规范的妥当性归属为被绝对化的圣人的制作就可以了。但是，如果"制作"的逻辑，只被限定在古代的圣人，并被固定到历史的过去，那么，就不能满足解决第二个课题的思想条件。原因是，圣人一旦制作了道，这种被制作的道就从制作它的主体中分离了出去，作为客观化的理念，它自然而然就具有了妥当性，结果就又回到了自然秩序观中，由此就不能产生相对于现实事态的政治决断。只有把"先王制作"的逻辑向一切时代类推，并把相对于理念而言的人格优位彻底化，克服政治统治者的危机而朝向未来的制作才会成为可能。在徂徕那里，圣人之道具有超越时代和场所的普遍的妥当性。但是，它绝非可自我实现的理念，而是以各个时代开国君主的每次制作为媒介而实现的。在此，理念的实现

---

① 《答问书》下。

已不是像自然秩序观那样是内在连续的，而是经时代的交替，在经验了新的主体化这种意义上的非连续的。徂徕在《政谈》《太平策》《铃录》等论著中所揭示的"自上"而进行的大规模的制度变革，无疑就是在这一逻辑上构筑起来的。亲身经历了从元禄到享保这一社会变动的徂徕，看到现实的封建社会处于丧失了一切身份秩序的混乱时代，是一个"反正如果有钱，贱民也如同诸侯，无任何之咎（的社会）。更可悲的是，（是一个）如果手头拮据，高位有德之人脸上也无光，被人抛弃"①的社会。这种混乱是从"一切都无制度"的局面中产生的。②现在所说的某种规范性的东西，不像前述的那样是"制作"的，只不过是"世之风俗，出于自然"③。根据上面徂徕的逻辑，德川开国之祖家康，本来就承担着按照圣人之道建立制度的任务，但"如今的德川家，是在战国大乱之后以武威统治天下的。由于时代与上古相距遥远，不能采用古代的制度，而且恰恰又是在大动乱刚过不久，一切制度都失去了，所以没有改变时代的风俗，就这样持续着"④，一直没有制度直至今日。于是，徂徕试图让八代吉宗来从事家康应承担的制作制度的任务。为了把规范（道）的自然妥当性思想从儒学理论中排除出去，徂徕所进行的毕生的思索，实际上是受这种政治实践意图的驱动的，这样说并不过分。

那么，徂徕通过吉宗想确立的制度，其内容是什么呢？他的社会组织改革论是德川时代这一问题讨论中比较著名的一种，在此无

---

① 《政谈》卷二。
② 同上。
③ 同上。
④ 同上。

须详述。一言以蔽之，其根本基调可以说是复古性的。徂徕敏锐地看到，封建社会所出现的难局，根源于货币经济和立足于这一基础之上的商业资本的急剧发展，而后者的要因又在于武士失去了同土地的联系，集中于城下町，陷入"旅宿之境遇"中。于是，徂徕要让武士重新定居在领地中，编制户籍，限制人口流动，严格身份差别，按照上下等级，限制欲望，试图以此使封建的再生产过程步入正轨。徂徕是原始封建制的热烈赞美者，他真心实意所憧憬的人物，是平素粗衣粗食，跋涉于山林原野之中，一旦有事，就能在君主马前赴汤蹈火的古代的武士。他像厌恶蛇蝎一样厌恶的是，"下无治民、无家臣、无武士的做法，自衣服至饮食起居，其奢侈如同大名"的"市井商人"之类。① 只有"法令简略，上下唯尚恩义"结合在一起的主从关系才是他所肯定的理想的社会关系②，在"自由便利的城下"以"买卖来度日"的"繁忙风俗"，与他的趣味格格不入。③ 但是，在徂徕的时代，像他所憧憬的那种武士类型，已愈来愈成为遥远过去的陈迹。商业高利贷资本猖獗的活动日益使他不能容忍。契约性的关系如浪潮般渗透到纯粹身份性的社会关系之中。作为典型的表现，是纯封建的世世臣事主人的仆人被自由签订契约的有期限的仆人所取代的过程，徂徕在《政谈》中生动地描述道：

近年来有期限的仆人盛行了起来，世世臣事的仆人在武家

---

① 《政谈》卷二。
② 《答问书》上。
③ 《政谈》卷二。

181

中已经完全没有了。就是在乡下的百姓家中，最近也极少了。考虑一下原因，则说世世臣事麻烦。在主人家出生的，打幼时起，就需要受到主人的照顾。从成人开始，衣食也好，其他诸事也好，又需要主人边吩咐，边使用，所以仍受到照顾。即使是一个没有多大用处的人，由于是属于我家的，他也不会到其他的地方去，所以就难以抛弃。因此，有时，也向主人撒娇。……但是，现在，武家所居住的江户城下，也混入了从其他地方来的人。作为主人，非常厌恶仆人之间发生纷争。契约的限期定为一年，即便是不好的人，也容易忍耐。如果做了坏事，就交给保证人，自己也没有什么麻烦。不管是衣类还是其他诸事，都是仆人自己负担，所以也不需要特别照顾。……由于久经世故，是老练的油子，伴随外出，或使其去办事，能说会道，很有用。由此之故，人们都喜欢有期限的仆人，借故原来定居的世世臣事者，或是由于后生的，或是由于慈悲，统统解雇。现在武家中已完全没有世世臣事的仆人了。①

这种社会关系的实质性变化当然会影响支撑主从关系的精神。徂徕说：

即便是现在这样的太平时节，一旦只使用有期限的仆人，主人和家臣之间自然就没有了爱护之心。因为一年的期限满了，相互都视若路人。……就是在仆人一侧，也都认为江户中哪里都有服务的地方。这种思考方式，自然成了世间的风潮，

---

① 《政谈》卷一。

也自然从下传到上,主人们也逐渐没了向自己臣事的君主尽忠义的心情。这都是世间风俗的影响。武家的孩子生下来,幼小的时候由世世臣事的仆人养育和由有期限的仆人养育是完全不同的。世世臣事主人的仆人记着先祖以来的家风,同时年长日久地住在这个家里,熟识亲属,即使是下级也知道。由于自己本身就是受了主人养育之恩的人,所以养育主人的孩子,心情自然就不同。但是,在有期限的仆人那里,就没有这样的事。他只是为了目前的生活而去做一时的服务。①

总之,这无疑是共同社会意识的衰退和利益社会自身蔓延的结果。这是以原来的自然经济为基础,以土地为媒介,在极其有限的范围中所产生的封建主从关系因"一切必要之物不用钱买,就不能生活"这种商品经济的盛行和扩大而导致的必然结果。徂徕生活在解构、腐蚀封建社会的毒素开始在其内部急剧生长的时代中,他倾入的全部思索,就是要致力于排除这一毒素。由于这种毒素的生长是历史的必然,所以他无疑是一位"反动"的思想家。这样,如果徂徕所说的制度的内容,要而言之就是原始封建制中的自然要素——田园生活、自然经济、家族主从关系等,那么,他的体系的最终目标就是要靠"制作"的逻辑,力争粉碎"自然"的逻辑。这绝非语言游戏。历史的讽刺在于,它往往让一个反动家用他的敌人的武器从理论上武装自己。徂徕诅咒利益社会的社会关系,但利益社会的逻辑恰恰就是他的制作立场所固有的。从根据事实所进行的这种分析中,我们不难在整体上理解自然秩序观同制作秩序观相对立的历史意义。

---

① 《政谈》卷一。

第四节　从"自然"向"制作"推移的历史意义

制作逻辑的现代性——主体人格的绝对化问题

一

主体制作的立场内在地包含了利益社会的逻辑，这意味着什么呢？对于人类社会的组织，有两种根本对立的看法。一是认为，这种组织，对于个人来说，是先在的必然所与；二是认为，这种组织是个人根据自己的自由意志制造出来的。在前一种看法中，组织方式具有固定的客观形态，人是进入到对于自己而言被给定的命运之中。在后一种看法中，个人具有某种意图，新的社会关系是作为实现其目的的手段而缔结的，所以在其组织方式中，并不存在固定的客观定型的东西，而是相应于目的的多样性采取任意形态。当然，现实中所存在的各种各样的社会关系，并不一定只能在这两种类型中择其一。这只是构成人类社会组织两极中的理念型，而实在的社会关系中有在这两极之间并存着的无数的色调。像"家族"就是第一种类型中比较典型的例子，而"政党""学会"等会社——在其组织的完整性（Geschlossenheit）上虽程度不同，但总体来看则接近于后一种类型。当然，这两种组织类型，一般被认为是普遍地存在于一切时代社会组织中的对立形态。但是，不管是从法律的侧面，还是从社会学的侧面，历史地追寻欧洲现代社会产生的学者们，关注的现象是中世封建制度进入衰退期，在其胎内形成现代市民社会的历史转换过程中，后一种类型的社会组织急剧地压倒了前一种类型,并以种种指标,阐明其推移的足迹。所谓"从身份到契约",所谓"从共同社会到利益社会"等图式,都是很著名的尝试。特别是后者即 F. 滕尼斯(F. Tönnies)的图式①,极为精细地描绘出了以上社会结合两种类型的对立和推移,给学界带来了惊人的影响。但是,由于这一图式几乎像万能灵药一样被滥用,所以事实上,作为其反动,不久就产生了不少对其科学严密性的质疑。尤其成为问题的是"共同社会"这一概念。利益社会结合的普遍化,很明显,在历史阶段上,大概是现代社会的现象。与此相比,共同社会统治的时代范围却未必明确,它好像含糊地包括了现代市民社会以前的所有时代。如果这样,原始共同体走向崩溃,统治机构(Herrschaftsgebilde)产生前后——其重大性不亚于从中世到近世的转换——的历史变化,在此就会被忽视。于是,H. 弗莱尔(H. Freyer)就更进一步把滕尼斯所说的共同社会阶段一分为二,并使用了共同社会、等级社会和阶级社会(Gemeinschaft-Ständegesellschaft-Klassengesellschaft)这种三分法。② 在这种情况下,封建社会作为一种"身份社会",就属于利益社会的范畴。只要把实体的社会机构当作问题,那么,把阶级(广义)分化尚未发生的血缘共同体,同身份性阶层关系贯穿于社会结构整体之中的封建社会等同起来,都总括到共同社会的名目之下,这的确是非历史性的。因此,不如说弗莱尔的分类也许更具有妥当性。但是,如果我们不只是从物质机构这一侧面来理解社会关系,而是重点考察在此所渗透的意识——当然不是个人的、主观性的层面,而是社会性

---

① F. 滕尼斯:《社团与社会》第一卷,1887 年第一版;1935 年第八次修订版。
② H. 弗莱尔:《社会学导论》,1931 年版,第 131 页以下。

的层面，即所谓"客观精神"，那么，滕尼斯的图式，就其意义和价值而言依然具有生命力。例如，封建社会中的种种社会结合——最重要的封建主从关系及（欧洲的）教会、行会、（日本的）座①、株仲间②、五人组③等，这些社会组织，在产生的过程乃至结构形态上，与其说是原始的血缘共同体，倒不如说更接近于市民社会中的社会关系。但即使这样，维持这种组织的精神支柱，换句话说，在成员对于其组织体抱有的表象这一点上，它与血缘共同体的距离，至多是量上的。与此不同，说到股份公司，则几乎有一种不可逾越的鸿沟。例如，虽然不可否认契约要素已经存在于封建的主从关系之中，但是，至少在主从关系正常的情况下，内在于此的意识，比起现代的双向契约关系，家族内的父母子女关系的类比推理则更为适合。只要是有关社会关系的一般表象内容，与封建社会之前的所有历史阶段的变化相比，现代社会形成期中的变化就异常剧烈。这样，从欧洲中世末期到近世初期，前面所说的两种社会组织方式中的第一种类型被第二种类型急速取代的现象，既然是社会事实，那么，它就要在社会意识中明显地表现出来。如果说中世的人，仍是以家族这样的自然必然性的团体（所谓 soctetates necessariae）为原型来理解一切社会组织的，那么相反，近世的人则是尽可能从人的自由意志创设中（所谓 socletates voluntariae）来把握社会关系。④

---

① 座：日本镰仓、室町时代享有专买特权的工商业行会。——中译者注
② 株仲间：日本江户时代，在江户（今东京）、京都、大阪等地，工商业者得到幕府的许可而结成的同业公会。——中译者注
③ 五人组：日本江户时代五家连坐的一种自治组织。——中译者注
④ 有关社会意志论与社会必然论问题，以及随着近世的进展，前者的理念越来越适合于许多的社会组织，并最终浸入家族中的过程问题，请参阅 O. V. 吉尔克的《德国公社法》，第四卷，第 402 页。

近世中"人的发现"的真正意义就在这里。虽然即使在中世,也并非不讲"人"和"个人",相反与个人的职分相关的论述非常之多。但是,所谓人的发现,并非这种对象性的意义,必须从人自觉到了主体性的意义上来理解。从前把种种社会秩序当作命运来接受的人,现在已经意识到这些秩序的确立和存废都依赖于他的思维和意志。根据秩序来行动的人走向了建立秩序的行动。滕尼斯说明了本质意向(Wesenwille)与选择意向(Kürwille)的对立,他说:"本质意向是人的肉体的心理对应物。换言之,也就是生命的统一原理。特别是,这一原理是在思维自身也隶属于它的现实形式之下被认识的。……选择意向是思维自身的构成物,因此,它只是在同主动者——思维主体——的关系中才被赋予了其本来的实在性。"[①] 又说:"本质意向依存于过去的东西,恰如生成的东西那样,必须从过去的东西中得到阐明。而选择意向只有通过与未来有关的东西才能被理解。本质意向是在萌芽(Keim)中具有未来的东西。与此不同,选择意向是在意象(Bild)之中就拥有它。"[②] 这种说法,无疑指出了中世与近世中秩序与人的颠倒关系。现实是从过去的东西中生成出来的,未来的东西作为萌芽已被包含在过去的东西之中,这明显是典型的有机体思维。从有机体来说,站在它之外做出它的主体至少不是最重要的。有机体是自足的整体,一切都是在有机体中自然生成的。与此截然对立的形态,不言而喻是机械。它预设了站在它之外、制作它,并使之活动的主体,它作为手段,从属于主体所确定的目的。"这种意向集合体(选择意向的形态)同他

---

① F. 滕尼斯:《社团与社会》,第八版,第87页。着重号为笔者所加。下同。
② 同上书,第88页。

种意向集合体（本质意向的形态）的相对关系，恰恰就像为了一定目的而造出的人工工具乃至机械，同动物的肉体器官组织及各个器官的相对关系一样。"① 因此，"只要中世思想是从统一的整体理念出发，那么必然地，它越是接近于有机体观，本质上它就越是与社会原子的、机械的构成无关"②。这样，人对于秩序的主体性确立的步伐，正是始于有机体观的崩溃，到机械观的确立为止。③ 托马斯·霍布斯说："人类的技术（the art of man）在此也与其他许多事物一样，能够模仿自然（即神创造世界且统治的技术）造出人工的动物（an artificial animal）。因为，如果所谓生命不过是四肢的运动，运动的开始就存在于内部的某些重要部分中，那么一切自动机械（automata）也不是不可以说具有人工的生命。本来，所谓心脏不外是发条，神经网只是众多的丝。同样，关节只是众多的车轮，因为这些都遵循制作者（artificer，即神——笔者）的意图使全身运动。技术是更进一步地对理性者、对自然最优秀的作品即人的模仿。也就是说，所谓共和国或国家（commonwealth 或 state，用拉丁语说是 civitas）这种伟大的怪物也是被技术创造出来的，它无疑是一个人工的人。"④ 在著名的《海中怪兽》（*Leviathan*，多译为《利维坦》）的开头，出现了这些说法，它也是这种现代性制度观的光辉一页。

---

① F. 滕尼斯：《社团与社会》，第八版，第 125 页。
② O. V. 吉尔克：《德国社团法》，第三卷，第 546 页。
③ 不是人驱使机械，相反是人隶属于应作为手段的机械。对于亲眼看到这种矛盾的现代人来说，也许会对机械像是人的主体性的象征这一点感到奇怪。但是，排除有机体观而登场的机械像的历史意义正好就在这里。上面所说的那种矛盾暴露出来，充其量不过是产业革命以后的事。
④ 这里用着重号标示的，在原著中是欧文斜体字。

第二章 日本近世政治思想中的"自然"与"制作"——作为制度观的对立

从社会政治秩序存在于天地自然间这种朱子学的思维，到它是由主体性的人制作的这一徂徕学逻辑的发展，大致上与上述意义中的"中世的"社会意识的转换过程相对应①，这即使从以上的一般性考察中大概也能推知出来（在此，有关主体性的人，首先表现为圣人，其次表现为类推出来的政治统治者，关于其意义有待后述）。例如，即使看一看把握构成德川封建制主干的身份秩序即士、农、工、商的方法，如同前述，在自然秩序思想中，它也是作为"并非由任何人所建立"的"自然而成"的东西在逐渐的发生过程中被理解的。与此不同，在徂徕那里，它是为了"安民"这一目的，先王"尽其心力""极其智巧"制做出来的秩序。把这同滕尼斯的说明对比一下吧！滕尼斯说："如果我们在前一个概念（共同社会的组织）中使用'团体'这一名字，在后一个概念（利益社会的组织）中运用'社团'这一名字，那么就会产生如下的结果，即团体只是作为自然的产物被叙述，它作为一种生成的产物（ein Gewordenes），通过它的起源和发展的诸条件，能够被理解。……与此相对，社团是在头脑中构造出来的存在，它服务于制作者，并在一些关系中，来表现他们共同的选择意向。因此，在这里，首先要追问的是，社团作为手段和机缘而被确定的本来目的是什么。"② 德川初期的自然秩序思想，不管是在主观意图上，还是在客观内容上，都与共同社会相照应。与此不同，徂徕的制作立场，从意图上说，无论怎样试图以共同社会为目标，都不应忽视其所浸润的利益社会的（但最终仍是社团的！）逻辑。前面我们已经说过，以自然秩序理念来为实定

---

① 在此，所谓中世的，是指普遍的实质性的意义，并不限于日本历史上的中世。
② F. 滕尼斯：《社团与社会》，第八版，第228页。

的秩序提供基础，是与该秩序的勃兴期乃至安定期相对应的；而用主体的人格为实定的秩序赋予基础，则是与该秩序的动摇期乃至"危机"相对应的。这无疑是在同一形式的法则之下，提出了朱子学（乃至朱子学的思维）同徂徕学的时代关联问题。而现在，我们终于可以更进一步，来讨论一下两者的实质性社会历史定位的问题。① 伴随着德川封建社会的产生，朱子学占据了社会政治思维方式的主导地位。之所以这样，不仅是因为它所包含的自然秩序观适应了勃兴期的封建社会，而且因为它由来于与勃兴期封建社会的相适合。身份关系有条不紊地确立起来，一切生活方式沿着这条路线被类型化。根据这一点，就是在世界史上也不难推测，在"模范"我国近世封建社会之下，把社会关系视为自然必然性所与的意识形态如何具有了普遍化的基础。"家"——最严密意义上的自然秩序——的公法的重要性、身份上的法律乃至事实上的世袭、门第门阀的广泛统治、租税及刑罚中的连带责任等，这些完全都是社会关系、人的自由意志无论如何都无能为力的自然命运所反映出来的因素。"在全村落文化以及基于此的封建制度中，是规定与自然相应的分配理念，并依存于这一分配而被神圣化的传统理念支配了生活的所有实相，因此也支配了相应于实相而正当且必然的生活秩序这种理念呢，还是与之相反，是交换及买卖诸概念乃至契约和章程发生作用的余地非常少呢？"② 这里所说的事态以数倍的真实性，

---

① 因此，在这种意义上，该社会丝毫没有封建社会所应有的必然性。例如，对于 18 世纪的重农学派来说，恰恰是资本制社会，才是自然的秩序（ordre naturel）。

② F. 滕尼斯：《社团与社会》，第八版，第 33 页。

使德川封建制度的理念正当化。这样,在双重意义上,把五伦这种封建社会的根本规范同视为实体自然(人的先天本性和宇宙秩序)的朱子学结构,最清楚地表现了上述这种封建秩序观以及为它所赋予的理论。而且,构成朱子学形而上学深层根底的东西,不折不扣就是有机论的思维方式(organisches Denken)。也就是说,在此,作为宇宙秩序根本原理的太极,是世界统一的根源。与此同时,它又特殊化,存在于一切个体中,并使之参与到终极的价值中。朱熹《太极图说解》说:"合而言之,万物皆一太极也,分而言之,一物各具一太极也。"德川时期的一位思想家,巧妙地用所谓"月映万田"来比喻这种关系。月在无数的田地中,虽然一一投下了自己的影子,但它自身又超越于每一个影子,同时也超越于其总数。下面这段话,通俗地表达了"理一分殊"的逻辑,以及把它具体到伦理领域中的观点:"夫天地造化,唯以生万物为心。其所为,春夏秋冬,始而终,终而始。自古迄今,未尝止息,一张一弛,循环不已。以生物为心,为其所为……以此见天地之心。唯恒生物,天地之事也。草木、禽兽、万物,皆出自天地之生意。如此,万物之众,各具天理。人乃万物之灵长,岂不具天理哉?天地以生物为心,人人非皆以仁义为心乎?"① 天地这种最具含括性之存在的有机活动,被原样压缩在人这一存在的伦理行为中,并反复着。"无论是什么样的特殊存在,在世界整体中,都占有一定的地位;不管有什么样的特殊关联,与此相应,也都存在着神所希望的秩序。由于世界只具有一种精神,只是由一种法则所构成的唯一有机体,所以,规定世界结构的原理,必然返回到每一个别的浑然一体的结构

---

① 《春鉴抄》。

中。因此，各个特殊的存在，只要它是浑然一体的，那么，它就表现为世界这种大宇宙（macrocosmos）的压缩性摹写，也就是表现为小宇宙（microcosmos）或小世界（minor mundus）。"①O.V. 吉尔克对欧洲封建社会的这种阐述，如果把"神所希望的秩序"的说法换成罗山所说的"天地之生意"，那么它作为对朱子学的解说，基本上是恰当的。而且从朱子学来说，超越于天地这种最具含括性的世界之外的人格神观念完全被排除掉了。在这一点上，有机体的思维方式——它本质上是一种内在观，比起经院哲学来更为彻底。

二

大体上说，朱子学纯粹且全面地具备了共同社会的思维方式。与此相比，很明显，徂徕学与利益社会的思维方式相照应的关系，则具有一定的历史限制。不管思想家的主观意图和其思想的客观意义如何不一致，封建主义者不可能完全站在现代的、市民的思维方式上。因此，我们就有必要测定一下徂徕学的主体制作立场内部包含了多少现代性。对此，我们马上想到的是，徂徕学制作秩序的人格限定性问题。从完全现代化的利益社会的思维方式来说，人作为自由意志主体而制作的社会秩序结构，应该与全体的个人相关。"社会契约说"就是它的必然归宿。然而，在徂徕学中，制作秩序的人格，首先是圣人；其次，作为相似者，是一般的政治统治者。同时，圣人几乎被提升到了宗教绝对者的地位。对于从天地自然之理、事物当行之理中寻求道之本质的朱子学，徂徕所进行的最激烈

---

① O. V. 吉尔克：《德国社团法》，第三卷，第514—515页。

的攻击，就集中在以下这一点上。他说："事先规定，此事宜如此，彼事宜如彼，任我推究"，此乃"由吾人之心，推测圣人，诚不敬之至"①。对圣人的这种神秘化，不是弱化了徂徕学逻辑的现代性质吗？如若不然，那么，在从自然秩序逻辑转换到主体制作逻辑之际，主体的人格首先表现为绝对化的圣人，是否具有一些客观的必然性呢？对于这一疑问，为了获得相应的启示，我们应该把目光再次转到欧洲思想史上来。在这里，从中世制度观到现代制度观的推移，究竟经历了什么样的逻辑或历史的道路呢？

即使在欧洲，自然秩序的思想乃至有机体说，也绝不是一下子就被作为制作秩序的完成形态的社会契约说乃至机械观所取代的。"个人的发现"的意义，在于个人对秩序的主体性自觉，这一点，前面已有叙述。这种主体性，并非一开始就普遍地给予了个人，它只是在民主的政治理念普及之后才有可能。从历史上来说，作为近世统一国家代表的绝对君主，首先就是作为这种自觉者出现的。绝对君主才是不受自己背后的一些规范的约束，相反对一切规范都采取了主体制作者的立场的最初的历史人格。中世的君主，根本得不到这种位置。在此，由神的理性（ratio divina）所贯穿的有机共同体自身，则具有最高的主权性，而君主只是在这种共同体秩序内被赋予了特殊目的的存在。因此，点缀了中世历史的教权同国家权力的斗争，正如特勒耳奇（E. Troeltsch）所说："不是国家同教会的争斗，而是围绕着两者共为前提的对国家的＝教会的生活统一体的指导程度的争斗。"②这样，由于法规范恰恰在最深层的根底上，被

---

① 《答问书》下。
② E. 特勒耳奇:《思想史及宗教社会学论集》(《文集》卷四)，1925 年，第 131 页。

视为生活共同体自身的表现,所以,在某种意义上,中世是"法的统治"时代。"对于中世思想家来说,法(lex)即是王(rex),它不是由人制定的。在启示的范围内,它是神之音的严格之女;在自然的范围内,它是存有神之心的人类理性不可避免的产物。不管从哪一方面说,法都是普遍且永恒的。法渗透到全部人类社会中,它的妥当性没有任何界限。因此,所有人的行为,都是预先决定了一切的法的氛围中的事件。"① 这无疑是自然秩序思想的必然逻辑归宿。单从自然法(lex naturalis)对于人的先在性来看,君主的统治权会受到严格的制约。政治统治首先是义务和职分。如果它不承担其义务,逃脱了职分,那它就丧失了正当性,就变质为单纯的暴力。由此引申出了中世思想中人民对于暴君的反抗权,在某种奇特的情形下,进而又引申出了对统治者的杀害权。② 当中世多元的等级统治关系处于崩溃之际,封建贵族及教会,就完全以这种反抗权理论,作为同新的民族国家抗争的理论武器。这样,通过与封建身份"既得权"(wohlerworbenesrecht)的抗争过程而成功地树立起中央集权统一国家的绝对君主,就必然要从一切规范秩序的内在性中解放出来,反过来,根据自己的自由意志制定出一切规范秩序,并作为赋予规范秩序以最终妥当性的人格而显现。这样,为君主以及他制作并统治的秩序,为这样的关系提供模范映像的,无非是神与世界的关系。"现代国家论中的重要概念,皆是神学概念的世俗

---

① E. 巴克:《中世纪政治思想》,载《若干中世纪思想家的政治观》,F. G. C. 赫恩肖编,1923 年,第 19 页。
② 参阅 O. V. 吉尔克的《德国社团法》,第三卷,第 563—565 页。另参阅吉尔克的《约翰·阿尔图西乌斯》,1913 年,第 275 页。

化。"① 在此，施米特的命题，已看到了历史最初的妥当性。

从圣托马斯所代表的兴盛期的经院哲学，到被称为近世哲学最初创立者的笛卡尔，称这一段哲学史是对神的绝对性、超越性的强化历史，这是一个反论性的真理。毋宁说，神对于自己所创造的世界秩序，具有绝对的超越性，这是基督教世界观中的共同认识。但是，在依据亚里士多德哲学的中世神学中，自然与超自然是在连续的关系中被把握的；世界秩序一直到其肢体的每一部分，都被认为打上了神的理性的烙印，它是一种自身之中就包含善性的有机体，所有的人通过其理性的行为，来配合神的恩宠行为。要而言之，在此，彼岸的神与此岸的世界，具有必然的内在关联。但是，后期的经院哲学乃至宗教改革的思想动向总体上挣脱了神与世界的内在关联，走上了把主权的自由赋予神的道路。根据邓斯·司各特的托马斯主义，事物自律性存在的价值秩序概念，作为对神意的限制被排斥掉了。世界是神绝对随心所欲的产物，一切价值都是在神的创造性决断之后被确定下来的。后期唯名论者威廉·奥卡姆进一步发展了司各特的意志优位说，把神从所有的理念约束中解放了出来，将神意和道德律的内容完全置于一种偶然的、随意的关系中。进一步，在与天主教的鲜明对立中，极其强调神的主权性的人，不言而喻，就是加尔文。正如杜梅格（E. Doumergue）所说的那样："从特别深远的意义来说，加尔文主义就是神义论的神学（une théologie théocentrique）。对于加尔文者来说，神的教理是教理中的教理，在某种意义上，可以说是唯一的教理。神的荣光、

---

① C. 施米特：《君主论的社会学和政治神学》，载《纪念马克斯·韦伯文集》第二卷，第 26 页。

神的主权、绝对的神之神等等，整个加尔文主义，常常从这里出发，又常常回到这里。"① 尤其是，加尔文与奥卡姆一样，并不随意地看待道德律同神的关系，而是认为神的善性与神的本质不可分离地结合在一起。但这只是意味着神用绝对的意志所带来的原本必然是善的，他的行为完全不在规范的约束之下。神为世界降下的只是赐物，在其本体乃至实质上，它与世界没有任何共通的地方。对于加尔文来说，"说分解造物主本体，任何被造物都获得了其中的一部分，这简直是疯子的言论"。他的著名的"预定救济论"，也是出于确保神的绝对主权性这一意图。这样，以上所说的开始于中世末期的神的超越化倾向，在笛卡尔那里，被推到了最高的逻辑归宿中。笛卡尔所说的神，是"无限独立的，是具有最高睿智和力量的实体"，它不仅是万物的创造者，而且是一切道德规范，进而也是自然法则的源泉。根据笛卡尔的观点，一切善恶真伪，只有通过神的决断才能确定。因此，神对这种价值的实质性内容，完全是处在无差别（indifferent）的立场上。神如果愿意的话，它当然也可以定下与现在的善、正义、真理等完全相反的东西来。神并不去实现它自身中自然存在的理念。神是在自身内部不隐藏任何可能性的现实实在。这种现实实在的神，作为全能的主权者，是从无中制做出价值秩序来的。笛卡尔在给梅森（M. Mersenne）的信（1630年4月15日）中这样说："我一定要在我的物理学中，考察一系列的形

---

① 据杜梅格、加尔文、T. 伊夫、布德博格（Buddeberg）之《神与王》，载《公法文献汇编》总第二十八卷第三期，第291页。以下的叙述，不少地方是根据布德博格的原论文及著者为笛卡尔方法叙说三百年纪念号《法和社会哲学文献》所写的《笛卡尔和政治专制主义》。

而上学问题，特别是以下这样的问题，即被称为永恒真理的数学真理，实际上与其他一切被造物一样，也是由神制定的，完全依赖于神。……恰如国王在自己的领土上制定法律一样，神为自然界确立了这些法则。"请注意最后这句话。① 站在应该比之于笛卡尔的神的地位，在自己的背后不藏有自己应服从和实现的任何规范性理念的绝对主体，从自己的自由意志中制定出一切规范秩序，并一手独占了区别法与不法的政治决断的所谓政治统治者，不就是近世初期绝对君主的理念型吗？对于世界而言，只有绝对无差别地达到了超越性的神的映像，才能使对于秩序具有完全主体性的政治人格表象成为可能。

在自然秩序思想的转换之际，很明显，在彼方，神所起到的作用，在此处，无疑是徂徕学中的圣人所扮演的角色。为了把对秩序的主体性赋予内在于秩序并以秩序为前提的人，首先必须排除一切非人格理念的优位，必须把从一切价值判断之中解放出来的自由的人格，把其他的现实存在本身作为终极的根据，而不能把追寻超出其之外的价值的人格，放在思维的出发点上。这样一来，最初的人格被绝对化，就是制作秩序思想确立过程中不可避免的迂回之路。特别是，正因为朱子学把自然秩序思想彻底化，所以理念对于人格

---

① 另外，有关方法叙说，请参阅以下的说法。"起初不过是小城镇，随着时间的流逝，成为大都会的古都市"，当然亚于"只是一位技师，在广阔的原野上，按照思考设计出整齐井然的都会"。与此相同，"根据必然的要求，逐渐地制定出法律的民族，也不像群聚最初就遵守着一位杰出的立法者制定之法律的民族那样出色地被醇化"。从主体制作的思想与自然生成论的明确对置中，可以见出其与绝对主义的结合（根据落合教授的日译本，着重号为笔者所加）。

的优位性就异常强固。也正是因此，要把它颠倒过来的人格，就有了被绝对化的必然性。这一点，与欧洲基督教的创造神观念不断受到有机思维乃至自然秩序思想彻底化的制约相比，徂徕所要履行的思想使命，就困难得多。① 只有这样，徂徕从圣人观念中清除所有的理念性并使之现实化，坚决拒绝以理推测圣人之道这种对圣人的亵渎，否定先验性的正邪观念，说"循先王之道，谓之正；不循先王之道，谓之邪"，提出了像霍布斯开始思考的"权威而不是真理制定法律"（Autoritas, non veritas, facit legem）的命题等，这些逻辑工作所具有的客观意义及其所带有的新的价值，才会被重新认识。圣人的这种位置，被类推为德川将军，它首先就必然表现为这样一种政治绝对主义，即"在日本国中，如不能完全符合将军的意旨，在幕府政治中就会有不便之处"②，"世界万民全寄托在将军身上，全赖将军之意"③。说起来，作为司各特、笛卡尔的神的世俗化的欧洲绝对君主，与作为徂徕的圣人之类推的德川将军，这两者的历史环境不同，因此，在后者的绝对主义内容中就不可避免地具有上述所说的那种封建性。但是，由于徂徕制度中的"封建性"，并非缘于其自身内在的价值性，所以它不过是偶然地由当前的政治统治者的"意图"和"随性"而制做出的封建性。一旦时代发生变化，新的统治者，当然也会同样基于自己的"意图"而改变"世界全体的结

---

① 在欧洲中世，有关团体的静态结构问题，也采取了有机的思维方式。在其产生过程中，自然生成观念并不多见。索性说，神的创造行为以及作为其摹写的人的创造行为观念，则不断地成为暗流（O. V. 吉尔克：《德国社团法》，第三卷，第 556 页）。
② 《政谈》卷四、卷一。
③ 同上。

构"①。这是制作逻辑的必然归宿。为了克服封建社会的危机,徂徕要排除自然秩序的思想,自身却因此呼唤出了不可制驭的魔鬼。那么,徂徕之后的思想史,又是如何或在什么程度上来处理这一魔鬼的呢?

第五节 昌益和宣长对"制作"逻辑的继承

"制作"逻辑的政治归宿 —— 安藤昌益思想中的"自然"与"制作" —— 本居宣长思想中的"自然"与"制作"

一

这里,我们再次回头看一看我们所走过的路程。伴随近世封建社会的确立,为它赋予基础而达到了普遍化的自然秩序思想,在封建社会经历着元禄、享保时期第一次大规模动荡的时候,内在于此的乐观主义就难以维持了,从而迫切期望出现应付现实危机并加以克服的新的立场。徂徕学正是为了承担这一使命而登场的。它排除了作为自然秩序思想根源的理念性的优位,把道归为圣人这一被绝对化的人格实在的制作。这在政治上必然表现为德川将军的绝对主义。依靠德川将军的"制作"来改变现实社会的混乱,建立基于纯粹自然经济之上的身份秩序,这是徂徕的根本意图。然而,在乍看上去似乎是成功的徂徕的意图中,却包含着深刻的矛盾。概言之,他所依据的主体制作的逻辑,恰恰就是利益社会秩序的思想,但他

---

① 参照 O. V. 吉尔克:《德国社团法》,第三卷,第 218 页。

又用与此完全异质的逻辑来包装封建社会关系。这一包装对内容起到了什么样的作用呢？换言之，通过"制作"的逻辑来赋予封建的社会秩序乃至根本规范以基础，从中会产生什么样的政治归宿呢？在上一节的末尾，我们暗示性地触及了这一问题。但为了更准确地把握"自然"与"制作"的对立在德川后半期的思想史上所具有的意义，我们就从这一问题的略微展开中，开始本节的讨论。

首先，作为最基本的归宿，徂徕学依据人对于秩序的优位，最终所要提倡的是按照人的意志对一切秩序进行任意改变。对于这种意义上的"自然"与"制作"相对立的政治特征，明治初年的启蒙杂志《万国丛话》第二号所载的下面这段话，做出了简洁明快的说明：

> 古来政学之中，门派众多。然要而言之，不出天造说、人作说两种。主张天造说者，曰政治非人所制作，乃天然成之。古来，国之风俗、故事，即政治基本自然之势，妄加损益之，如立新政，即落乱阶，亦自然之势。主张人作说者，谓政事乃人所创制，犹如制作器械一般。何以作之，乃人随其心意，最终立至好至善之政体，以之劝人，施行之，或寡头政治，或共和政治，皆行于世。①

说起来，这种归宿断不是徂徕自身所能承认的。就徂徕学体系

---

① 《万国丛话》是以吉田贤辅、箕作麟祥、铃木唯一、川本清一和川本清次郎等洋学家为核心在明治八年（1875）创刊的，它以介绍翻译有关欧美的政治、社会、文化的评论为主要内容。这里引用的一段话，是铃木唯一所译的题为"政体取舍有限论"的论文中的一节。原作者不详，大概是译自 J. S. 密尔《代议政体论》(*Representative Government*，1861）一书开头的话。

而言，在它为避免这种结果而进行的预防性工作中，首先有一事不可或缺。一方面，徂徕提倡"用代代开祖之君的意图"来改变"世界整体结构"，这是他的封建社会改革论的逻辑前提，此前已述。但另一方面，徂徕依靠把圣人提升为宗教绝对者，从而把超越时空的普遍妥当性赋予了所制作的道（礼乐刑政）。作为封建社会根本规范的五伦乃至士、农、工、商等基本身份秩序，超出了单以德川将军的制作为基础的制度，恰恰被编入了这种被绝对化的道自身之中。这样，看起来，不管什么样的制度变革工作，只要在封建社会的框架之内，都能进行。但是，进一步深入内部来看，这一工作的脆弱性立即就暴露了出来。在徂徕把终极价值从理念移到人格的瞬间，实际上，他已经把此世间一切永恒的东西都委托给了"时间"之流。在理念优位的思想中，历史被当成实现理念之场。因此，在这里，无论什么样的历史变化，最终都不过是理念的样式的变化。然而，这种具有内在价值的人格主体之超越，必然带来对历史连续性的破坏。这样，就是在徂徕那里，也产生了对"不知预测时变，固定百世，此乃朱子通鉴纲目之论"态度的反叛①，并自觉到了对"唯知时为要。……时变，言语、制度亦变"这种历史个性的认识。②而且，从连续到断绝、从普遍性到特殊性的意识已经不再有限制。本来，把圣人及其所制作的道，置于理性认识和价值判断的彼岸，虽然是克服朱子学静态的合理主义这一历史意识诞生的前提，但是这种被绝对化的圣人之道，因自己所孕育的孩子，而不知不觉地又在额头处打上了历史相对性的烙印。请看徂徕所说的

---

① 《经子史要览》卷下。
② 《诗文国字牍》。

话——"不通贯古今,不知古圣人之道"①,"圣人云者,开国之君主鉴察未来,立礼乐之制度,除却弊病之称也"②,单从这出自一人之口的话来看,也应该不允许这样的结局,即"礼乐制度一旦定下,数百年之后,即使它为圣人制作,亦必生弊,因弊而世乱也"。如果把这看作徂徕的让步乃至退却,那么,这一退却,从徂徕在《辨名》中所说的"若果使礼自然有之,则如三代(夏、商、周——笔者)殊其一礼,其谓之何"这句话来看,可以说,在他以不同于自然同一性的历史变化性这一武器逼迫朱子学的时候,就已经开始了。总之,圣人所制作的礼乐与其他的"开国之君"所制作的制度,尽管在徂徕那里有严格的区别,但并没有实质性的差别。尾藤二洲说:"毕竟所谓道,即圣人治天下之法传于今,今时之规章是也;所谓六经,如御成败式目是也。"③ 又说:"先王者,开国之君也,实同于汉祖、唐宗也。"④ 尾藤二洲对徂徕学的这种批评,冲击的恰恰就是这一点。这样,五伦乃至士、农、工、商这种封建社会的基本秩序,只要它不是"天地自然之理",那么,即使是被遥远先王的制作赋予了基础,也与其他一切制度一样,最终也要被置于"时间"的流动之中。人能制作的东西,人也能破坏它。作为自然秩序思想的反命题而登场的徂徕学,当然与一切皆人作的"人作说"相同,要把这一归宿看作自然而然的东西。为了封建社会而进行的变革,不能转化为对于封建社会的变革,对此所应有的绝对保

---

① 《答问书》下。
② 《太平策》。
③ 《正学指掌》。
④ 同上。

证，在徂徕学的逻辑中，始终没能找到。

但是，潜存于徂徕学逻辑中的魔鬼所发挥的作用，未必只此而已。它不仅是把封建的社会关系作为整体，从外部来动摇它，而且还吸取了其内在的价值，从内部使之空虚。这是如何做到的呢？封建社会的原有特征在于，其整体秩序的统一性，本来是由封闭性的社会圈（其中心是主从关系和亲子关系）所具有的等级性关联保证的。在政治上，它表现为间接统治原则。① 相应于统治的这种间接性，政治的物质基础内在地分属于各个社会圈。所谓个人的行政职务（der persönliche verwaltungsstab）与物质行政手段（das sachliche verwaltungsmittel）的结合，在此就典型地表现了出来。② 因此，法的制定和执行也就广泛地分散到了各身份

---

① 例如，德川封建社会虽然经常被称为中央集权的封建社会，但是，作为实际上的最高权力者的将军，对于整个统治体系来说也不一定是政治统制的直接行使者。将军原则上来说，最终只是一个封建领主。在用地范围以外，将军以和他处在第一级主从关系上的大名、旗本和御家人这些中介权力（pouvoirs intermédiaires）为媒介，行使政治统制。这种中介权力的权力性，像现代国家的地方官那样，不代表中央政府，只是在固有的地盘上具有自主性。德川幕府相对于其他封建领主的优越性，根本上来源于作为其物质基础的"皇室领地"的数量，所以，两者的地位并没有实质性的不同。

② 参阅 M. 韦伯的《作为天职的政治》（《政治论文集》，1921 年，第 400 页）。因此，在这里，各个封闭社会圈的首长都以自负政治费用为原则。吉宗将军苦于支付御家人的俸禄，向大名课以"上米"。他在《告示书》中所说的"不顾耻辱，以求供奉"，无疑就是这种精神的表现（徂徕的绝对主义对此有激烈的抵触，参阅本书第一章）。在德川时代，第二级以下的主从关系，也就是在幕府和各藩内部，特别体现了高度的政治集中，许多武士得到的不是领地而是禄米和薪水，这虽然类似于现代的官僚，但是在此，既然是根据各自的俸禄而被赋予了私下要准备一定数量的武器和人马的义务，那么，所实行的依然是分散的物质行政手段。

关系之中。① 而且，社会圈的封闭性原则，不只限于武士，也影响了庶民间的社会关系。用一句话来概括封建社会的这种特征，可以说它是一种具有内在价值的等级体系。整个社会秩序的价值，个别地内在分散到各个封闭的社会圈中，由此，每一个社会圈都成了全部秩序不可或缺的承担者。因此，为了维持封建社会的秩序，保持价值的身份性即地域的内在性，保持社会圈的封闭性，何以是生死攸关的事，也就无须多说。② 一旦这种封闭性破裂，内在并分散于各个社会圈的价值凝聚到金字塔顶点的瞬间，封建体制就会崩溃。在统治的间接性丧失、中间的权力被吸收到最高权力的时候，在行政上的物质设施（房屋、马匹、武器等）从行政职务的私有中断开并集中到国家的时候，在立法权和审判权的复数分布被统一到中央的时候，这就是现代国家的诞生。至此，

---

① 藩法、庄园法与幕府法一样，原则上形成了固有的法律体系，这用不着多说。另外，法律的执行权，也广泛地分散着。《御定书》中所谓对"以小市民和百姓的身份轻视下级武士，越分骂人等不道德的行为"可以施行斩杀，这种特许的任意杀戮平民的规定，可以说就是准许武士人人都具有有限的法律执行权。其他如主人对于家仆、父母对于子女所具有的私自惩罚权也一样。

② 守"分位"、知"身份"，是这种社会的最高伦理。由此，就产生了这样一种原则，即在一定"场所"出现的问题，尽量就在这一"场所"解决。例如，"严禁越级上诉""相对抵销令"等，就是以避免事件纵向波及为目的的。反之，"若有非常之变，随其所在，或宅地，或领地，守其所，不得妄动，速上报其事……将军府急变之事，同辈谋之，其余各守其所，不得妄动"（《宝永七年武家诸法度》。另外，同样的规定，在其他的武家法度中也有）。"所有争执、口角之事，皆不许紧急集合"（《宽永十二年御条目》）等细密规定，是出于防止事件横向波及这一意图。无论哪个都是保持社会圈封闭性要求的体现。

徂徕学把封建秩序形骸化的意义，自然就能迎刃而解吧！上一节所讨论的朱子学中大宇宙 - 小宇宙（macrocosmos-microcosmos）的有机体图式，与这里所说的封建社会的"内在价值的等级体系"如出一辙。在此，终极价值（太极），内在于一草一木中，就成为"理"，内在于各个社会关系中，就成为"五伦五常"，内在于人的内心，就成为"本然之性"。然而，徂徕学否定了理念的这种终极性，使之从属于圣人，其结果就使分散在事物中的价值，完全被吸纳到了被绝对化的圣人人格中。现在社会规范并非因为基于本质上内在的"天地自然之理"而妥当，而是完全由于绝对人格的制作，所以才是妥当的。对于世界绝对无差别超越的笛卡尔的神概念，其归宿恰恰就是道德律的内容决定的随意性。如同"权威而不是真理制定法律"这一霍布斯的命题产生了法律实证主义一样，用"制作"来为封建社会秩序赋予基础，结果就从这里夺去了实质性的价值，导致了单单以形式的实定性为根据的结果。徂徕的政治绝对主义制度的内容，是复归纯粹的自然经济，以此为基础树立起纯然的等级秩序，与欧洲的绝对主义相比，它对于封建社会的"危险性"没有任何减少。这恰恰是因为，相对于这种实质性内容，在无差别性（indifferent）之中，具有一切都是主体制作这一立场的共通性。而且，在徂徕那里，规范不只是这样地被形式化，它也被外在化了。如果说道不在天地自然之中，只有靠圣人制作才能产生，那么，五伦、五常这种社会规范，也就不能根植于人性之中。当然，如前所述，徂徕极力主张，道即人情。但由于规范完全升华到了公的政治中，它与个人的内心世界并不抵触。所以，从反面来看，这种规范实际上失去了从内部为人规定义务的力量。徂徕说的"以我心治我心，譬如狂者自治其狂焉"①，所嘲笑的就是朱子学"本然之性"的理论。②这样，在其他不少的地方改变了徂徕方法的纯粹性而使之模糊起来的太宰春台，在使规范外在化的问题上，则忠实地把他老师的逻辑推到了顶点。他说："大凡圣人之道，绝不论人心之善恶。圣人之教，由外而入内之术。身之所行，守先王之礼，处事用先王之义，外具君子之容仪者，君子也。不问其内心如何。"③又说："不管内心如何，外守礼仪不犯者，君子也。"④因此，"论圣人之道，心中虽起恶念，倘能守礼法不养其恶念，身不行不善者，君子也。非以心中起恶念为罪。……如，见美女而心爱其色，人情也。然任此情，犯礼法，妄戏他人之妇者，小人也。……是非之如何，定于戏与不戏之上，不咎情之起处"⑤。至此，儒学规范与人的内心世界已不再具有任何关系。内心的东西与外部的东西被彻底地分离，这似乎使规范变得容易尊奉，但实际上则是弱化了规范的约束力，像后面会看到的那样，它导致了内心自然性的万能。

　　徂徕学所导入的主体制作思想对封建社会政治机能的影响可分成两方面：一是，它能够作为变革封建社会、建立新秩序的逻辑武器；二是，它从封建社会关系及其观念纽带（五伦、五常）中剥夺了实质性的妥当根据，使之形骸化。前者是它的积极作用，后者则无疑是它的消极作用。既然这样，那么，在德川后半期的思想史

---

① 《辨名》上。
② 有关徂徕学中的规范与人性、公与私的分离的问题，详见第一章。
③ 《圣学问答》。
④ 同上。
⑤ 《辨道书》。

中，徂徕学在现实中所发挥的作用是哪一方面呢？大体上可以断定为后者。从上述《万国丛话》中所说的"人作说"而言，制作秩序观所具有的积极意义，如同介绍"人作说"本身一样，主要是维新以后的事。徂徕没有料到，他呼唤出的"魔鬼"不管幸与不幸，都不是从外部打倒封建统治的力量，而完全是侵入了它的胎内，从内部不断地腐蚀它。这一具体过程，后面将逐渐叙述。在此，先就"制作"逻辑的发展何以有这一经过谈一下。答案就在近世封建制发展的社会特质本身之中。

前面我们已经知道，元禄时代对封建制的动摇，起源于改铸货币这一划时代的商业资本乃至高利贷资本的急剧抬头。令白石忧虑的是"天下之上下，不乏财用，唯武家财用不足"①。徂徕也不得不警告说："放任流通，财用之权必落商人之手。"②最终迫使吉宗进行"享保改革"的恰恰就是这种形势。但是，这种商业资本最终只能限于商业资本，它作为变革封建社会的力量，有其历史的局限性。当时占主导地位的生产，当然是农业。工业还没有摆脱农村家庭工业或同业行会的手工业乃至批发商式的手工业的阶段。不受前期商业资本生产过程的支配，反而使之从属于自己的纯粹产业资本，在整个德川时代，基本上都没有得到足够的发展。因锁国而带来的与海外市场的隔绝，导致缺少对这种生产方法进行变革的社会条件。储藏兼出售粮食的栈房商人、金融业者、替旗本和仆人领取禄米的商人等，这些大商人确实掌握着武士阶级的经济命脉。一方面，他们依靠对武士阶级的借贷，获取高利；与此同时，另一方

---

① 《庶政建议》。
② 《答问书》中。

面，他们以商业资本家（米商、运输业等等）的资格，通过商品流通，侵蚀封建所有制形态。但是，他们是从既存的生产方法中进行收取，而没有从外部接触到生产方法。限于此，他们根本上只不过是依存于封建统治者的寄生虫。面对赖账、御用金的征收、豁免债务令等统治层这些合法或非法手段的攻势，他们只能进行经济上的防卫（如停贷）。但就连这一点，在通过权力拆毁这种最后的手段面前，他们也只能完全沉默。另外，商品经济向农村的浸润，确实导致了农民阶层的分化。但是，这也受到了吸收离开土地的劳动力的资本家生产尚未成熟这一条件的制约。对农村所产生的精神作用，产生的商人承包新田这种形式的中间榨取层，都只能使农民的生活更加悲惨。要而言之，一方面，封建统治体系因商业高利贷资本的侵蚀，在经济上衰弱了；因都市的捣毁暴乱［享保十八年（1733）首次发生在江户］和农村起义［享保九年（1724），越后质地骚动；享保十一年（1726），美作起义；享保十四年（1729），岩代暴动；元文元年（1736），越后起义；等等，从享保年间开始，起义次数激增］，在政治上也走向解体的过程。但另一方面，代表新的生产方式的势力，在整个德川时代，并没有充分成熟。正因如此，具有了把制作逻辑的发展方向导入上述那种轨道中的历史根据。这样，以"享保中兴"为界，在进入到下降期的封建社会中，微弱的反对派思想动向，由于此时缺少把徂徕学推进到现代"人作说"的力量，所以也只好把它委任给封建权力。它选择了利用所与为制度赋予基础所产生的这种颓废性结果。换言之，封建社会秩序（乃至其观念纽带）因成了"制作"的产物，由此就必然在一些形式上要以异化的"自然"作为自己的根据地，以试图对这种秩序乃至观念上的纽带进行思想上的对抗。① 在安藤昌益和本居宣长两位思想家那里，我们能够看到这种动向的最典型表现。这两人中的一人站在农村的立场上，另一人则站在都市的立场上，他们分别用不同的方法，来解决徂徕学所提出的课题。下面，我们先讨论前者，接着讨论后者。

二

安藤昌益这个名字受到思想史家们的注意，是相当晚近的事。他一生驰骋全国，同志和门生好像遍布各地，但他的思想由于其特异性，因而没有轰轰烈烈地普及。死后不久，学统也戛然中断。他的主要著作《自然真营道》的手写本，落到了狩野亨吉博士的手中，但直到博士介绍之前②，都石沉大海，完全被人遗忘。因此，可以说他是一位不幸的思想家。即使现在，有关他的生平，只知道

---

① 不能把这一立场同欧洲兴盛时期作为市民阶级理论武器的启蒙自然法混为一谈。只要启蒙自然法以"社会契约论"为其理论核心，那么，按照我们的分类，就属于"制作"思想的系列。在这种意义上，经院的自然法与启蒙的自然法恰恰产生了截然相反的结论。有关这一点，请参阅田中耕太郎的《世界法的理论》第一卷，第119—120页。

② 狩野亨吉：《安藤昌益》，岩波世界思潮。狩野博士手中的《自然真营道》稿本，共九十二册，后为东大图书馆所藏。不久，在关东大地震中，大部分被烧毁。现只存十五册。安藤昌益的著作，现在流行的其他刊本还有《自然真营道》三卷及《统道真传》五卷。前者为《日本哲学全书》第九卷所收。本章的撰写，笔者直接参阅的原典，是属于东大图书馆的稿本《自然真营道》十二册和刊本《自然真营道》。其他的资料，是根据渡边大涛氏的《安藤昌益和自然真营道》一书。渡边大涛氏浏览了昌益的大部分著作并做了详细的介绍。另外，将昌益特有的汉文体都改为日语体。

他生于秋田，后在奥州八户以医为业，主要活动期是在宝历年间，除此之外，一概不详。尽管这样，我们之所以仍要讨论这位孤立的人物，无疑是因为他的思想，在整个德川时代，大概是彻底地批判、否定封建社会秩序以及其他诸观念形态的唯一的社会思想。不仅如此，他的批判也恰恰是在"自然"与"制作"这一问题的对立发展中被构筑起来的。从这种意义上说，他的思想是本章中心系列中不可缺少的一环。因此，以下的讨论，也完全立足于这一系列来集中叙述他的思想体系。

昌益的思想体系，尤其是他作为基础的自然哲学，显得极为广泛而详细。但是，像任何真挚的思想家一样，他庞大的体系，最终也要在对于社会现实深深的时代关怀中得到证明。即便看上去是抽象性的形而上学思索，实际上全都具有最终导向社会政治的阶梯的意义。他晚了一代，在更深化的状态中，他目睹了徂徕先直面到的封建社会的混乱和矛盾。只是，当他与徂徕观察同一对象的时候，视点却迥然不同。徂徕是在江户而且是从向吉宗将军进言的立场来看待封建社会危机的。与此不同，昌益居于东北之僻壤，一生不仕，完全是在农民中，来观察同一危机状况的。那么，映现在昌益思想中的是什么呢？他目睹的是在封建社会中，一切社会矛盾都朝向农民寻求解决，层层堆积在农民肩上的现象。即使在吉宗统治之下，为了充实幕府财政而努力做的工作，也是向农民重课贡租、严厉催缴。即使向大名课收"上米"，只要各藩和幕府一样，有经济上的苦恼，那么，势必都会纷纷转嫁到其所统治的农民肩上。但是，苦于封建贡租的农民，也喘息于商品经济的浸润之中。抵押土地流放的事情接连发生［享保六年（1721）抵押土地流放禁令］，加上饥馑灾害［享保六年、七年（1721、1722），特别是享保十七年（1732）〕，被逼得走投无路的农民，在绝望之中举行了起义。对此，作为冷酷回应的却是享保六年（1721）二月的《村民须知》①、享保十九年（1734）八月的《给地方官的告示书》②、宽保元年（1741）的《对庄头江集体强行上诉后，惩罚徒党逃散百姓之事》等相继颁布的法令。③ 被讴歌为名君的八代将军的"享保中兴"，为农民带来的全都是这些东西。甚至，即使到了九代将军家重的时代，事态也没有发生任何改善，不如说更加恶化。像实际上所证明的那样，全国各地的起义和捣毁暴乱，比起从前来，更是急剧增加。④ 于是，对应于此的法令也愈加严酷〔宽延三年（1750）⑤、宝历十二年（1762）强化监管的规定⑥〕。而且，饥馑仍然不断地折磨着农民。特别是在昌益的故乡奥羽地区，宽延二年（1749）、宝历五年（1755）和七年（1757），饥馑频繁发生。从关东到东北一带，弃婴风行，也是在这个时期。⑦ 这样，从近世初期到享保年

---

① 第二条曰："不管何事，严禁类似聚众、饮神水结誓约、同心结党之行为。"（《德川理财会要》卷二十四，《日本经济大典》第五十四卷，第201页）
② "幕府直辖地地方官之处，若有恶党之事，人数可入报告，相伺江户，彼是可及迟迟之节，少少之事，直向近边大名申达，可召集，可差出相应人数，万石以上之领主亦可申达。"（高柳、石井编：《法规宽宝集成》，第701页）
③ 参阅《德川禁令考后聚》第二轶，司法部版，第149页。
④ 参见黑正严的《百姓起义的研究》第258—263页的图表。
⑤ 参阅高柳、石井编：《法规宝历集成》，第355页。
⑥ 这一条受到关注，是因为农民"在领主、庄头邸前，聚众、集体强行上诉"，按新的监管规定，不论是非曲直如何，要一律处罚。
⑦ 《仙台藩芦东山上书》载："直到五六年以前，百姓生育孩子，一夫一妇，生男女五六个或七八个。近年来多无以为继，又因世上奢华，一两人之外，不多生育。且不待出生，父母径残害之。"这是宝历四年（1754）的事。（《日本经济大典》第十一卷，第477页）

间徐徐上升的人口数，不仅停止增加，而且开始绝对地减少。相对于享保十一年（1726）的人口指数一百而言，延享元年（1744）是九十八点五一，宝历六年（1756）是九十八点一六，宝历十二年（1762）是九十七点二五。① 这才是占了全国人口百分之八十以上的农民生活状况恶化的明显表现。昌益用悲痛的眼神，凝视着农民生活的恶化。他认为，农民是任何人一日离开就不能生存的五谷的生产者。然而，农民生活穷困到不得不暗暗地葬送掉自己所生的孩子，其故何在呢？这不就是因为存在着另一些自己不从事劳动（昌益所说的"直耕"②）却收取农民的劳动果实的不耕贪食之徒吗？这种人首数武士。昌益说："士者，武士也。君下立武士，贪众人直耕之谷产。若有抗之者，则以武士势众而捕缚之。是盗自然之天下，故恐人责于己。"即使世间没有武士，农民依然是农民（"农以农为农"）。农民都以自己的劳动建立自己的生活基础，子子孙孙持续着永久平稳的生活。但是，相反的情形会怎样呢？很明显，没有了农民，依存于其贡租的武士立即就会穷困。如果这样，对于武士来说，农民无疑就是"养己之父"。然而，武士不仅不以把自己的父亲踩在脚下为耻，而且竟打着"仁政"的旗号，以民众的恩人自居。昌益说："贪取民之直耕，施之于民，犹可云之仁乎？是妄恶也。少税敛施于民，可谓仁于民乎？是逆贼也。"而且更令人吃惊的是，平素号称济世助人的儒者和宗教家，竟没人指摘这一明显的矛盾。这根本上是因为，他们这些儒者和宗教家自身，同武士

---

① 据本庄荣治郎的《日本社会经济史》，第 494—495 页。
② 直耕：人人直接从事农业耕作，劳而得食，没有掠夺，共同生活。——中译者注

一样，都是不耕贪食者。更深入地考察一下，在他们所主张的教理中，不是本来就包含着承认不耕贪食的因素吗？昌益带着这一疑问，去研究以往儒、佛、老庄、神道的思想，他看到，尽管这些思想在内容上形形色色，但以从事劳动的被治者与寄食于劳动的治者这种关系，换言之，就是在以孟子所说的"治于人者食人，治人者食于人"这一原则为大前提这点上，它们根本上则是相通的。过去数百年间，在这些教理的洪水中被孕育出来的世人，不知不觉中就把这一前提视为理所当然而不加质疑，其结果是即便发现了上述那种明显的颠倒现象，也未必意识到其矛盾性。这样说来，问题的由来就更为深远。这种教理被维持了数百年以上，也就是说现在所看到的颠倒关系数百年以前就有了。但是，既然它最终就是颠倒的，那么，在人类历史中，不管何时，也不管何人，一定会有常态转变为变态，也就是万人边躬耕边生活的这种人类的本来状态（"自然之世"），转换为了夺取他人直耕、使他人从属于自己的状态（"法世"）。这种从"自然之世"到"法世"的历史转换，是由谁完成的呢？只能是圣人。圣人不就是至今绵绵不断运行着的上下统治关系的最初制作者吗？昌益说："天地一体，万人为一人，自然天地之人，无君臣贵贱之别。君者，圣人出，盗天下，立私法，后有之名也。"又说："五伦者，君臣、父子、夫妇、兄弟、朋友，是圣人立教门之私作也。""士、农、工、商，是圣人所立四民也。"果然如此，那么，"立圣王，奢之始，万恶之本也"。现在各种社会之罪恶的最终责任，都应该归咎于圣人。昌益说："自伏羲至孔子，称圣者十一人，皆失自然之真道，欲盗天下国家，致兵乱之世。"又说："人皆生于自然，圣人不出，治乱之名无以闻，亦无欲心。悲哉！圣人之徒，不知自然，而立私法也。"这样，昌益就在被徂徕

213

设置为一切价值根源的圣人制作那里,看到了一切堕落的根源。因此,对他来说,问题的解决方法只有一个,那就是回到圣人制作之前的"自然之世"中。但是,由于千百年以来,人们就在"法世"的统治之下,所以从根本上改变完全遗忘了自然状态的世人的一般意识就成了前提:洗涤至今仍盘踞在世人意识中的从圣人之道以至上述种种的教理,并要证明它们最终具有夺取众人直耕、为"盗人辩解"的机能。这样,昌益通过对以往教理内容意识形态性的批判,亲自把他自己的哲学推到了前面。昌益说:"上自伏羲、神农、黄帝、尧、舜、禹、汤、文、武、周公……世世之圣贤学者,释迦……日本之圣德太子,下及世世学者道春(指林罗山——笔者)以至徂徕,皆不躬耕而盗取众人直耕之转道(天道),贪食众人之余粒,而不知互性具足之妙道。"从这里出发,当昌益使他自己的"互性具足"的哲学同过去的一切思想对决的时候,在他所否定的意识形态系列中,处于最终阶段的恰恰就是徂徕学。①

这样,如果说昌益的课题是打破"不耕贪食"的意识形态,那么,不难理解,构成他哲学思索一贯动机的,就是"直耕"。通过排除"圣人"的制作,昌益所看到的"自然",就是"直耕"这一事实。这样,依据对直耕意义的深入思考,昌益就建立起了一并扬弃徂徕学的主体制作立场与朱子学的自然立场的独特逻辑。那么,所谓"直耕"是什么呢?不言而喻,就是亲自劳动,耕种田地。人

---

① 另外,在同卷(《私法世物语》)的其他地方,昌益也揶揄道:"做百舌,学程子;做云雀之鸣,学朱子;做鷦鷯之鸣,学徂徕;做鹑之鸣,学唐、宋、明诗文学。大凡诗文之学,皆做鸟之鸣以为处也。"由此可知,昌益对徂徕学也有不少关注。

依靠自己的劳动，生产维持自己生命的粮食。因此，直耕使人成为人。人是直耕的存在。人是在劳动中存在的。离开劳动行为，所谓的人格实体，实际上就不存在了。而且，这还不限于人。说起来，宇宙自然不也是"自感"（独自劳动）而产生万物吗？这无疑是天地的直耕。① 天地的运行，没有开始，无始无终，不息轮回。这样，通过"自然进退"而化生万物，这一过程本身就是天地真正的形象。果然如此的话，真正的自然的存在，就只是自己运动（昌益用"活真自行"一语来表达）。所谓在自己运动的背后，构成了运动根源的人格或非人格的实体，只不过是抽象思维的产物。但是，以往的思想大致上就是从一些这种根源性的实体出发的。所谓天命、太极、阴阳五行等，就是如此。这些思想就是不耕贪食者的意识形态的明证。原因是，不耕贪食正是离开了"劳动"行为的静止的人的存在形态。因此，不从具体的活动来理解万物，而是在其内部设定抽象的、固定的实体，这种思考方法，恰恰就是与这种存在形态相对应的思维方式。例如，对于太极图，昌益批评说："里无一物，于圆中立天地之异，附上下尊卑之位。己立众之上，施私法于天下，此乃私心，失道之根源也。"又说："天地无始无终，无上无下，无贵无贱，非有先后。夫唯自然也。然为利于己，盗之，失之，附天地以先后。以太极为先，以天地之二为后。自太极之空理而阐发，实大谬也。无始无终之自然，唯以自然禀之。附之以天地

---

① 昌益写道天地必"转定"。这是基于天是运而转之物、地是海水干而定之物，由此而对天地所做出的一种独特解释。他把文字看成是圣人"盗转真（天真——笔者）之妙道"而私自做出的。由于强调文字的意识形态性，他特意使用了假借字（书写日语词汇时，借用与原意无关而读法相同的汉字的写法。——中译者注），这里一律改用通用的日语文字。

之位，失之始也，大乱之本也。"此外，对于阴阳五行，昌益也批评说："五行乃自然，非能分，非能添，全是一行，五行一神气也。以如此非能私自然之五行，唯崇火为上，无一列同体之四行。以利己之才智，唯附君相于火。于万万人自然而然一般之中，以无上、无下、无二之世人，立君臣、父子、夫妇、兄弟、朋友之五伦，立士、农、工、商之四民，是何事哉！以君相立于己和众人之上，不耕而安衣安食。欲为众敬之，乃以日火为君火，以地之火为相火，以阳仪为天之高贵，以阴仪为地之卑贱，定上下以为之法，而立君相于上。"这不单是儒学的思想，与之相反认为道即自然的老子，也把自然从具体的活动中分离出来并加以固定化。对此，昌益批评说："人、地、天道，乃自然进退之一气也，（老子）别之，为此言（"道法自然"的说法——笔者）。"又说："老子曰：'有物先天地生'，不知自然之证也。天地非有先后。……又曰：'名可名，非常名。……无名天地之始。'于无始无终之天地言始，不知天地自然之证也。"在佛教中，昌益也看到了同样的思维方法："临济曰：'月影落水底，因风碎为万波'，岂有天上之月痛哉！夫业落地狱，虽受无量之责，成佛岂有心之痛哉！此失也，不知自然之失也。离影何有月哉！去月无影。故影体一真也。"如此，很明显，在昌益的批评方法中，不是弥漫着一种共通的逻辑即机能主义的逻辑吗？这样，为了从"直耕"的立场同"不耕贪食"进行斗争，在哲学上就势必表现为机能概念同实体概念的斗争。而承担这一中心任务的是"互性"原则。

所谓"互性"，就是指存在于事物之间的相关性。如果在"活真自行"这种自己运动中来把握万物，那么，一切固定的绝对的对立，当然也就被相对化。自然一气，进则生，退则死。去生无死，

第二章 日本近世政治思想中的"自然"与"制作"——作为制度观的对立

去死无生,"有死故生,有生故死"。生中包含着死,死中包含着生。因此,生死是"互性"的象征,"故生死者,乃互性之名,活真之妙体也"。这样,天地、男女、善恶、是非、上下、治乱等对立,都与生死相同,具有"互性"。昌益说:"天地无始无终,乃一体也。去天则无地,去地则无天。"又说:"男之性为女;女之性为男也。男女互性,活真人也。""去男心,则无女心;去女心,则无男心。男常思女,女常慕男,自然进退之一气使然也。"(从这里,昌益引出了一夫一妇论)"去恶无善,去善无恶。……若以左手为善,右手为恶。然则,断右手,唯用左手,致用难……若以昼明为善,以夜为恶。可有去夜而唯昼乎?"等等,这种对立,既是对立的,同时又是统一的,所以,混同之即误。同样,抽象地进行分离和固定,也是片面的——"偏惑","心非可以杂而为一,亦不能决为二心;身心不二别,亦不能混为一"。"善恶不别为二,又绝非一物。不以是非为二事,亦不昧为一事。"然而,把物从具体的作用中分离出来加以理解的既往思想,必然陷入"偏惑"之中,"大凡古圣、释、老庄、圣德太子,万卷书言,悉唯言明心、明德、明知,不知互性之备"。其结果,就是"自然真道之本体、直耕之妙序,无以显,而埋没之。妄立日月、男女、君民、佛众、上下、尊卑、善恶等一切二别之教门。因其为二,盗取一真气之真道,迷惑天下"。这样,"互性的妙道"就与直耕的"自然世"相对应,而"二别的教门"则对应于不耕贪食的"法世"。人类社会从"自然世"到"法世"的转变,最终是因丧失互性原则,具体的统一变为"分别知"这种抽象的对立引起的。例如,本来"天地一体,无上无下,统为互性"。但是,圣人出,分离天地,以天为高贵,以地为卑贱,并加以固定化。自此以后,君臣上下的秩序就确立了(请

217

想一下朱子学的自然秩序思想）。此外，说到男女，分离"二人为一人"的存在，用阴阳定差别，从此以后，就失去了一夫一妇的自然状态，儒学承认一夫多妻，而佛教则劝说独身。还有，所谓治天下，这也是"圣人出，立于上，乱起后"而治之所生，在"自然之中，无乱无治，唯有直耕、安衣安食"。这样，昌益在《自然真营道》第二十五卷"自然之世论"中，精细地讲述了他的理想社会，而这完全是在对与圣人制作相关的抽象"二别"加以否定的形式上描绘出来的。现摘要如下：

> 中平地之人伦（平地的住民——笔者），十谷盛耕出；山里之人伦，取薪材，出之平土；海滨之人伦，取诸鱼，出之平土。薪材、十谷、诸鱼易之，而山里薪材十谷诸鱼食之家作之。海滨之人作家谷、食菜鱼。平土之人相同而平土无过余，山里亦无少不足，海滨无过不足。彼无富，此无贪；此无上，彼无下。……无上，则无责取下之奢欲；无下，则无谄上之巧。故无恨争，故无出乱事也。无上，则无立法以罚下之刑；无下则无犯上之法、受上刑之患。……无五常、五伦、四民等利己之教，则无圣贤、愚不肖之隔，亦无士以意外之刑加诸下民之头上。……若无孝、不孝之教，则无谄父母、恶亲杀亲者。若无慈、不慈之法教，则无慈爱溺子之父，亦无恶子之父母。……是乃自然五行之自为，而天下以一为一，全无二别。各自耕耘，育子，壮而能耕，养亲育子。若一人为之，则万万人为之。若无贪取者，则亦无被贪取者。无天地人伦之别。天地生，人伦耕，此外无一点私事。是自然之世也。

这是一个基于万人平等直耕的物物交换的社会。也就是说，它是一种从徂徕的理想社会中排除了统治者武士的理论形态。而且，对昌益来说，它绝非虚构的梦想。它是"法世"出现以前哪里都存在过的社会，是在虾夷地（日本明治以前对北海道、千岛群岛、库页岛等地的总称——中译者注）和荷兰现在还存在着的社会。① 这样，昌益从"予生日本，知圣、释之失，明自然，此亦归自然世之证也"出发，期待着日本"自然世"的到来。江户开幕一百五十年之后，在出生于奥羽偏僻之地的一个思想家那里，日本近世封建社会首次听到了虽然微弱，但其内容在整个德川时代都具有无与伦比彻底性的敌对之声。从近世初期的朱子学乃至朱子学的思维来说，封建等级制本身是"古今存于天地之间"的自然秩序。然而，在徂徕学那里，则是以圣人的制作来为它赋予根据，至此，自然秩序就疏离于封建社会之外了。安藤昌益正是以这种疏离于其外的"自然"来否定作为圣人之"制作"的封建社会。在徂徕和春台那里，圣人出现以前的状态是"只如畜类"之世。圣人制作礼乐制度之后，才成为人伦制之世。但是，在昌益那里，"人生于不偏之通气，故平等直耕，无大小上下等二品，乃自然也。自圣人出，乃有大小之序，大食小，全同禽兽虫鱼。人伦之世化为禽兽之世，圣人之罪也"。因此，从自然到制作的发展，恰恰就是从人类到禽兽的堕落。这样，通过对

---

① 他屡次到长崎接触荷兰人及其文化，颇为钦佩。他的思想在多大程度上受到了兰学（江户中期以后，用荷兰语研究西洋学术的学问。——中译者注）的影响，是一个饶有趣味的问题，待来日考究。荷兰的"自然世"，被昌益描述如下，"荷兰国，自始至今，无兵乱战争。直耕，工艺自然巧，能造船具。周游万国，多半以交换诸物有无为业，以是为其国之具也。故农业之道，乃万国人自然具足之妙道，天下大本，不待他人教之者也"。

朱子学自然的否定，产生了徂徕学的制作，更进一步，通过对徂徕学制作的否定，到达了昌益的自然。说起来，昌益无疑是通过对他所处的社会环境的痛苦凝视，得出了他的政治结论。但是，形成这一结论的逻辑过程，在他之前的思想发展中，不是已经有所准备了吗？

然而，昌益这一封建社会的彻底敌对者，在他作为制作逻辑价值的单纯否定者而出现的时候，其反封建性也有了不可克服的局限性。不管昌益如何从观念上否定封建社会，期待"自然世"的到来，但在他与一切"人作说"相对立的理论中，却看不出把"法世"转换为"自然世"的主体性契机。从昌益的理论来看，即使有"直耕"这种"自然世"的逻辑，却没有带来自然世的逻辑。他不讨论打倒"法世"复归"自然世"的问题，详细论述的则是虽在"法世"但却具有与"自然世"相同效果的方法。昌益从"我不言兵"出发，选择了和平主义。他的理论的实现，即使期望于百年之后，也绝不是一时性的策略，而是深深扎根于他的思维方法之中的态度。这一点，清清楚楚地告诉我们，昌益对"自然世"的描写——尽管注目的是荷兰，却是同具有与其说是封建社会以后，毋宁说是封建社会以前的许多社会特征这一事实结合在一起的；它还清楚地告诉我们这位激进的思想家所处的社会历史条件如何。昌益的这种局限，在我们将要讨论的本居宣长的思想那里，形式虽异，但却更为明显。

三

本节的问题，当然不是全面地阐明本居宣长作为近世国学运动的完成者在思想史上所扮演的角色。他作为近世主导性思潮儒学的敌对者而出现的思想意义，乃至由此而产生的国学同作为近世儒学

第二章　日本近世政治思想中的"自然"与"制作"——作为制度观的对立

最后阶段的徂徕学所具有的种种结构性联系问题，在第一章已有所讨论，此不详述。在此，我们所面临的主要问题依然是，通过国学同现实社会政治秩序的接触面，换言之，即通过国学的思维结构，来看一看它是如何认识封建社会的。

毫不夸张地说，在国学的复杂结构中，有关现实社会政治的思想，是最为薄弱的一环。在国学主要限于歌学领域的初期阶段，这一点自不待言。就是在渐渐自觉到"古道"这种思想立场的真渊和宣长那里，把所处的现实社会政治环境作为直接的对象加以考察，这在他们的庞大著作当中，几乎也微乎其微。关于此，宣长的《玉匣》《秘本玉匣》虽然最为重要，但从中也看不出宣长在其他方面的业绩中所显示出来的丰富的独创性和透彻的批判力。这里的一些见解，大体上并没有超出当时常识政治论的水准。这一点同深深规定了国学本质的非政治性密切关联。真渊对儒者论辩治国平天下嘲笑说："稍有为学之人，即言教人、经国。"① 宣长反复强调理论与实践的严格区别："凡在下者，不论贤愚，时时行上之法令，即有古道之意。学者唯以明道为其职，非在我行道也。"② 太平的《古学要》载："皇国别于汉国，学问之事，非政事之要。世之治乱，不关学问之事。"这种思考方法始终都是国学运动的潜流。③ 这样，正

---

① 《国意考》。
② 《初山文》。
③ 尤其是，另一方面，宣长说："此道（指神之道——笔者）犹如世中之外无用之物。唯自古而来，不可废也。然以此道治天下、治国，先务要道之人，吾梦中亦未见闻。岂非怪之极哉？"(《玉胜间》十四）但是，这里的问题与其说是这种学问的内容，不如说是做学问的态度。这也不是国学家在意识上的态度。从内部规定他们精神倾向的，是所谓政治无意识（unpolitisch）。何故具有这种倾向，后面就会明白。

是国学的这种非政治性格，使其尊皇思想最后同幕府政治相融合，并成了抑制向完全相反的意识形态转化的因素。有关封建统治关系，我们从国学主要思想家那里听到的全都是对现存秩序的无条件肯定甚至礼赞。真渊的《国意考》热烈赞美在"任之天地，安详坦然"中实现臻治的日本上古。可是，这样的"古道"，因"自中古始，国人多依唐所为而施治"——也就是儒学制度的浸润①，而看不到了。对此痛惜不已的真渊，把德川氏的政治统治看作"犹如以神之镇护，重现盛世"②，并认为，"大将军公所治理行政之世，天云所向至极。虽蟾蜍所渡之地，无不溥被，未有亲疏之别。……祚命绵延，犹如磐石，直至此世之长命。犹如松竹，万代不枯，茂盛常青。各御家极广极远，悉皆守护，幸福安康"③。宣长也说："当今之治世，首在遵天照大御神之圣意，依朝廷之任，从东照神之命，接连相继。大将军家代代布行天下之政，分置郡国，各委之诸侯行治……此乃神之祖命（指家康——笔者）所定。代代大将军家之法，即天照大御神所定之法。"④通过这种解释，封建的等级制被正统化了。安永（1772—1780）、天明（1781—1788）时期，水涝、干旱、饥馑，到处是令人不忍目睹的悲惨情景。起义、捣毁事件在全国范围内接连发生，其规模前所未有。在这种情势面前，宣长还吟咏道："有幸生逢太平世，安乐无忧复何求。"⑤"东照神之

---

① 《贺茂翁家集》卷三。
② 同上。
③ 《贺茂翁家集》卷四。
④ 《玉匣》。
⑤ 《玉鉾百首》。

命，国泰民安，统治万世永存。"① 这并不奇怪。就连在古学中产生的积极的神学者（并且这一学统中明治维新志士辈出）平田笃胤那里，也把天皇—幕府—大名这种委任关系作为"无穷"的政治形态。② 他是极端现实主义的现存秩序的彻底肯定论者，"太宰（指太宰春台——笔者）云以圣人之道治，今宜云全依东照宫之武德而安国"③ 因此，如果原封不动地来理解表面上所表现出的这种政治性思维，那么可以说，国学始终都没有越出封建社会雷池一步。但是，如果这样，国学思想的革新意义，就完全被限制到了纯学问的领域之中，对于本章所说的社会政治观察方法推移这种观点，不是丝毫没有提示出任何新的方向吗？并非如此。也许是一种反论，正是由于国学本质的性质是非政治性的，换言之，正是由于其对封建社会的肯定是从非政治立场做出的，所以，它反而能够具有一种政治上的意义。抑制国学变革意识形态化的非政治性，同时也把其保守的机能相对化了。以下主要依据国学思维最典型的表现者宣长的理论结构，来进一步阐明其意义。④

国学本来发源于上古文学的文献研究。它要在这里发现不夹杂后世任何理智反省和伦理强制的人的心情的本真形态，并很快产生了对自由展现乐见于人的自然性情的上古生活的热烈憧憬。因此，国学首先表现为对对抗一切人类"制作"的老庄之"自

---

① 《玉鉾百首》。
② 《玉榉》卷九。
③ 《伊吹于吕志》下。
④ 我认为，宣长是国学的思想史使命的彻底完成者。在笃胤那里，方法论上虽迈出了新的方向，但在某种意义上，又回到了儒学。这是一个复杂的问题，这里无暇详细讨论，暂作为前提而论。

223

然"观念的提倡。真渊以下的话最典型地表现了这一点,他说:"人心所作,毕竟变化多事。观彼处智者所作(指中国圣人制作的道——笔者),合乎天地之心乎?故其道不能奉世也。唯老子所说人法天地之自然,方合天下之道。"① 把儒学规范归于圣人制作的徂徕的思维,作为否定的契机加入进来,其原因就在于此。前面我们已经看到从徂徕到春台的把儒学规范外在化、形式化的过程。国学者恰恰是利用了规范对人性的疏远,宣告了人的内在心情世界的不可侵犯性。这样,被疏远的规范,正像宣长所说的"儒者责后世法律背先王之道,岂不知先王之道亦古之法律也"这句话所显示的那样②,它所意味的不单是私的伦理,实际上与徂徕一样,也意味着公的政治制度。因此,如果积极地推进这种内在的自然对外在规范的反抗,那么,它就必然走向对封建身份制自身的否定。这也就是安藤昌益自然主义的归宿。不,大体上被提升为一种理念的自然主义,不管是昌益,是老子,还是卢梭,在某种意义上,他们都是把对自己所处的社会制约的否定作为政治归宿。然而,独有国学的"自然主义",却没有走这条路。这不仅是因为国学要使自己的逻辑特别注意回避对时世的阿谀奉承,而且因为其自然主义最终是以和歌精神(歌之心)为核心的,这种和歌精神要求最终接近"动者,人之真心也"这种人类性情的本来状态。③ 总体来说,"自然"立场作为一种"主义",在它从现实所与中浮出来的瞬间,它相对于人的内在心情而言,就成了新

---

① 《国意考》。
② 《直毗灵》。
③ 这无疑是国学非政治态度的心理基础。详见第一章第四节。

的迫切的"应该",于是,流动的心情就再次服从于固定的限制。在此,心情的纯粹流露也就不存在了。明确意识到这一点的是宣长。所以,他与真渊一样,相应地也承认老庄的自然主义,如他说:"老庄自然似神道者多矣,厌人自作聪明,故尊自然。其自然之物,于此于彼,大抵同也。"① 但他马上一转,又说:"然若道本厌自作聪明,故立自然之道,其自然非真之自然也。若任之自然,自作聪明之世,顺其自作聪明之情,即有真之自然。厌恶自作聪明,强返之,正背自然也。"② 这样,相对于人的制作,使内心的自然性占据优越地位,而且,为了避免"自然"观念本身绝对化,它就只有把提供根据的超人类的绝对的人格,放在内心自然本身的背后。作为神的制作的自然,这就是宣长寻求到的立场。照宣长的说法,不受规范的约束,遵从"天生的真心","平安快乐渡世",日本上古的这种国民生活,本身就是神之道。但是,作为神之道,它的根据是皇祖神的创始。宣长说:"寻任何之道,非天地自然之道(《注记》曰:善别之,不可与汉国老庄所见混为一谈),亦非人所作之道。此道乃依于可畏之高御产巢日神之神灵,由神祖伊邪那岐大神、伊邪那美大神开其始,由天照大御神所承传之道。"③ 但是,到了后代,这种"真心"为"汉意"所蔽,神之道亦因"圣人等以己之私智,造设"种种规范,所以其纯粹的发现当然也被阻碍了。即使在其变迁中,"随时代之移,世中之事、人心,亦随之皆变。虽多言之为自然,然此皆神之所为,实

---

① 《葛花》下。
② 同上。
③ 《直毗灵》。

非自然之事"①。只是，这种堕落直接来源于祸津日神②这一恶神的制作。但即便是恶神，神最终仍是神。它也同样根源于高皇产灵神和神皇产灵神这两种神的"灵魂"，所以对其所为，人完全无能为力。然而，"欲依古道，上之政，下之行，皆强如上古而复之，逆神之当初之圣意，难合返道之旨。既如此，今世之国政，从今世之模样，不背今上之法，不废现有之形式，守成而行，诚道之旨趣，是乃遵上古之神而治之"③。这样，就连通过毕生研究而阐明的古道，宣长也不允许它作为"应该"而对现实产生作用。这仍然是因为，对人的精神的自然活动施加强制，同"神自身"的生活态度相矛盾。结果，把一切历史的所与作为所与，率直地加以肯定，就是以"丰盈而雅"的"和歌之旨趣"为本质的这种国学精神的必然归宿，它的思想根底就是对神的制作的绝对皈依。宣长这样说："世中之善恶，皆在神意"，"以卑微之人力，岂可对抗神之所为乎？"④。在此，国学对于幕藩体制所持态度的内中秘密，昭然若揭。封建等级制，被他们视为历史性现实的所与，因此依然同神的制作相关。它被肯定，是因为"时时之法，亦神之时时之命"，"如斯不背时之法令，乃神之诚道"⑤。封建社会果真能在这种承认上安然寝卧吗？不能。这是因为，这在否定反抗现存秩序的同时，它的绝对性保证也被拒绝。"当今之世，畏当今之法"，但是，一旦时代变化，新的统治形态则必须作为此时的

---

① 《玉匣》。
② 祸津日神：降祸之神的名字。——中译者注
③ 《玉匣》。
④ 《玉鉾百首》。
⑤ 同上。

"神之命"而加以承认。重要的是"神之行为"本身，而不是神所为的内容。作为内容的封建制，在它被肯定的同时也被否定。宣长的这一辩证法难道不就是徂徕的主体制作本身吗？不同于人的制作规范而提倡自然，由此出发的国学，因要防止"自然"本身的规范化而使之依据于神的制作，其结果，它又必须把主体制作的逻辑归宿重又当作自然的东西。请看一下吧！尽管宣长使用一切词汇来严格区别"神初开之道"与"圣人造设之道"，无论事实如何使两者在内容上不同，但这都无法掩盖他的神同徂徕的圣人在体系中所处之地位的类似性。两者均是世上一切文物制度的最终根据[①]，都是超越普遍伦理价值判断的绝对人格。正像徂徕把以"理"推圣人视为亵渎一样，宣长也认为，"不当以理论神，唯宜畏神威祀而已"[②]。这样，神乃至圣人所具有的意义，在两人那里，最终都是排除一切理念的优位，并使之从属于人格。[③] 只是必须注意的是，在建立这种思维结构的动机上，宣长和徂徕两人恰恰相反。徂徕主体制作的逻辑，一开始就是出于辅助封建社会的目的，可以说本来就具有公的、政治的特征。因此，它彻头彻尾是从政治统治的观点提出的主张。然而，对于宣长来说，接受国学

---

① 在宣长那里，制度的直接制作者是现实的政治统治者。但是，这种统治者最终都是作为神的傀儡而行动的。参照《秘本玉匣》中有关"显事"和"幽事"的说明。

② 《直毗灵》。

③ 这种人格的优越地位，后来就成了有可能使笃胤把基督教创造神观念引入古神道的思想根据。笃胤以明确的逻辑说："原无始之神，由其固然生天地万物。其主宰犹开国之主，犹国之君主。"(《本教外编》上)请注意这与上述笛卡尔给梅森的信中所说的具有惊人的共通性。

的传统，内在的心情（"真心""物哀"）的世界才是首先要关心的事，作为贯穿这种纯粹性结果而构成的逻辑，就是所谓"神之行为"的结构。因此，其逻辑即使是以社会政治为对象，它也常常是在意识到自己私的、个人的立场的同时，主要从服从于政治的观点来立论的。毕竟，宣长思想中的主体制作逻辑，无疑是处在善恶的彼岸，从被统治的地位仰观"尽心"统治的徂徕这种绝对主义的内侧。上面我们叙述了制作的逻辑赋予了所与制度以基础，而其产生的效果，则是把制度的内在价值空虚化了。然而，宣长通过把非政治的内心的自然作为自己的立足点，将一切制度都打上了"括弧"，结果就公开展现出了其特有的风采。在他说"今世畏今世之命"，主张服从封建统治关系的时候，这种统治关系并不是基于什么"天地自然之理"这种实质性的价值从而被肯定，而只是因为"一切在下者，不管善恶，从上之法令而行，即是古道之意"①。秩序的妥当性纯粹来自形式的实定性，同其内在的价值——真理乃至正义性——完全无关。霍布斯的这种实证主义在"不管善恶"这一状语中得到了确切的表现。这绝非漫不经心的用语，完全是有意识的，因为通过宣长在《玉匣》中提出相同主张时所说的"在下者，不管是善是恶，唯依上之旨趣"，可以证明这一点确信无疑。徂徕作为无意识结果而疏远的规范价值，在与徂徕相反的宣长那里，已经开始清楚地进入到了视野之内。国学的非政治性乐观主义，在颂扬"东照神命，安国定邦，万世不已"和当世的时候，实际上，通过其思维结构，"制作"的逻辑已经默默地逐渐开始发酵。

---

① 《初山踏》。

第六节　幕末的发展与停滞

近世后半期的社会、政治形势及其思想界 — 种种制度变革论 — "制作"立场的理论局限 — 维新后两种制度观的对立

一

"如果说愿望是思想之父，那么，利益就可以说是理念之母。但是，另一方面，利益不像普通的母亲那样，止步于让女儿成长、独当一面以至可以自己经营自己的生活。在利益利用理念的瞬间，它反过来又委身于理念。理念是按照自身固有的法则发展的。在某种情况下，甚至与自己所应服务的利益背道而驰。"[①]

可以说，徂徕学导入的"主体制作"理念所经历的命运，恰恰就像这里所说的那样。它本来应该是在巩固封建社会的基础上构筑起来的逻辑。然而，在最典型地对此有所继承的安藤昌益和本居宣长这两位思想家那里，我们所看到的结果，一个是明确否定封建社会，另一个是对其进行了消极的肯定。但不管是何者，在此，所谓封建社会同天地共存而不变、与人性一同永远持续的思想根据，都已经失去。作为绝对价值的"自然"，从封建等级制中走了出来，或是奔赴政治乌托邦世界，或是封闭到人的内心深处。而且，同弱化封建社会观念的这种倾向相照应，威胁其安定性的现实要因也在渐渐地增长。宝历（1751—1763）、明和（1764—1771）、安永

---

① G. 拉德布鲁赫:《社会主义文化学说》，第二版，1927 年，第 8—9 页。

(1772—1780)、天明（1781—1788）年间，起义和捣毁事件，数量激增，这一点，无须重述。到了天明六、七年（1786/87），全国起义的次数，每年有十五次。天明七年（1787）的所谓"天明捣毁"，从大阪开始。几乎与此同时，起义遍布京都、奈良、伏见、堺、山田、甲府、骏河、广岛、长崎、石卷等全国各地。尤其是江户的起义，其激烈程度被认为是"江户开发以来未曾有过的天变地异"①。宣长说："如我等之卑贱者，承奉言国政之情，惶恐之至。"与这一立场相应，他在回答纪州侯垂询的《秘本玉匣》中说："百姓町人，大批徒党，集体强行上告，乃昔治平之世完全闻所未闻也。至近世后，一些年来仍极少。然这两年来到处都有，毫不稀罕。"他断言："盖此事之起，皆非下之过，实由上之过而起也。"宣长认为，根本原因是贡租过重。这种暴敛，最终因阻碍了劳动力的再生产，"将会造成幕藩的大损失"。宣长做出这种警告，恰恰就在这一年。而且，封建权力不只是受到"自下"而来的威胁。此时，它又身感"来自外部"势力的逼迫。这种威胁眼下是来自北方。俄国的绝对性王政，在国内商业资本的支援下，其势力迅速地推进到了西伯利亚平原。早在庆安（1648—1651）之时，就到达了黑龙江；元禄（1688—1703）年间，占领堪察加半岛，并把触角逐渐延伸到桦太、千岛群岛和北海道。如果追寻一下克罗诺罗吉卡尔之后的过程，元文（1736—1740）三、四年（1738/39），斯帕贝格等测量我国本土沿岸，停泊虾夷港。明和八年（1771），俄罗斯船漂至阿波。安永七年（1778），毛皮商人一行，要求登上国后岛通商。天明六年（1786），俄罗斯船来到虾夷。这一年，幕府下令北部边境，严

---

① 参见辻善之助：《田沼时代》，第157页。

加防备。但是，到了宽政四年（1792），俄罗斯卡塔琳娜二世的使节拉克斯曼（Adam Kifilovich Laksman）抵达松前，正式向我国要求建立友好关系。过去仅留下长崎这一个小小的通孔，对国际社会严加封闭的日本岛国，至此，终于听到了门外欧洲"资本"强大力量的叩击声。面对国内外这种形势，封建权力当然要一心一意致力于强化政治统治。幕府严禁起义和逃亡的规定，是在宝历十二年（1762）以后的明和四年、六年、七年、八年（1767、1769、1770、1771），安永六年（1777），天明三年（1783）和八年（1788）这一时期集中发布的。[①] 与此同时，从这前后，幕府敏锐的警戒目光投向了反对派思想的成长。在这一点上，值得注意的是尊皇论最初触碰到封建权力忌讳的事件，即竹内式部、藤井右门、山县大贰等人被捕的所谓"宝历明和之变"。客观来看，与其说这是成熟的反幕运动，不如说是幕府因神经过敏而夸大其事。结果，它就被看成幕末勤皇运动的滥觞。而且，竹内式部亲自记下了在京都被所司代[②]审讯的经过。根据所记[③]，对于讯问"今之天下，危机四伏之天下哉？"，竹内式部勇敢地答辩道："诚然危机四伏之世也。讲读之际，须慎重。然今当决断。既问及心迹，自不能陈虚伪之言辞。统言之，天下诚危也。"为此，"侍者众人，暂无之词，公事官吏，人人皆失色，不知所措"。从这里可以推知，危机感已普遍浸润。另外，有关同一追究的情况，竹内式部还叙述说："今被寻问私议朝廷之衰微、诽谤武家之繁昌。虽内心确如斯，然未尝出于口。"单从这里所说来看，当时的客观形势仍然处在一种极端萌芽的状态

---

① 参见黑正严：《百姓起义研究》，第340页以下。
② 所司代：日本江户时代，警卫京都并管理政务的官职。——中译者注
③ 《追纠记事》，据《星野恒、竹内式部君事迹考》附录所载。

下。但是，不难看透，一部分尊皇论者的政治自觉，以及随之而来的他们的良心在外部的行动与内部的确信之间所逐渐加深的鸿沟，无疑令他们苦恼不已。更有甚者，到了山县大贰，姑且不论其实践力量的大小，至少在《柳子新论》中所表现出的尊皇论，已带有前所未有的激烈批判色彩。《柳子新论》开卷称赞说，王朝时代，礼乐隆盛，文化璀璨。接着，山县大贰感叹说："至保平（指"保元平治"——笔者）之后，朝政衰微，寿治（指"寿永文治"——笔者）之乱，遂移东夷，万机之事一切武断。"其《正名》第一亦说："先王之礼乐蔑焉扫地。"进一步，他痛论道："政移关东，鄙人奋其威，陪臣专其权。尔来五百有余年，人唯知尚武，不知尚文。不知尚文之弊，礼乐并坏，士不胜其鄙俗。尚武之弊，唯用刑罚，民不胜其苛刻。"①最终，他断言说："我国东方之政，寿治之后，吾无取也。"②这里的论旨，离否定德川幕府只有一步之遥。而且，在此应特别注意的是，尽管在学统上大贰近于朱子学，但横亘在其时代批判根底上的思维方法，实际上同徂徕学具有惊人的一致性。在大贰那里，人的自然状态是"人生而裸者，人之性也。无贵无贱，蠢蠢唯食求之，唯欲遂之，与禽兽无异"③。在人类的这种洪荒之世中，"俊杰者"出，"教之以稼穑，教之以纺织，利用厚生，无所不至"④。这样，使人心归服之后，待至确立起五伦及士农工商的秩序，自然状态就结束了。"因制其礼而分差等，因命其职而立官制，因作其服而成衣

---

① 《文武第五》。
② 《利害第十二》。
③ 《人文第三》。
④ 同上。

冠。作之者谓之圣。"① 因此，社会的这种等级，是"非天性之所分，待其制作"始得以产生。这依然是徂徕的秩序制作论。这样，大贰解释日本开国的历史说："我国为东方之国，神皇肇基，缉熙穆穆，力作利用厚生之道。明明德光被四表者，千有余年。立衣冠之制，设礼乐之教，如有周召，如有伊傅。民到于今无不被其化。"② 这无疑就是社会发生论的具体运用。这样，在大贰那里，当代社会的颓废和困境，其根源恰恰在于皇祖制作的礼乐崩坏，而新的制度却又制作不出来。大贰说："今之从政者，不能自出其谋，不能自发其虑，率由旧章，不问可与不可，辄曰：唯奉行古传耳！唯奉行古传耳！"③ 这里所说的"古传"是指什么呢？大贰说："禹、汤，古之圣人也；夏、殷，古之圣世也。犹且一切因之，有所不可行。损益择其可，然后有制作可观者。况今之世，承战乱之后，距制作之时千余年，世非其世，国非其国。礼不可因，法岂可袭哉！然则，其所谓古传者，唯是割据之遗俗，戎蛮之余风。"④ 在此，可以再看看徂徕的说法："今之世，大抵各有其规定。不知道理之人，以为有制度一般。然今世之法令者，莫不为世之风俗，自然而出。……诚云其制度，无曾有之。"⑤ 这种无制度的原因何在呢？徂徕说："当世大乱之后，以武威治天下，时代距上古遥远相隔。故难立制度。况大乱之后，制度皆亡失。世代之风俗未改，依然如故。"⑥ 据此，

---

① 《人文第三》。
② 《正名第一》。
③ 《大体第四》。
④ 同上。
⑤ 《政谈》卷二。
⑥ 同上。

大贰和徂徕两者思维方法的类似性，不是很清楚吗？[1] 现在的为政者，"率由旧章"，"不能自出其谋，不能自发其虑"，换言之，就是常常从既有的已被作为前提的规范秩序中来获取自己的行为准则，而缺乏对秩序的自由推动。在大贰对此慨叹不已的时候，主体制作的本来面目，不是就活生生地被展现出来了吗？制作的逻辑，无论在昌益那里，还是在宣长那里，都是从否定性价值——换言之，即都是从内在于此的颓废一面来发挥作用的。但是，到了大贰，就与徂徕一样表现为积极的意义，并把明显的政治能动性放在思想的基调上。但是，其政治性已不再是为了德川幕府，实际上它已成为批判幕府的东西。与徂徕一样，大贰从现实社会矛盾的最终解决上去要求建立制度。而且，在制度的内容上，他也注重身份贵贱的差别，抑制商业资本，奖励定居，设立户籍，等等，这些几乎都原原本本地承袭了徂徕。（就此而论，大贰的批判，并不像昌益那样直接对准了封建社会结构本身。）但是，在他的眼里，应该制作制度的最高主体，已不再是德川将军，而是暗中摸索到了西边京都的皇室。在此，我们能够看到"制作"逻辑的目的明显变质的一例。明和四年（1767）八月，式部被流放到八丈岛，大贰被判死刑，右门被关进监狱。

在伴随着社会政治动摇而对思想统治的强化中，一个具有划时代意义的事件是"宽政异学之禁"。它虽然是为维持林家"正学"而直接下达的命令，但幕府的这一政策，自然也波及了诸藩，因为朱子学以外的学者，不允许进入仕途，所以实质上也具有一般思想统御的意义。这一点，不再重述。这样，这一禁令的直接原因，是

---

[1] 《柳子新论》所论述的与徂徕学具有共通性之处甚多，在此就不一一列举了。

古学派出现所引起的学派之间的空前论争以及所带来的思想混乱。这一点,从松平定信对柴野栗山、赖春水、西山拙斋等人的看法中也能看得很清楚。①不管如何,至此,朱子学——因仁斋学、徂徕学、折中学等学派的出现,就连在儒学内部已无昔日威严的宋学——想强行使之复活,这一点意味深长。朱子学是通过内在于自身的乐观主义的思维方法②,而与前述的封建勃兴期乃至安定期相对应的思想体系。因此,在封建社会经历急剧动摇的元禄、享保之际,朱子学就显露出了它的非现实性,并把主导权让给了在实践上更强有力的徂徕学。然而,因徂徕学自身所带有的危机意识,所以,从统治的角度来说,它只具有极为有限的使用价值。封建权力从整体上看仍然站在牢固的地盘上,在它还把现实矛盾作为矛盾直率加以承认这一限度内,这种没有假借的认识的现实主义,其讨论中的"非此即彼"的彻底性才会受到欢迎。但是,当社会动荡十分剧烈,统治层绞尽脑汁一味去掩盖和缝补它的时候,徂徕学的特征就变得难以忍受。更何况上述徂徕学的动机和实际效果是背道而驰的——其思维方法所内含的逆反性渐渐开始被注意到。③这样,本来具有静态结构的朱子学,不是因其对社会的适应性,而是因其意识形态的机能,才被关注民心安定的封建统治者选中而重新登场。宣长说:"治国之人所求之学问,治世以宋学。虽有所殊,然可用。近世古文辞家之学问,如不用,应不致大错。"④这就指出了相对于

---

① 参见《日本儒林丛书》第三册《史传书简部》所收的《宽政异学禁意见书》。
② 有关朱子学思维方法的特性,请参阅本书第一章第二节。
③ 这种主观动机与客观效果之间的矛盾,是危机性思想中所具有的共通倾向。这一点,回想一下马基雅维利和霍布斯,就可明白。
④ 《玉匣》。

朱子学而言徂徕学所具有的剧毒性，并且有向"治国之人"提出警告之意。但是，就连宣长也一定会受到西山拙斋的抨击："宣长屡屡著书，讪谤周孔之儒道，其所谈夹杂本朝古圣王之事，隐然煽动人心，甚可憎也。"① 在此，异学之禁的背景和社会氛围如何，也就不难推测了。

如果从与本章主题的直接联系上来看待异学之禁，那么，它是强制复兴自然秩序的一种尝试，即试图用强力把早已失去作为自然法第一义的正当性的封建社会规范，再次作为自然法使之通行起来。即使以往，在制作秩序观勃兴的时候，站在传统立场上的学者，也绝不是袖手旁观者。在此，我们没有必要一一引证汗牛充栋、非同寻常的反徂徕学文献。其中自然有完全误解性的谩骂，但大部分应看作对自然秩序思想的"正当防卫"。例如，高泉溟在《时学针蓺》[延享四年（1747）刊行]中说："《乐记》曰：作者谓之圣，述者谓之明。是有明圣之德而后必谓述作也，非谓述作而后称明德也。"另外，石川麟洲在《辨道解蔽》[宝历五年（1755）刊行]中也说："圣者，称其德也，非以言制作也。……《白虎通》所谓作八卦，作《易》，言神农氏及黄帝、尧舜氏之作，文皆俱作，明皆圣人也。似可证物子（徂徕——笔者）之言也。然是以其能作知圣，非待作之后而命圣之名也。"高泉和石川的说法，都排斥了徂徕作为终极实在的圣人概念，相对于人格更强调理念的优先地位。此外，平瑜在《非物氏》[天明三年（1783）刊行]的开头就断定说："物茂卿曰：先王之道，先王所造也，非天地自然之道。瑜谓：茂卿此言，率天下之人贼道也。……如是，上下交相求安于

---

① 吉田东伍：《维新史八讲与德川政教考》，第277—278页。

利,国危矣。"更说:"茂卿以道为人智所造作。又遂以所得为德,是以德为外物也。"正像这里所指出的徂徕学的颓废性效果——规范的外在化那样,反徂徕的学者都触及了"自然"和"制作"两种秩序的根本对立面。本来,围绕着徂徕学的登场在思想界引起的激烈论争,观点五花八门,特别是因折中学派的出现,问题更加复杂化。但本质上最根本性的焦点,正如三浦淳夫所说的那样:"宋儒所谓天地自然欤,徂徕所谓先王制作欤。言天地自然之时,虽说其人亦多有卓见,我谓是宋儒之徒。言先王制作之道时,我谓是徂徕之徒。"① 在这种对立中,异学之禁的企图只能是通过以公权来支持"宋儒所谓天地自然",来为享保以来思想界的多元分裂下定论,从而恢复久已失去的封建社会的统一观念。由此,自然秩序观果真重新获得了往昔的普遍性吗?对此我们不作详论,首先来看看下面的一段话:"道者,基于圣人之性所建,非天地之自然。凡衣服、饮食、宫室之类,皆圣人所作。然人皆以为皆由天地自然者,乃圣人善通天地自然之性,故制作也。"这一立场,是接近于"宋儒所谓天地自然"呢,还是"徂徕所谓先王制作"呢?这谁都能看出来。在立论方法上,它同徂徕《答问书》中的一节如出一辙:"种五谷,神农所为也;作宫室、织衣服,黄帝所为也。是又因人性而立也,故今遍满世界,知有天地自然之事。"说这话的是谁呢?他就是异学之禁的直接责任者松平定信。天明八年(1788),他所著的《政语》也深受"先王制作"立场的影响,然而这之后仅仅两年,他就亲自给它打上了异端之烙印。通过历史理性的巧谋,不就可以理解制作观不可抗拒的影响了吗?

---

① 《闲窗自适》。

二

而且，更值得注意的是，到了此时，徂徕曾试图进行的制度根本性"重建"，又得到了新的提倡，这主要是从受兰学影响的学者中间产生出来的。宽政五年（1793），汤浅源藏著《国医论》。在此书中，他认为，现在"国病"的原因，就存在于德川始祖以来没有确立起牢固的制度。他对徂徕提出的改革论不被实施深为惋惜："德庙（八代吉宗——笔者）能懂得国家之大体，时时行节俭之政，能对症下药。虽有以调治国家之急病。然农久衰，工商亦未盛，国病根本未治。物茂卿受命，著《太平策》《政谈》，未施行，未传承。德庙乃中兴之明君，茂卿亦一代之英雄。若此时施行，时虽稍迟，何不可哉？诚可惜矣。"但是，当时已经不再是徂徕提案要求复归原始封建社会的时代。内有商业资本破坏性的侵蚀（描写从宝历到文化年间世相百态的《尘冢谈》曰："武家治人，商人被治。今乃町人治人之世"），外有俄罗斯及英国势力日益加大的威胁［宽政九年（1797），英国军舰来到虾夷；文化元年（1804），俄国使节雷札诺夫带着先前沙皇给拉克斯曼的信牌，来到长崎请求交易，被拒绝；文化三、四年（1806/07），俄罗斯人入侵千岛、桦太；文化九年（1812），英船菲顿号横行长崎港。文政八年（1825），发布所谓"文政击退令"］，封建日本所处的这种困境，是宽保时期所不能比的。这样，从敏锐感知时代的大脑中所产生的制度改革论，其视野全都已经扩大到了世界的范围，因此，其内容或多或少不得不超出封建社会的范围。作为这种尝试的代表，我们容易想起本多利明、佐藤信渊和海保青陵等人的名字。在此，对他们的思想无法一一详述。将他们都视为"制作"逻辑的具体发展者，从这种意义上，我们来简单谈一下他们所提出的制度改革的方向。

首先是本多利明（延享元年—文政四年，1744—1821）。他是继承了关孝和正统的数学家。他说："今天下之宝货，皆集于商家，威权出四民之上。天下之国产凡十六分，其十五为商所聚集，其一为士农所有。"① 又说："士农二民如此艰难困穷，实日本开国以来所未有。今兹不行改革，徒招其灾害。"② 从对时代的这种认识出发，利明断定，日本面临空前社会困境的根本原因，是"出于航海商业交易唯任之商民之过失"③。利明主张，通过确立海运国营制度，整顿地方上"各种商品行情高下不一"的局面，进而靠海外贸易和殖民地发展以求振兴经济。也就是说，利明也在商业资本缺乏统一控制而形成的飞扬跋扈中——换言之，即在"应建立之制度亦未建立"中，发现了时代的弊病。但是，正像从徂徕开始的许多论者那样，"应建立的制作"并不是单纯对商业资本进行抑制，不如说它是以国家来运营其机能为内容的。在这一点上，利明一方面称赞蕃山和徂徕说："计治平以后二百年内，各行多出达识之士，其长于经济者，得世之赏，无外熊泽、荻生二子。"④ 但另一方面，又批评说："然二子之所说……同为用土地出产之物，转相交换，千方百计唯利是求，甚者论及照顾法之好坏。……然用本来有限土地出产之物，达无限增加之万民衣食住之用，犹冀其有余以为策，是难为也。有限土地出产之物亦有限，然年年出生国民之

---

① 《自然治道之辨》。
② 《经世秘策》。
③ 同上。
④ 《经济漫谈》。

增加无限。国民终多于国产，国产少于所增之国民，终难遂其所愿。"①这就是所谓利明的马尔萨斯认识。特别是，利明排除了通过"日本有限的土地来筹划经济"，提出了"涉渡海洋之明法"。他的这一改革论方向，比以往有了什么样的飞跃性发展，由此大概可以得知吧！利明能达到这种认识，得益于他亲自渡海观察虾夷地的体验和通过兰学特别是地理学所获得的世界知识。特别令他吃惊的是英帝国的富强，"大凡世界海洋中，皆有英国之领地"。英国本国原为"孤岛耳，乃极寒之土地，国产贫乏，以一无所取之废岛成如斯大良国"②。其故何在呢？例如北边的"堪察加"，是"从赤道以北五十一度至七十度的大国"③，恰好与英国处在同一纬度上，气候也一样。然而，相对英国无与伦比的富强，它至今仍是一块废地，最近成了莫斯科比亚（指俄罗斯——笔者）的属国。据此来看，最终，"一国之贫富、刚弱，皆在制度之教化，非在土地之优劣"④。不唯英国，一般来说，"天下无敌之国，欧罗巴也。推究何以如此，其故，第一其国经历凡五六千年，尽诸道之善美，推察治道之根本，考究自然与国家富饶之道理，建立制度之故也"⑤。这样，利明把彼方欧洲诸国的强盛同此方日本的穷困进行了对比，并把原因归结为"涉渡海洋"和"劝业开物"制度的有无。没有制度的制作，就出现了"癸卯以后三年凶岁饥馑，奥州一地饿死人口凡二百余万人"这种国内的悲惨情景。同时，也蒙受了这样的国际耻辱，

---

① 《经济漫谈》。
② 《西域传说》。
③ 同上。
④ 同上。
⑤ 《经世秘策》。

即"因日本缺乏开业制度,故政事不及诸岛(指虾夷诸岛——笔者)。政事不能遍行,则不知国君之恩泽。不知国君之恩泽,故臣服莫斯科比亚事速也"①。与之相反,若"建立此制度,如前所言,东洋大日本岛,西洋英格兰岛,诚为天下大世界中两个大富国、大强国也"②。利明对于自己所持立场的逻辑基础并没有做出特别的思考。但是,在建立制度的前后,找出价值的质的转换,他的这种思维方法,仅从他的非自然连续观这一点,就能推测出来。自然秩序并非内在于现时的封建社会,正如他所说的"此制度建立之后(指航海商业交易——笔者),不管何等凶年,无庶民饿死之事。是永久不易之善政,自然治道之制度"那样③,它应是在制度制做出来之后才会到来。

佐藤信渊(明和六年—嘉永三年,1769—1850)令人吃惊的系统而庞大的理想社会构想,也是以国内的困窘和国际威胁的真实体验为出发点的。特别是,信渊接受了"家学"的传统,关注农业荒废问题。尤其是在他多次到日本的东北、中国④等地旅行的时候,所见所闻的农村悲惨的"间引"⑤,这是他尤为痛心不已的。他说:"昔西域一大国,其国王每年杀害三千三百个小儿,取其生胆,制强肾之药,以供驾驭妇人之用。闻此事者皆惊,无不骂其不仁。予始闻之时,亦甚为惊叹。后每每窃思此,此王杀小儿,年年限三千三百,不仁诚不仁哉,然未至太甚。何也?当今之世,唯陆奥、出羽两国(在日本东北——笔者),阴杀赤子婴儿,年年不

---

① 《经世秘策》。
② 《西域传说》。
③ 《自然之道之辨》。
④ 中国:指日本山阳、山阴两道。——中译者注
⑤ 间引:日本江户时代弃婴或掐死初生婴儿。——中译者注

下六七万人，然不闻有惊叹此而骂之者，此非甚可异乎？"① 本来，"皇祖高产巢灵神，造此大世界，命伊奘诺神，修固此天地，凡此皆欲笃爱苍生、蕃息之而为也"②。然而，这种"蕃息"因"间引"而被抑制的事态，是因为受神命、承担着拯救苍生任务的为政者，不知"经济之道"，懈怠于实施"天工开物之法"。所谓"经济"，就是"经营天地之神意，救济世界人类之业"③。所谓"开物"，就是"经营国土，开发物产，富饶境内，蕃息人民之业"④。古代的"先王之道"，根本上也只能是这种经济之道。信渊说："商汤仅为七十里之君，充满货财，非天下雨金谷于商国，唯是伊尹精妙其制度，严肃法律，以行通移开阖之法也。是故精制度，明法律，节财用，以立国基。国基不立，虽广大之领地，必困于财用之不足。"⑤因此，信渊与上述的利明一样，也认为决定一国富强和穷困的条件，与其说是土地的肥瘦或大小这种自然的基础，不如说是在于运用这种自然条件的制度建立得如何。比较一下我国诸藩的情况，这一点就会立即明白。会津领地，"地处偏僻之山，无运送诸物之海河，乃极不自由之地"，然"以制度之密……兴百工之事，国势亦颇强，风俗之质朴，不下海内第一、二流"⑥。反之，像日向延冈领地，尽管土地颇广，气候温暖，水运便利，但是，"自田地至森林、山泽、原野，古来皆任百姓买卖，故至山林诸材及米，领主多不能

---

① 《经济要录》卷十四。
② 《经济要录》卷三。
③ 《经济要录》卷十五。
④ 《经济要录》卷一。
⑤ 《萨藩经纬记》。
⑥ 《经济要录》卷二附录。

随心所用,国君唯取年贡"①。如此,各藩即使有若干差异,但最终像伊尹之法那种根本的制度,至今在任何地方都看不到。观察一下我国的历史,上古虽然也没有这种特别的制度,但那一时代好歹就这样过去了,"本朝虽不承上古以来统括万物之制,然以君上恭俭,风俗质朴,国家自致富实"②。但上古的这种自然秩序,伴随着庄园的产生,早就崩溃了。由此所带来的混乱,因武士的勃兴相应地也得到了控制,但是,"武家唯握天下之政柄,无特别良好之制度,货财渐聚于商民,武家迫于贫穷"③。何况自此以后,时代越往下移,越不允许自然放任,越需要制作大规模的制度(从这一点出发,信渊称颂享保、宽政和天保的三次改革)。这样,根据信渊的观点,要应对历史上未曾有过的现在的内忧外患,仅以各封建领地为单位进行改革是不够的,需要建立起使全日本合成一体的统一的制度。而且,其内容也不能止步于原封不动地复制先王的制度。信渊对时代的认识,显然已经超越了单纯的危机感,他说:"小生亦窃熟察世界之形势,世既迫临浇季,知时运由是可一变之征。"④如他所说,正是因为信渊被已经到来的世界变革的迫切感所驱使,所以他要提示的新的制度,就不能不具有未尝有过的宏大规模和深刻的构想:靠三台⑤、六府和五馆⑥这种全国性的政治组织,把生产、

---

① 《经济要录》卷二附录。
② 《济四海困穷建议》。
③ 同上。
④ 《奉呈松塘芷田君密封奏折》。
⑤ 三台:指太政大臣、左大臣和右大臣。——中译者注
⑥ 六府:同六卫府,指日本平安时代以后的左右近卫府、左右卫门府和左右兵卫府等六个卫府。五馆:学校的附属机构,即广济馆、疗病馆、慈育馆、游儿场和教育所。——中译者注

243

分配和流通的机能全都集中到中央政府，进而使国家成为贫民救济和国民教育的积极承担者。信渊令人吃惊的"垂统法"的内容[①]，在此甚至不能做出简略的叙述。它往往——当否另当别论——被称为"国家社会主义"。同时，信渊自己也不得不承认其空想性，"所谓垂统法，虽为无上之良法，然世界大业之一新，非应合天地之时，不易实行之也"。仅仅据此，就能推测出信渊的"垂统法"，是如何超越其时代的社会现实的。如果说水野越前守的"天保改革"，是为了维持封建制而进行的最后的，也最激进的现实改革，那么，恰好同一时代的信渊对"垂统法"的提倡，则是为德川时代徂徕以来的一连串制度改革论打上句号的最大规模的观念体系。在此应注意的是，信渊思想的哲学基础，多仰仗于平田笃胤的国学。信渊说："谨考神代古典，天地未成之时，有天御中主神、高皇巢灵神和神皇产灵神，三神实乃造化之首。"[②] 这明显是站在神"从无创造"的立场上，"凡有国土，必有物产，因为国土乃产灵大神欲蕃息人类所造也。……人类悉皆产灵大神生育之子，极受其爱。……上天命数万神祇，使陆地生金石、草木、禽兽等，使水中出龟鳖、介贝、海藻等，以使人世富饶，且以此保全性命，以备儿孙滋息之日用"[③]。将神的创造归为以经济来爱护人类。政治上的君主，恰恰是作为创造神在此世中的代理人而处在统括万物的地位上的（上述所谓君主接受神意、有救济苍生的任务，就是这个意思）。这样，构成信渊思想根底的人格的优越地位，就把"如同我之手足般自由

[①] 垂统：语出《孟子·梁惠王》，指把优良的传统传留给后代。——中译者注
[②] 《熔造化育论》上卷。原汉文。
[③] 《经济要录》卷十四。

掌握日本全国"这种绝对主义的特征赋予了理想国家中的最高统治者。使"日本国中"成为"上之随心支配"的徂徕的绝对主义制作，在内容上其实是意欲通过压制商业资本而复归原始封建制。然而，信渊的这一方面已经很明显地与欧洲的绝对主义接近。他说："西洋诸国，定交易为国王之专权，绝不委任下者。因为买卖之利润者极大，诚非其国之高级年贡及杂税所及。是故，我国家之中，当有国家经济之秘诀，辐辏天下货物，其大利悉收归国君。"① 信渊这里所说的话，意义未必明确，但足以暗示他的"垂统"国家同马基雅维利的中央集权国家的类似性（虽然当时的欧洲已经经历了产业革命）。这样，与马基雅维利的绝对主义国家伴随着对外膨胀一样，现在实施"垂统法"的我国，对外背负着要"混同"全世界，使之成为我国的郡县，使"万国之君长"悉皆成为我国臣仆这种宏大的任务。② 信渊的理想国家，无疑是在国内的分裂和国际的重压中挣扎的日本幕末之现实在他脑海里完全被颠倒的反映。

比起利明和信渊的改革方案来，海保青陵（宝历五年—文化十四年，1755—1817）所说的"聚敛"的制度，其目的完全在于救济武士阶级，而且其范围由于被限定在一藩之内，所以规模要小得多。但是，在主张商业国（藩）营这点上，不仅仍然沿着同一方向，而且在从商品交换（买卖）原理中演绎一切社会关系方面也具有不可忽视的特异性。青陵从学于徂徕的弟子宇佐美灊水，最好地继承了徂徕学的现实主义。他虽然大骂儒者为"天下之蠹虫，天下之邪民"，但是，他又说："大凡近来之儒者，唯白石、徂徕乃求真

---

① 《农政本论》。
② 参照《宇内混同秘策》。

而著论之人。与所谓世之儒者(《善中谈》),大异也。"[1]白石和徂徕因经验的、归纳的观察,所以受到了青陵的推崇。青陵的武士救济策,也完全是从直面现实出发的。现代是一个什么样的时代呢?"今无弑父弑君,亦非乱世。然若不买卖,一日亦无法生活。非卑贱金银之世,非讥笑商卖之时。"[2]然而,"大笑以金银为贵之人为商人也,此乃武家一统之风也"[3]。这样说来,武士不做买卖吗?"先大国之大名,年年卖米得钱,从公务,万事备。卖米乃交易也,大国之大名,皆交易中人。以交易之身份,耻笑交易,己即背身份与所行。盖以贫为耻也。"[4]归根结底,武士阶级穷困的原因,在于他们身处商品经济的旋涡之中,却强迫自己对现实闭目塞听。既然身处商品经济之中,通过商品交换获得利润,就是当然之事,不应有任何可耻之感。实际上,无视等价交换原则,"从商人家借钱而不还,实大耻辱也。……借取金钱而不还者,犹如擅取他人之物而不还。擅取人之物而不还,名之云何哉?或闻阿兰陀国王从商,云人物云集,耻笑之。然己既已卖物买物。卖物买物乃世界之理,毫无可耻之处。耻笑世界之理,可惜也。唯擅取人之物,非世界之理,乃天帝之所憎也。既非世界之理,公然为之则耻。然笑世界之常理,不以为耻,人之迷甚矣哉!"[5]。这样,救济武士阶级穷困的方法,最终只能是让他们积极地谋求"兴利",舍此别无他法。"兴

---

[1] 《稽古谈》。
[2] 《善中谈》。
[3] 同上。
[4] 同上。
[5] 《稽古谈》。

利者，以商人之言，即存钱也。"① 按照青陵的观点，依《洪范》所谓水润下、火炎上之理，天地万物之势，有形者，降为下，无形者，升为上。因此，货币如果放任，自然就要落到民间。所以，对统治阶级来说，就需要从下"聚敛"。所谓兴利，说到底就是这种"聚敛"之法。用强力从国民手中"聚敛"，虽然也是一种方法，但此为下策的兴利。武士积极地经营商业买卖，通过商品经济的机构，收取货币，这是一种"上策的兴利"。青陵列举的方法有：依靠奖励家庭副业的"枢密法"（"刑赏法"）、艺州的"津开法"（"设卡抽厘"）和"商品无穷尽法"（"藩专卖制"）等。特别是，他甚至设立了卖爵和赎刑的制度，以求政府的货币储备。要而言之，就是"在不知不觉中搜刮，民完全不能看到，乃为上策"的聚敛方法。② 在此，使人闻到了马基雅维利主义的气味。青陵自己也意识到了这一点，他大胆率直地公开说："治世当然奢侈也，奢侈必定民巧也。民巧，在上而取下不出也，在下而上取不予也。况今之常乃争利之世，云王道、王道，徒劳无益也。"③ 又说："王道之中无胜负、无敌我。如有胜负、有敌我，是霸道也。故今之世，必须善成霸道也。……纵吾规规矩矩，喜王道，世若皆趋霸道，亦无可奈何也。"④ 不言而喻，这种想法追究到底，同青陵的危机意识相关。文化年间（1804—1817），当人人都在享受家齐将军散漫政治中表面的太平时，青陵却深切地警告说："泰平之世，人人皆及时行乐，

---

① 《稽古谈》。
② 同上。
③ 《养心谈》。
④ 同上。

247

心存苟安一时……不顾来日，法纪崩坏，犹以为来日方长，更改之甚难，几于不能。谓宜率由旧章，无勇气更新……姑息成癖，怯懦怕事，此泰平世之情状也。一味因循姑息，此亦拖延，彼亦拖延。拖延之中，遂致大病。故今必决意生刚毅之心，以果断为主，卷起裤脚，涉渡深水，克服困难，方克有济于世。"青陵排斥"法纪崩坏，犹以为来日方长"，"率由旧章，无勇气更新"的态度，主张有必要以决意"涉渡深水"的精神准备，着手进行改革。在此，主体制作的志向也显露了出来。不管如何，青陵把"买卖"这种商品交换的逻辑，置于社会关系根基上的意义，极其深远。他从"居天地之间者皆商品（产生利润的价值——笔者）"①，视买卖为"世界之理"的立场出发，结论当然就是"自上至下，若皆买卖，则皆为商人"②。因此，他就一定也会把封建的君臣关系视为纯粹劳动力的买卖关系："自古始，云君臣乃市道也。君为臣封采邑，臣为君卖力而得米，君买臣，臣卖于君，买卖也。买卖善哉，勿恶买卖者。"③这当然是他的自然归结，他要为现实的主从关系赋予一种合理的理论。然而，曾经是人类自然而然的、先天的秩序的君臣关系，现在明显也被看成是基于当事者的自由意志的结合。我们再次想起了滕尼斯。他说："本来，作为商人的个人……当他在国际或国内的市场交易中相对峙的时候，利益社会的本质，可以说就像特写或凹面镜所呈现的那样表现了出来。"④

---

① 《稽古谈》。
② 《善中谈》。
③ 《稽古谈》。
④ 参见滕尼斯的《社团与社会》，第八版，第52—53页。

三

　　如此，近世封建社会内部腐蚀过程的进行与对外危机的加剧，在思想界，就产生了上述各种各样的制度改革主张。这些内容虽然已经不能再单纯地局限在封建的范畴之中，但另一方面，不可否认的是，无论哪一种改革主张，都没有丝毫触及封建主从统治关系本身的变革。在对封建社会的认识中显示出一定现代性的海保青陵，最终所提出的也只是武士阶级"聚敛"庶民金钱的"计策"。即使"自上而下皆商人"这种命题，它也仍然限于大名以大名的身份、最下级武士以最下级武士的身份，营造与商人相同的机能，丝毫也没有要求使大名成为商人。相反，在此，却包含着愚民的观念，如他说："民皆大愚者也。"① "民不知何而孝，何而忠，宜也。民唯从上之令，不从则刑之，是万年而安矣；从上之令而赏，是亦万年而安矣。"② 另外，即使提出确立贸易、殖民、奖励工业等明显同封建自给自足经济相抵触的主张的本多利明③，其制作制度的主体依

---

① 《海保仪平书》。
② 同上。
③ 利明自身也充分意识到了自己思想的"危险"性，对发表之事，非常谨慎和小心。在《经世秘策》前篇的末尾，有这样的话："上之秘策，皆据当时之风俗，推溯其根本，明白评论善恶邪正。倘以之为诽谤政务，诚惶诚恐。或有罔识触忌之处，亦以恭敬尊奉为主。抑或有微言大义，然未敢冒越分之罪，尽所欲言。"另，在《西域故事》的序文中，他也说："乃循理是理，非是非，针砭而言。或闻之，以为诽谤，以为恶口。诚如是，当遁下谋上之科。自往即以此为戒惧。"《长器论》也说："以上所陈，乃当今日本之情形。倘若据实记载，闻之似非难制度。虽心存疑惧，然亦无回避。乃记其重大之事。严禁示他人。"因此，利明尽量避免他的著作公开化，只供少数人阅读，这使他避免了林子平的命运。

然是武士阶级，最终是把"严立四民之阶级，退散游民，世中静谧"作为其根本的意图。与青陵和利明相比，佐藤信渊所谋求的制度，正因为时代更靠后，所以确实更具有激进性的内容。他说："周唐之制，乃分民为士、农、工、商四科，以此而治之者也。吾详考此，以此四民之制，于政事有不周之处，诸产业无以尽其精粹。……故宜施行事天之政，大凡百姓之所营为，聚其事相似、相近者，分世界之诸产业为八科，即草、树、矿、匠、贾、佣、舟、渔之八民是也。如斯，区别万民为八业，分配于六府，以严禁从事他业为法。"① 从信渊的说法来看，很明显，是有意把六府、八民的垂统组织同以往的士农工商身份秩序对立起来。信渊否定藩的独立性，具有强烈的中央集权的色彩，这一点在前面已经叙述过了。但是，即是在这一方面，也要使大名的封地原封不动地存在下去，占六府统治地位的最终依然是以往的武士阶级，庶民充其量也不过只能被"拔擢"。在别的地方，信渊说道，由于现世成为大名的，是凭前世之善行，受到神的宠遇，生而为大名，所以，"无礼于人君，虽暗中人所不知，然神罚必降"②。卿大夫以下"执权柄"之贵官，也各以同样之理，"必恒有呵护之神，冥助其威灵"③ 故"能熟察此天理，勿行无礼蒙受冥罚"，主张尊重现存的等级秩序。其反封建的局限性是很明显的。制约近世末期这一连串制度改革论之变革性的共通特性，就是它们都是要从上开始确立起制度，不承认庶民在此所具有的任何能动性地位。我们如果从与主题相联系的方面再

---

① 《垂统秘录》。
② 《经济要录》卷一。
③ 同上。

追究一下这一点的意义，那么，正是这些思想家各自继承了恢复徂徕学中制度的要求，并明显地丰富了其内容，现代性的东西也混入其中，才造成了这一局面。在这种范围内，它是制作立场的具体发展。但同时，在他们那里，又几乎完全见不到制作立场自身及其理论上的发展。徂徕学的"制作"理论的局限——制作的主体被限定为圣人或德川将军这种特定的人格——也是他们的局限。不，这种局限，顽固地缠附在我们一直追寻的徂徕学以后所有的"制作"的立场中。换言之，在这里，完全没有进展到"人作说"（社会契约论）的契机。正因为如此，在他们之中，即使在沿着最进步方向前进的利明和信渊那里，制度改革的推进力，也首先是求之于以往的统治层。其困难性一旦被意识到，最终就不得不陷入一味期待"盖世的英主"（信渊）或"天下之英雄"（利明）这种空想性中。这样，"制作"的逻辑在质上的推进，当然还有其在量上的普及，都被限定在了一定的范围之内。总之，只要制作的资格还同特定的地位结合在一起，那么，主体对于秩序的能动性，就不会给予大多数的人。其结果，对于大多数人而言，现实的社会政治秩序，实际上只能是命运的安排。因此，仍旧残留着自然秩序观的正当的现实地盘。这种制作逻辑停滞的社会原因，在于产业资本很不成熟。这一点，上面已有所触及。在此，稍微进入内部，再看一看两者的相互关系。历来在表象上同自然秩序观最常联系在一起的经济活动是农业。它深深依赖于自然条件，人类主体自由活动的余地受到很大的限制。例如，三轮执斋在《正享问答》中说："或问曰：《王制》云三年耕，一年有余物，今之日本，何未闻之也？宜何为之？答曰：此法非由人作所定也，天道之自然也。……是皆依天地之自然，非用人作。诸事任凭天道，已不劳而事治也。"正如他所说，农业往往是自然秩序观的堡垒。①反之，工业生产本来是同人类主体制作的现象结合在一起的。工厂制手工业社会的勃兴，同时也伴随着对作为"制造工具之动物"（B. 富兰克林语）的人的自觉。因此，当农业仍旧是占社会主导地位的生产形式时，换言之，当工业生产物还没有成为社会中大量的生活用品，并仍局限于特殊趣味性工艺品阶段时，对人的"制作"价值的认识，自然也不得不低下。例如，文政、天保之际的《知命记》一书（中村成昌著）载："观汉土、西洋诸番，各专机械之心，尽奇巧，器物百技，匪夷所思。观此，异国人殊以智虑，其心拙也。极智力思量，造无益之器物，制丧心失志之杂技，皆是机心所致，尤可卑也。"这种对"器物百技"的排斥，是与同一书中所表现出的典型自然秩序观——特别是对一夫多妻制的拥护——完全相对应的。书中这样说："父者，天也；母者，地也。天施地生。夫天日一，月星随，受其辉光。君一，众臣

---

① 这一点，二宫尊德（他是以农村及领地经济振兴策而闻名的"报德"之教的倡导者）自成一类的"制作"思想，值得注意。他说："能辨别天理与人道之人少矣。夫人有身则有欲，天理也，犹如田地生草。堤崩、渠埋、桥朽，此则天理也。然人道，以制私欲为道，以除田地之草为道，以筑堤、疏渠、架桥为道。如此，天理、人道殊异之物。故天理万古不变，人道一旦疏怠，立失之。"（《二宫翁夜话》卷一）据此，尊德已经有了明确区别规范与自然的方法。他又说："人道譬如烹调菜肴，历代圣主、贤臣，备菜、调味。然有欲破其成法者。故立政，立教，定刑法，制礼法。始以纷繁，人道渐立。若视其为天理自然之道，大误也。宜善察之。"（同上）按照这里所说，尊德竭力主张"制作"的不可或缺性。这就是他的勤劳主义的逻辑基础，"天下之事姑且不论。人人当权衡自家，慎审法度，此其主干也"。单从尊德这种立场原有的私的经济的狭隘性来看，并不能直接进入我们的考察之列，但日本幕末濒临荒废的农业，使尊德关心起人类主体制作的评价，这一点意味深长。

随，受其命令。夫一，妻妾随，当其御者，天地之正理也。即是，阴阳和合而万物成；君臣和合，政道行；夫妇和合，子孙育，家道成也。泰西之人虽穷理详密，然暗于天道，不知推象外之理……竟重女轻男，严一夫一妇之制，至于绝继子，岂有此理！"我们可以把这里的说法同本多利明以下的说法比较一下："使本国成丰饶富国之根本，在立其制，以出奇器，以广名产，此事甚明也！""天下万国虽广大，然无如欧罗巴诸国，人巧神工，奇器、名产如云。何以然哉？有劝业制度之故也。"[①]通过比较，两者在制度观上的对立同他们对工业生产的完全不同评价之关系，一目了然。而且，就是在利明那里，工业生产物也只是作为"奇器"而被认识的。当时的日本，仍然还没有把工业制品变成日常普通的生活用品。换言之，可以推测，当时的日本，在自身之内，使"器物"在任何人眼中都为"有益"的这种产业机构，还不成熟。与此同时，在这里，阻碍"制作"逻辑顺利发展而潜藏的历史秘密也不会被看错。

特别是，这里还存在着使"制作"逻辑停滞，甚至可以说是存在允许自然秩序思想复活的现实条件。这无非就是要求国内一致面对外国势力的威胁。我们已经知道，由于国际危机而使日本封建社会的矛盾进一步激化，所以就产生了主张种种制度改革的契机。或多或少接受了洋学洗礼的思想家采取的立场是，如果内部的社会矛盾不解决，那么最终就不可能排除来自外部的威胁，他们以此种想法为出发点。由于这种认识的决定性的高涨，是在幕府即将倒台之前，所以迄今为止，不如说许多人反而都是赞同这一思考方向的，即以无条件地承认国内秩序作为对抗"夷狄"的思想武器。尤其

[①]《经济放言》。

是，随着欧洲市民社会结构被直观地感知，像"夷蛮戎狄……虽说世人皆为友，然混同君臣、父子、夫妇、兄弟，概目以为友，实类恶俗。兰学之徒，唯妄信其言"①这种对平等思想浸润的恐怖，在统治层武士阶级中逐渐加重。如："原来戎狄，士、商无差别。有官位者，与诸国渡海交易。夫戎狄无丝毫义、耻之心，风习只专一利润之事而已。故日本与之交往，正为士与商人之差别。士以义、耻为第一，故成万国之贵国。上之情形，日本可贵无之，不可与彼等同流。"②正如所说，把封建的等级制看成是日本固有之道并加以维护，就导出了面对外敌保护日本的攘夷论。而且另一方面，作为国内统一精神支柱而急速抬头的尊皇论，因与这种意义上的攘夷论相结合，所以封建秩序，比起变革不如说首先又成了需要重新认识的意识形态。典型地表现出这种倾向的是后期水户学。例如，其理论代表者会泽安说："天子替天工弘天业。幕府佐天朝统御天下。邦君皆天朝之藩屏，布幕府之政令于其国。是臣民者，从其邦国之命，即从幕府政令，即仰仗天朝，报奉天祖之道。其理易简，其道易明。"③又说："今之臣民，蒙天祖、天孙仁泽者之子孙，从幕府、邦君之政令也。千万世间，世故虽有万变，然君臣之大义、父子之至恩，自天地开辟以至于今，无一毫之变，显然著明也。人而为人，则不能离五伦……从神明之大训，畏幕府之号令，守邦君之制法。"④很明显，这种尊皇论同封建等级制没有任何

---

① 《会泽正志·迪彝篇》。
② 《大桥讷庵·嘉永随笔》。
③ 《会泽正志·迪彝篇》。
④ 同上。

矛盾，毋宁说还为它提供了基础。使会泽能为其提供基础的思想根底，恰恰就是他这种近乎纯粹的自然秩序观："人伦有君臣、父子、夫妇、长幼、朋友之五品，乃天道之自然也。"① "君使臣，臣事君，上下各有其义，乃天然之大道，非人所造作。……劳力者养人，治于人；劳心者养于人，治人。通士、农、工、商之功，易事而互相救济，是谓四民。如斯有君有臣，乃天地自然，则君臣之义，一日不可违之。"② 由于把皇室同臣民的关系放在了如封建君臣关系一般的延长线上，所以也就把前者的永远不易性推及到后者——在此就有了这种自然秩序观再生的客观意义。而且，在这种理论意义上的"公武合体论"，绝非水户学及其他国粹学者的专利。佐久间象山说："方今之世，唯和、汉学识，远为不足，非有总括五大洲之大经纶不可。全世界之形势，自哥伦布以穷理之力发现新大陆、哥白尼提出地动之说、牛顿究知重力引力之实理三大发明以来，万般学术皆得其根底，无丝毫虚诞之处，悉皆实理。由是，欧罗巴、弥利坚诸洲，渐改其面目，及到蒸汽船、电磁体、电报机，实夺造化之工，可愕可怖。"③ 但即使是具有这种世界认识的佐久间象山，另一方面也仍然说："贵贱尊卑之等，天地自然、礼之大经也。……尤在皇国，贵贱尊卑之等，殊不得不严，宜鉴察深意。"④ 在此，从日本有着与"外番"相异的"御国体"这种立场出发，反对大名减少随员和穿着粗服。在这种意义上，他的名言"东洋道德，西洋艺

---

① 《会泽正志·迪彝篇》。
② 同上。
③ 安政五年三月六日《致梁川星严书简》。
④ 文久二年九月《上幕府之书》。

术"①，象征性地表现了现代欧洲文化在向封建末期的日本渗透的时候，一定会遇到严重的限制。而且，日益突出的国际关系，最终产生出了毫不留情地吞并了过去为洋学家所承认的微小领域的狂热的攘夷论。这样，在大桥讷庵那里，就连象山的西洋技术说也被拒绝："此常为喜洋学之儒者所唱（倡），闻之如有其理，其实唯妄论也。"②"非西洋之道，罾之为左道。但言及彼之技艺，则大致可信。然譬之若云源头为毒水，支流无毒者，掬而饮之，岂非可笑之至？"③对解剖学，他的评价是："西洋诸戎之医科，以解剖人之内脏为第一之急务，其残忍之俗，不忍睹之。"另外，他还把拍照、电灯看成是煽动民众的幻术。凡此种种，都暴露了大桥对西洋一切东西的激越憎恶之情。其反面，就是对"正士与商人之差别"制度的礼赞，并进而主张绝对的锁国论，这不足为怪。这样，即使在歇斯底里地拥护一切传统所与的基底上，也不折不扣地横亘着自然秩序的逻辑："大凡天下之事物，本来自然宜如斯。不如斯则有不合，故有一定之则。其则乃天赋予，非人所制作。称此为天理，统括之，云为道。"④

但是，历史超越了昌平黉朱子学家的绝望反抗，继续前进。领主对农民、武士对商人、上级武士对下级武士、公家对幕府、幕府对雄藩——所有存在于封建体制之内的诸种对立和矛盾，虽然被尽力地掩盖，但是，到了幕末，它们都集中地爆发了。与此同时，一

---

① 《省侃录》。不言而喻，这里的艺术，大致与"技术"的意义相当。
② 《辟邪小言》。
③ 同上。
④ 同上。

种认识正在逐渐地成为冷静、坦诚的观察者的共同财产,这就是一味地保持传统的统治关系,绝不能把日本从国际的重压中拯救出来。广濑旭庄在安政二年(1855)左右的著作中这样说:

> 今之尤可忧者,异国也。吾阖国之人心,官有官之心,诸侯有诸侯之心,麾下有麾下之心,诸侯之臣有诸侯之臣之心,农有农之心,工商有工商之心。然往时各安其分,相安无事。然所谓亿万之人有亿万之心者,以之不可胜敌。……今也,官不好战,诸侯好战。麾下之士有好战者,有不好战者。上忧财乏,下惜出财。士好凶年,而工商好丰年,农因贫富不同,或好凶年,或好丰年。人心之不同,各如其面,同忧、同乐者极少。如此与异国战,可知其危。方今之急务,乃使人人知异国之大患,一心尽防御之术。①

在此,他客观忠实地描述了封建的身份制是国民一致抵御外患的精神桎梏。具有了这种客观认识,市民社会秩序就不再只是恐怖和厌恶的对象:"往古重农,故有农兵。近顷西洋诸国重商,故自帝王始皆为商,而有商兵。此于时世亦有一理。韩非子所云'利之所在,妇人、女子皆为贲育(孟贲、夏育是春秋战国时代的勇者——笔者)',今之风气也。然为利而舍命,故我邦亦可开商兵。"②

在对"内忧"和"外患"必然联系的这种认识方面,旭庄的友人吉田松阴也采取了相同的立场:"人人皆云海防、海防,然未闻

---

① 《九桂草堂随笔》卷六。
② 《九桂草堂随笔》卷四。

有人言民政、民政。夫外患、内忧若必相因，则海防、民政宜兼举，固也。"① 这样，"攘夷论"就绝不会再是夜郎自大的排外主义。《致杉梅太郎书简》载："若四穷（鳏、寡、孤、独——笔者）实为王政所先，则设善制，愿各得其所。即彼西洋夷狄亦设贫院、病院、幼院，行惠下之道。然以吾仁政日本之国，却无此制，岂非大疵哉？"如他所说，这里体现了对日本现实的直率反省。这种反省态度已经使松阴不能允许人们再安住于封建的统治关系之上："士者无三民之业，处三民之上，处人君之下，奉君意而为民，防灾害祸乱，以财成辅相为职。而今之士者，榨取民之膏血，攘夺君之俸禄，不思其理，实可云天之贼民。"② 因此，从身份的划分中看出日本固有之道的正志斋即讷庵的见解，还有其师象山的见解，都不是松阴所关心的东西。毋宁说，松阴所认识到的是："昔天率土之民，皆以天下为己任，尽死以事天子，不以贵贱尊卑为隔限，是则神州之道也。"③ "国家、夷狄之事，固为君相之职。然生于神州之普天率土之万民，不可不皆以此为职。"④ 这一立场距离福泽谕吉独立自尊的要求只有一步之遥："为了抵御外侮，保卫日本，必须使全国充满自由的风气。人人不分贵贱、上下，都把国家兴亡的责任担在自己肩上。也不分智愚明昧，都应该尽国民应尽的义务。"⑤ 当国民自身对于其构成的秩序还没有达到主体的自觉，单单还是作为必然所与的秩序加以"遵循"的时候，就没法指望他们对外敌有牢

---

① 嘉永六年九月十四日《致杉梅太郎书简》。
② 《武教全书讲录》。
③ 《丙辰幽室文稿》。
④ 《讲孟余话》。
⑤ 《劝学篇》第三篇。

固的防卫。这种自觉的发展，必然使"尊皇攘夷论"把等级制度的形态转化为"一君万民"的形态。安政六年（1860）之际，松阴已经达到了这种彻底的认识："今之幕府，今之诸侯，万万不会勤王攘夷，宜深明之。"①"独立不羁三千年之来大日本，一朝受人羁缚，凡有血性之人，岂忍视之哉？若不奋起拿破仑之勇而高唱自由，是腹闷难医。……今之幕府诸侯，皆是醉人，无扶持之术。唯赖之草莽崛起之人。"②在松阴被处死之后仅仅七年，日本就颁布了"王政复古"③的大号令，明治新秩序带着松阴渴望的实现"自由"的历史使命，从幕末混沌的浓雾中卓然而立。

四

随着明治维新的到来，我们沿路所探寻的主题，也为之一变。版籍奉还④、秩禄处分⑤、废藩置县⑥、发布征兵令、撤销带刀一切舍御免⑦等身份特权、下层身份的解放、职业自由的确立、地税改

---

① 《致野村和作书简》。
② 《致北山安世书简》。
③ 王政复古：指废除武家政治、共和政治，恢复原来的君主政体。日本1868年1月3日断然实行明治维新。——中译者注
④ 版籍奉还：归还领土（"版"）和户籍（"籍"）。特指日本明治二年（1869）各藩主向朝廷归还领土和户籍以促进中央集权。——中译者注
⑤ 秩禄处分：秩禄，即按官级支付俸禄，特指明治维新政府给予士族和华族（有爵位的人及其家属）的家禄和赏典禄。秩禄处分，即秩禄处理。——中译者注
⑥ 废藩置县：日本明治维新时代，废除藩制，设立县制。——中译者注
⑦ 带刀一切舍御免：日本江户时代佩刀的武士对冒犯的平民格杀勿论。——中译者注

革——日本国家体制通过这一连串的变革，以瞬息万变的速度，迈向了现代化。封建的等级制绝非"古今天地之间所有"的自然秩序，这一点，超出了一切论辩，由现实的事态予以证明。在这种形势之下，像怒涛一样滚滚而来的"文明开化"思潮，首先把锋芒指向了旧社会的等级差别："天道造人，未尝因其为大名而生四眼、四手、四足；亦未因其为秽多①，而只生一眼、一手、一足。然人类咸具两眼、两手、两足，不管什么从五位②、权兵卫、八兵卫③，皆为同等也。"④这种自然平等论的勃兴，当然要从"制作"秩序观中开道："又有人类这一物种。所谓贵贱、贫富、门第、地位之类，中有华族、有士族、有富豪、有穷人，此非天道所命，乃人群所私定，唯人类世界而有。"⑤另外，自然秩序观中所固有的把规范与自然法则等量齐观的做法，现在也自觉地被明确的方法所否定。按照自然秩序观，"天象、地理、人事，无不存规律于其间。然此规律，乃天然之规律，绝非人所制"。但与之相反，津田真道主张："人有土地、万物，相聚相保者，谓之邦国。为立井然之秩序，为保治安，而定其规则。此人造之法律，非天造。称之国法、民法。"⑥而且，维新之后，自由民权论势力的增大，使这种"制作"观占据了

---

① 秽多：日本明治以前位于士农工商以下、在社会上遭受歧视的所谓"贱民"，明治四年（1871）废除了这个称呼。——中译者注
② 从五位：相对于正五位。按照官制，五位以上特别受到优遇。——中译者注
③ 权兵卫、八兵卫：日本封建社会，除武士外，农工商三民皆无姓氏，唯称其名。此为平民之意。——中译者注
④ 小川为治：《开化问答》卷上。
⑤ 同上。
⑥ 《政论》二，《明六杂志》第十一号。

根本的优位。至此,"制作"的立场,通过最后理论上的归结,终于走到了明确的"人作说"。在此,我们并不对汗牛充栋的自由民权论的制度观作一一的介绍。福泽谕吉在《西洋事情》中说:"虽世道开化,弱小无力者,相与谋之,以达人之通义,设保护生命之措施,名之为国家制度。……是即世中政府所起之本源。政府者,集人心成一体,所以力达众人之意志也。"这是最初以概括性的形式对自由民权制度观的说明。植木枝盛的《民权自由论》开头写道:"承蒙惠允,今向日本之百姓、日本之商卖者、日本之手艺人,以及其他士族、医生、船夫、赶马者、狩猎人、卖饴糖者、乳母、新平民等所有人,统作陈述。"他在书中还强调说:"毕竟所谓自由,甚尊贵。故宜十分十全保之、守之。建国、设政府之机构,立法律、任用官员,岂非以保护人民之自由权利,使得幸福安乐乎?"在《民权田舍歌》中他说:"天之造人,天下万人皆同。无人上之人,无人下之人,此则人人同权。国人之权伸张。政府者,民之所立。法律者,保护自由也。"[1]显然,这里采取了最尖锐的说法。稍微需要注意的是,为自由民权论提供理论基础的,是启蒙的自然法。就它也是主张人的权利出于天赋这一点来说,它似乎呈现出了自然秩序思想的外观。但是,稍微深入一下就可看出,这是完全不同的。质言之,所谓人权,丝毫不是实定秩序中的权利,相反,它把应该形成实定秩序的人的主体性加以具体化。因此,先天性"自然法"的主张,反而必然包含着一切实定法是通过人的制定才获得妥当性这一理论。围绕着加藤弘之著名的《人权新说》,民

---

[1] 《民权自由论附录》。

权论者所作的反驳①，清楚地显示了这一点。弘之认为，权利是在人类进化过程中国家确立之后，由主权者制定的，所谓天赋人权论，不过是妄想罢了。对于弘之所说的权利，马场辰猪指出："要之，法律上之权利，非著者所谓天赋之权利。"因此，"大凡法律，主治者生之也。故主治者行施之时，假令一切压制束缚之法令，悉皆称之为法律"。②这完全是承袭了霍布斯、J. 奥斯汀等人所谓实定法的妥当性都是基于形式的实定性这一制作的立场。矢野文雄也指出，"在加藤氏的著作中，要确定所谓权利二字是道德上的权利，还是法律上的权利"，这首先就是一个问题。"若法律上之权利，即奥斯汀氏所谓人为法之权利，则法学上称之为适当之权利者欤！是取其源以为之法律也。有政府而后有，固也。不出其天赋，岂特需辩之哉！"③这同样也是把实定法的人为性视为当然而加以承认。尽管两个阵营进行了激烈的争论，但是，现实的规范靠人的制作而获得妥当性这一命题，在双方的争论中都已成为共同的前提。比起德川时代制作逻辑的缓慢步伐，这是何等惊人的飞跃啊！然而，这一飞跃绝非一朝而至。恰如决堤洪流的巨大能量，是由涓涓细流的水力积累而来一样，维新后"制作"逻辑压倒性的泛滥，也只有通过封建体制之下的悄悄发展才有可能。如儿岛彰二的《民权问答》，在解释"自由权"的意义时说："至如信仰，固属各自思想，虽政府不得压制。强严正之，人民唯其意中默信，亦无可如之何也。假令足下今欲颠覆政府或刺杀官吏，唯蓄藏胸中，未发之言行，虽

---

① 这一论争，收入《明治文化全集》第五卷《自由民权篇》。
② 《天赋人权论》。
③ 《人权新说驳论》。

政府岂有缚之之理。此谓思想自由之权利。"① 这里所说，无疑是徂徕、春台所谓"内心不管如何，外守礼仪、不犯之者即为君子"这种规范的外面化——内与外、私的内在性与公的制度等的分离——的现代发展形态。另外，福泽谕吉在《文明论概略》中说："在中国和日本，把君臣之伦称为人的天性。认为人有君臣之伦，犹如夫妇、父子之伦，并且深信君臣之分，在人生之前早已注定。就连孔子也没能摆脱这种迷惑。"福泽又进一步说：

> 君与臣的关系就是人与人的关系。就这种关系而言，虽然也存在某些道理，但这是因为世上偶然有了君臣以后才产生出来的，所以不能根据这个道理，说君臣关系是人的本性。……如果平心静气地探讨真实情况，一定能发现这个准则完全是出于偶然的原因。既知其为偶然，就不能不衡量这个准则的利弊。对于某种事物，如果允许考虑它的利弊，便说明它是可以修正改革的。凡可以修正改革的事物就不是天然的规律。所以尽管子不能为父，妇不能为夫，父子、夫妇的关系难以更改，但是君可以变为臣，例如汤武放伐就是如此。另外，君臣也可以同起同坐，例如我国的废藩置县就是如此。

由此来看，福泽在否定封建"君臣之伦"的先验性的时候，不折不扣，在其思想根基上就具有从"徂徕所谓先王制作"这一立场来批判"宋儒所谓天地自然"的共通逻辑。宣长曾经警觉到的徂徕学的"非同寻常"的归宿，至此终于显露出了令人惊异不已的全貌。

---

① 《民权问答二篇》上卷。

然而，尽管主体制作的思想如此泛滥，但是，自然秩序的思想却没有因此而销声匿迹。版籍奉还、废藩置县等维新的根本性变革，同时也伴随着封建势力以自然的思想为逻辑武器所进行的激烈抵抗。当版籍奉还之际，云井龙雄回答米泽藩主的意见书[①]，就是其中最典型的表现。其言曰："臣伏察封建、郡县，各从自然之势渐以成之者也，恰如真宰之造化。纵令有火眼金睛、发大英断之人，以一朝一夕拮据之人力，非能变之者也。夫察庆元封建之由来，一出自上古置国造、县主[②]，二出自古之守、橼、介[③]。延至群雄割据，终成难以削平之形势。虽如德川氏盖世之英雄，犹不能变其形势，遂因此以为之封建也。既然如此，今日萨摩藩虽百般尽力，亦断不能变其形势。"由此可以看出，这种纯粹的封建反动势力式微之后，自然秩序的思想恰恰又在针对勃兴起来的自由民权论的一些反对派那里找到了社会上的支持力量。例如，吉冈德明针对福泽谕吉的《文明论概略》进行反驳而写出了《开化本论》。其中说：

> 然彼开化者之流，误以野蛮之自由为人性之天赋。……故凡妨碍此自由者，不加辨别，浑谓之人为而非天然。据此以人伦之三纲，君臣一伦非为天性。然所以误者，君主设立政府而掌政权者也。而政权者，即系法律也。其法律云者，实出自天然之理。然束缚所谓情欲恶行，不得行野蛮之自由，遂谓之甚不自由，妨碍天赋之自由者。此乃人民交往上之约束而成，非

---

① 引自加田哲二的《明治初期社会经济思想史》，第499页。
② 国造、县主：原为氏族长的姓，后演变为地方官官名。——中译者注
③ 守、橼、介：地方长官之类。——中译者注

为天然之定则。……既以法律、政府为人之假设，则以此治世之君主，与所治之人民，其位置又必谓之人为，非天然也。

单从法律"实出自天然之理"这一观点来看，作为对批判民权论者的"人作说"的解释，就清楚地显示出自然秩序思想所扮演的新的社会角色。明治十四年（1881）十一月，在汹涌澎湃的开设国会运动中，出现了一本署名埃德蒙·伯克（E. Burke）著、金子坚太郎译的小册子《政治论略》。① 其中说：

> 确定一国之宪法，使政体善美之政略，唯法天地自然之气象，渐次变迁。而我辈人民，从祖先继承百般之权利与旧来之政府，一代保存之，又传之子孙，以能永远维持之，恰如我辈继承祖先之血脉与财产。其如此运转政治，法天地自然之道理，虽几次改革政治，亦完全没有出现奇怪未曾有之政体。又如旧来存在之习惯，亦不以之为古陋之遗风而以无用视之。

---

① 金子坚太郎的这本编著，以埃德蒙·伯克著名的两本书《法国大革命随想录》和《新辉格党人向老辉格党人的呼吁》为主要材料，试图对自由做出介绍。此书对来自卢梭的自由民权论的理论基础进行了有力的驳斥，深受政府当局的欢迎。有关这一点，请参阅尾佐竹猛的《日本宪政史》第302—304页。另外，针对此，植木枝盛所写的题为"杀死勃尔克"（此处"勃尔克"即上文"伯克"的音译。——中译者注）的长篇驳文，明治十五年（1882）三月连载于《土阳报》和《高知报》。此文涉及许多问题，其中说："所谓国家，完全不是天造，一定是人造。……要之，国家若是顺应时势存在的，那么，它就不能永世不变、万古不拔。所谓国家，本来是为人民而设，它是方便人民之物。人民是国家之主，政府不过就是为人民服务的器械。"即使从这里所说也可以看出，两种理论对立的焦点，无疑属于我们所讨论的范围。

初看这里的说法，就可以推测，它无非同元老院出版之事想到了一起。自然秩序思想的上述机能，渐渐已被对民权运动开始抱有深深担心的明治政府所注意。作为反民权意识形态的自然秩序思想，就是在民间，也沉积在对抗自由党和改进党的反对党的纲领之中。鸟尾小弥太们的保守党中正派，在其机关杂志《保守新论》第一号中，对两者在制度上的基本对立做了极好的概括：

在一个个人主义政治家眼中，人类的普遍道理，除了有关个人的利害之外，别无一物。他对于国家的观念，大体上认为，国家是人的集合体，是为了实现人的目的而建立起来的，它如同是人类理想的发明物。既然国家是为了人，那么，就可以按照人的意志随时变更它。为了实现某种目的，就应该建立起某种国家。同样，当目的发生了变化，既可以消灭国家，也可以改造它。

与之不同，他们的立场是：

国家虽然是根据人类的自然之性而发展起来的，但它绝非人类理想的结果。因此，人类并非是在推断了建立国家的利害得失，并非是在做出了是利是得的取舍安排之后，才去兴建国家。要看到，人类在把理想寄托在国家之前，国家就已经巍然而立着。……说起来，人自打从孕育他的娘胎一出来，就成了国家之胎，开始受到国家的哺育，领会国家的意旨，完善自己的性情，并把它传之子孙。子子孙孙没有自然而然具其特性而又悠久不忘的。要知道，国家并不从属于人，相反，人完全从属于国家。

这样，通过维新排除身份秩序，似乎确立起来的对于新秩序的主体自由人，很快就又被吞没到巨大的国家之中。在"制作"逻辑结束漫长艰辛之旅，开始讴歌自己的青春之际，在前方迎接他的却是荆棘之路。在日本，这大概是"现代性的事物"在发展中都要经受的命运。如果说德川时代的思想绝不都是封建性的，那么反之，明治时代也没有任何瞬间完全拥有了完整的市民性、现代性。但是，这后一个问题十分重大，需要在别的地方详细讨论。以上我们主要从思想史的一个侧面对前一个问题做了探讨，窃愿有所把握，以此结束拙稿。

第三章
"早期"民族主义的形成

第一节　前言——民族及民族主义

所谓民族，就是那种欲成为民族的东西。单是隶属于某一国家共同体，并拥有共同的政治制度这一客观事实，尚不足以产生近代意义上的"民族"。那里所存在的充其量不过是人民乃至国家所属的成员，而不是"民族"（nation）。要成为一个"民族"，所属成员就必须积极地要求这种共同属性，或者至少必须作为一种被意识到的愿望。换言之，一定集团的成员必须意识到，作为与其他民族相区别的特定民族相互之间的共通性，并多少具有要求守护一体性的愿望，只有这样，才能说这里有"民族"的存在。本来，这种一体意识可以存在于种种微妙的差别之中，虽然以语言、宗教、风俗、习惯以及其他文化传统的共通性为基础，对自身文化的一体性具有明确的自觉，但仍然有缺乏政治上的民族意识的情形（其典型如19世纪初期以前的德意志民族和意大利民族）。但是，即便是这样的文化民族，一旦试图从外部来拥护自身文化的一体性①，那么，它很快就

---

① 在国家、民族的区别中揭示文化民族范畴的，无疑是F. 梅尼克（参阅梅尼克的《世界主义与民族国家》，第七版，1928年）。但是，此处所谓（转下页）

会把自身的存在提升到政治的高度,并迫切要求形成国家共同体。这样一来,只要民族意识是自觉的,早晚会凝聚成政治上的一体意识。所谓担负着近代民族国家的,无疑就是这种意义上的民族意识。如果把这种以民族意识为背景而成长起来的民族统一和国家独立的主张称为广义的民族主义(nationalism;principle of nationality)①,那么,民族主义恰恰就是近代国家作为近代国家而存立所不可缺少的精神动力。而且,因各民族在世界史上所处的地位不同,所以民族国家的形成乃至发展方式也各不相同。与此相应,民族主义自身的发展也各有其形态。O. 福斯勒说:"唯一的民族主义,全世界无二性的民族主义并不存在,所存在的只是一些相异的复数的民族主义。"② 民族主义的主张,本质上必然是个性化的。在民族主义的发

(接上页)的文化民族,比梅尼克所说的意义更狭窄。它不仅刻有历史上特定文化的遗产和传统的印记,而且这种文化也是由民族共同地以主体性的形式来承担的。梅尼克所说的,包括古代"植物性"的民族和近代自发觉醒的民族,并明确了两者的区别。但是,我们这里的问题,不管是文化民族,还是国家民族,都专指后者。它是一定历史阶段的产物。这一点,下面很快就要谈到。

① Nationalism,一般译为民族主义。民族主义适用于下列一些情形,即在别的国家领土上作为少数民族而存在,或者沦为殖民地的地区的民族要求独立,或者分属于数个国家的民族要求形成一个国家,等等。但是,在日本,自古以来就保持着民族的纯粹性,并没有所谓的民族问题。相对于这样的国家,民族主义的说法如何呢?在日本,所谓民族主义,虽然也专门涉及对外问题,但下面将会明白,nationalism,它既是对外的问题,同时又是对内的问题。另外,民族主义一词屡屡作为个人主义的反对语而得到使用,所以用它也不够恰当。因为在一定的阶段上,民族主义恰恰是同个人的自主性主张不可分地结合在一起的。总之,在包含着各种色调的意义上,我们称之为国民主义。

② O. 福斯勒:《民族思想:从卢梭到兰克》,1937 年,第 13 页。

展形态中，也最明显地刻印着该民族国家形成过程的特质。

现在我们明白，上述作为政治范畴的"民族"以及作为自我主张的民族主义，是一定历史阶段的产物。在国民意识到自身是政治上的统一体，或者希望如此之前，通常先有一个单是自然的，也可以说是作为植物性存在而延续其生存的漫长时代。本来，即使在那时，人类因代代定居在一片土地上，自然地就对其土地乃至风俗怀有眷恋，这一定很早就有了。但是，这种本能的乡土爱，即使是培养民族意识的源泉，它也不能直接成为创造政治性民族的力量。因为，所谓乡土爱，说到底就是环境爱。环境爱是对自己之外事物的传习性的依存。与此不同，向民族国家靠拢无论如何都一定会表现为一种决断性的行为。不但如此，环境爱是以自己为中心呈波纹状扩展，因其浓度与距离成反比，所以，多少带有抽象性的国家这一环境，同更直接的村落乃至家族的环境相比，其亲近性则不得不较为淡薄。因此，在某种情况下，乡土爱不仅不会培养出民族意识，毋宁说更是一种桎梏。① 当此之际，近代的民族主义唯有通过对传统乡土爱的扬弃，才能使自己前进。另外，包括全体国民的国家秩序即使大体存在，它也未必能在民族中自然而然地发酵出政治上的

---

① 众所周知，在中国，基于同乡人感情的地方团体意识，至今还阻碍着民族一体意识的发展。对此，孙文说："中国只有家族主义和宗族主义，没有国族主义。"［《三民主义》，民国十三年（1924），日译本《孙中山全集》，第一卷，第10页］尤其是，孙文认为，此时如果把家族、宗族的团体意识"推广"，宗族主义一转就会成为国族主义（同上书，第110页）。实际上，孙文究竟是乐观地这样看待，还是要对国民施加一种心理上的效果，这里暂且不谈，但宗族观念不能自发地发展为"国族主义"，恰恰同民族主义不能自动地发展为世界主义一样。只有共同抵抗外国势力的迫切愿望，才能在中国人那里唤起超越宗族的一体意识。

一体意识。在内部秩序结构阻止向民族国家政治凝聚的情况下，这种国家秩序就不会从内部把握国民，大多数国民依然继续着其自然而非人格性的生存。① 在这种情况下，民族主义就介于国家秩序和国民之间，并首先要求排除妨碍二者直接结合的势力乃至结构。不管如何，民族主义要赌上它与民族的传习性生存形态的矛盾冲突来形成自身，这显示了政治上的民族意识不是一种自然自发性存在，它的产生需要一定的历史条件。在一定的历史发展阶段上，民族以一些外部刺激为契机，通过对以前所依存的环境或多或少自觉的转换，把自己提升为政治上的民族。通常对这种转换起决定作用的外部刺激就是外国势力，也就是所谓外患。

第二节　德川封建制之下的民族意识

即使在具有悠久光辉民族传统的日本，要产生以上述意义的民族意识为背景的民族主义，也必须等到明治维新的到来。本来，基于日本国家体制特性的神国观念乃至民族性的自恃，建国以来一直一脉相承地在国民的胸膛中回荡着。但是，它并没有就那样自然地升华为民族政治一体意识，也没能直接引导民族的统一。这是因为国内的社会条件还不成熟，同国际的交流还相隔遥远（虽然有元寇东征，但那只不过是偶然的突发事件）。幕末外国势力的逼入，绝不是偶发的一时性的事件，它是一种历史必然，即它要占领世界市场形成中所留下的最后一个角落。当它逼迫到日本的时候，民族独

---

① 其典型如民国革命前的中国帝国。

立和民族统一问题，才开始提上日程。在这种情况下，日本的民族主义确实必须直面死死妨碍向民族国家政治凝聚的结构乃至精神，这就是德川封建制。

这样，为了理解日本民族主义必须解决的历史性课题，我们首先有必要大致明确德川封建制及处于其下的社会意识是如何的。何以民族一体意识的进展只有通过摆脱这种历史环境才有可能呢？

第一，在作为彻底推进兵农分离政策的结果而产生的德川封建制中，统治者和被统治者的世界被明确划分。作为统治者的武士阶级垄断一切政治权力自不待言，就是在社会乃至文化上也把自己的生活方式同庶民截然地区别开，并通过一切手段来尽力维护这种身份的封闭性。担负近代社会使命的市民阶级，自己要成为"一切"，也就是作为第四阶级登场，虽不情愿但也因此而成了一个"阶级"。然而，相反，封建统治者则欲求同国民中其他阶层相区分的"身份"，并以此为傲。这样，农工商等庶民，只有完全侍奉武士、供养武士，才被允许生存。特别是，其中占绝大多数的农民，则完全是为了交纳贡租而存在的（"农者，纳也"）。①农民的社会义务，就是尽力毫不延滞地交纳贡租。他们对超出这之外的国家和社会的命运连关心都没有，更何况是承担责任。在这种意义上，《庆安告示书》中说"只要年贡交清，百姓心安理得"，贡租交纳义务把农民肉体生命的维持带到了危险的边缘，然而这里却若无其事地说"只

---

① 这一点，另一方面是对农民的安慰，它同爱抚农民的大量训令乃至说教丝毫也不矛盾，是一种补充关系。山鹿素行对这种关系做了如下的极好的解释："民无知之至，不考虑后果，无计筹谋虑，唯以农业桑麻家职为事，春夏秋三时无闲暇。不用心其他，亦无知虑之巧。尽自己之苦劳，供上之收纳。委生死于上之政令。此民甚可爱也。"（《谪居童问》）

要年贡",其讽刺性暂且不论,它的确说中了某种历史的真实。因此,即使说到贡租义务,严格来讲也是作为政治性的义务,而不是要求农民具有政治性的义务感。尽量对贡租关系以外的生活关系"心安"的这种命令,反过来说,就是要使人民把贡租义务本身作为必然的命运加以接受。从农民一方来说,他们是把贡租看成了从上方滴落到对政治不关心和无责任的安逸世界中的黑点,只能把它作为无可奈何的灾厄加以承受。不管如何,政治秩序对他们而言都是从他们的外部强加给他们的,他们服从它只是因为"对蛮不讲理的人毫无办法",并不是因为源自内心的对秩序的自觉。因此,到了一定时候,他们就通过"起义"来摆脱束缚他们的秩序。

那么,说到在农民之后作为庶民主要成分的都市商人,其情形又如何呢?农民作为封建生产者,表面上还算受到尊重。与此不同,众所周知,商人在被统治者中被确定为价值秩序的最下位。他们"只知利,不知义,唯以利身为心"①,不具有任何公共义务意识,只知追求个人的私利,可以说是一种伦理之外的存在。这样,他们在政治上成为"无"也是自然的。在封建意识形态中,商人充其量是作为不得已的恶被容忍的,或者——武士阶级一旦在经济上受到来自上层者的威胁——他们就成了被诅咒、被抹杀的对象。这样,即使是商人也原封不动地接受了指定给他们的价值秩序,因为自己是被驱逐于伦理之外的存在,所以从头到脚都带着为满足私利不顾一切的贱民禀性。②因此,他们许多人,并不要求把通过财富

---

① 《山鹿语类》卷六。
② 近松在《山崎与治兵卫寿之门松》中,借净闲之口说了以下的话:"武士之子,武士之父母养之,教以武士道,成武士;商人之子,商人之(转下页)

所获得的社会势力推进到政治领域中,而是一味地沉湎于官能享乐的世界,在花街柳巷的昏暗角落里,享受着变化无常的私的自由,或者对于现实政治的统治关系,充其量投以心地不正的嘲笑。在此,全然不见把政治秩序作为自我之物而积极承担的自觉意识。这样,德川封建社会就截然分裂为两个部分,相对于庶民,武士阶级一方完全把作为政治主体的一切责任承担在自己的双肩上,与之相反,占人口十分之九以上的庶民一方,则完全作为政治统治的客体被动地"遵循"所与的秩序。在社会中,统治者与被统治者如此固定,还能说存在"一体"的民族吗?"夫以一社会制一社会、以一阶级制一阶级之国,假令有几千万人之众,假令有善美之法典,此唯是社会,不得称之为民族。灭所有人为之阶级,由人民与政府二大要素,组织一国,至此始可称之为一个民族。"① 之所以要这样说,其故就在此。

第二,伴随着武士对庶民这种封建社会基本身份的划分,武士阶级乃至庶民阶级各自内部的身份等级的区别及其固定性,妨碍了民族统一意识的发展。这种身份等级,因着封建制的本质而保持着一定的地域性分布,所以纵向的身份隔离,就与横向的地域割据

(接上页)父母养之,教以经商之道,成商人。武士舍利而求名,商人舍名而取利,蓄金银,此谓之道。……至死尊金银以为神佛,此乃商人之天道。"很明显,这同"士教三民之义,经商以利为职"(鸠巢:《士说》)这种自上的意识形态表里如一。要而言之,"虽为商人之身,却为妓女所买,侍女从旁戏弄。酒场艺人轻薄笑,醉梦饮酒忘怀。身着四袖大棉睡衣,焚烧沉香自暖。不背天下法令,何罪归我头上?"(《醉迷三弦》)在上述这样的心境中,当然不会有任何的规范意识。在对"天下法令"的表面服从之下,私下却唯有从心所欲的享乐。

① 竹越与三郎:《新日本史》中,明治二十五年(1892)。

相互纠缠在一起。在此,就酝酿出了特有的地方主义。近世封建制常常被称为集权封建制。的确,德川幕府直辖全国的主要都市和矿山,垄断货币铸造权,自由地改变全国大名们的住地,等等。所有这些,同以往的政权相比,具有强烈的中央集权色彩。但是,它的实质,依然是一个封建领主,对于皇室领地以外的地域,最终是要通过直属将军的大名间接地进行统治。二百七十个屏藩,各自形成了封闭性的政治单位,大名对于自己的领地,行使独立的立法权和裁判权。各藩之间的交通故意设置了重重障碍。这样,在各藩内部,藩士被划分为数十个等级,由此各自的身份被大致固定下来。而且,这种以身份乃至门第结合的社会形态,被推广到了庶民阶层中,所以,可以说,呈现出了这样一种情形:"日本国中,几千万人就如同被封闭在几千万个箱子里,又被几千万堵墙所隔离。"① 处在这种环境之中的意识,容易固陋、狭隘,缺乏公共性和开放性,这是极其自然的。松平定信感叹说:"日本人原本多狭隘性,所以住在下町的不知山手。走出川崎的人很少,所以认为海就像品川,河川就像大川、玉川。只考虑眼前之事,没有深谋远虑,久之愈加狭隘。"② 但是,定信自身的眼界又如何呢?当林子平指出日本桥的水通向欧洲这一事实,并对外患敲起警钟之时,他却把这视为"奇谈怪论"加以处罚。就连垄断政治责任的武士阶级,其责任意识也完全是直接以君主为对象。他们所说的奉公的公,正如叶隐所说的"贤如释迦、孔子、楠木、信玄之人,若非仕龙造寺锅岛氏之门,亦未尝尊奉其家风"这种最露骨的说法那样,最终也没有超出由封

---

① 福泽谕吉:《文明论概略》卷五。
② 《闲余漫话》。

禄所结成的个人关系。因此，各藩的相互隔离和对立意识，绝非现在可以想象。正如幕末历史所显示的那样，维新以后，即使是几乎以一体并称的萨摩和长州两藩，在互相合作的前夜，其间也存在着深刻的矛盾啊！为了化解它，还需要坂本龙马、中冈慎太郎等人付出血的代价。因此，维新"志士"，为了多少能够自由地从事政治活动，常常就不得不诉诸脱藩这种非常的手段。

　　近世封建制社会结构本身，对于形成基于上述一体民族的民族统一意识，是一个根本性的桎梏。但德川幕府的现实政策，却最大限度地利用这种结构，一味地阻止民族统一意识从下面成长起来。本来，锁国就是履行这种任务的最大政策。除此之外，幕府为了国内的统御而采取的诸方策，完全都是服务于这种割据统治（divide et impera）的目的。这样说毫不夸张。一方面，它要贯彻幕政，即所谓"御上意"的绝对性，以所谓"批判御政"就是"不惮幕府，不敬之至"（像渡边华山），抑压国民自发的政治志向。与此相伴，另一方面，它巧妙地利用产生于封建割据的猜忌心，使之相互监视、牵制。上自大名的统御，下至五人组的结成，无不是依据于这一方策。在这种意义上，幕府官职中的"监视官"一语，浓缩地表现了幕府的全部统制原理。而且，它自然也适用于各藩内部的统制原理。这样，令幕末的一位外国公使感叹的"最精心的刺探意图系统"①，也就被制造了出来。这种达到了全民规模的监视组织极其有效。在锁国体制崩溃之前，一旦发现可能发展为政治反对派的思想动向，幕府权力完全能够在其萌芽之中把它刈除掉（可以想想，从由井正雪的庆安之变，到后来竹内式部的宝历明和事件、P. F. 西博

---

① R. 阿尔科克：《将军府：居日三年纪事》，第二卷，1863年，第250页。

尔德事件和大盐之乱等,皆因密告而被查出)。但同时,由于服从长达二百六十年的如此的统治方式,民族精神又是如何被侵蚀的呢?"人民也只抱着但求平安无事的心情,没有勇气争辩结党和聚议的区别,一切只知听从政府,不关心国事。结果,一百万人怀着一百万颗心,各人自扫门前雪,莫管他人瓦上霜。对一切公共事务漠不关心,连淘井水彼此都不能商量处理,更不用说兴修道路了。此外,看见路旁倒毙的人,便急忙跑过,遇见狗屎则绕道而行,都是一种事不关己、高高挂起的态度。终日汲汲遑遑唯恐沾染是非,哪有心情去考虑集会和议论!这种习惯日久成风,终于形成了目前这种状况。"① 正像福泽所感叹的这样,到处蔓延的,是国民相互之间疑神疑鬼、君子不近危、明哲保身、事不关己等自私自利的禀性。这样,离铲除封建权力所滋生的毒草,已经为时不远了。

嘉永六年(1853)六月,佩里率领四艘军舰,来到浦贺,递交了美国总统的国书,逼迫日本开放港口。面对这突然的事件,幕府仓皇不知所措。只好一方面奏闻朝廷,咨询住在江户的一些诸侯,就"国家之大事"和"难局"来谋求全国的合作。与此同时,另一方面,以往国内统制不允许造五百石以上的船以及铸造大炮的禁令开始解除,以促使诸藩加强军备,自行从速寻找防备江户湾的对策。但是,终究难以掩盖国内生产力及技术的低下。对当时的国防状况,高岛秋帆要说的不仅是"最大的忧虑是国中的火药不够一年所用",而且是"一旦交战开始,快的话,四五年也难休战。于是乎,硝酸钾自不待言,粮饷等又如何筹之,窃以为,唯三年之蓄,方克有

---

① 福泽谕吉:《文明论概略》卷三。

济"①。但是，秋帆自己却因劝说炮术现代化的急务，遭受嫌疑，被捕入狱（天保十三年，1842）。正如这一事实所显示的那样，顽固阻碍近代生产及其技术发展的，不正是"井蛙管见"②的锁国意识吗？正是由于这种锁国意识，导致有着"论古来唐国御戎之论，若我邦神风亦不可赖，先审敌情，无不先之"识见的渡边华山和高野长英等兰学家被逮捕。佐久间象山为了出版《和兰语辞书》曾向幕府请愿说："驭夷俗，当以知夷情为先。欲知夷情，当以通夷语为要。……海防乃天下之海防。……使天下之人悉知彼之情，不若读夷书。而欲读夷书，当以出版辞书为先。"但是，最终驳回了佐久间象山请愿的幕府③，仍然要维持使国民对外国事情盲目无知的方针。既然如此，应对幕府对策咨询的大名乃至其家臣的上书，几乎都没有超出这种"井蛙管见"，也就不足为怪了。在当时的日本享有很高声望的水户齐昭说："战舰、枪炮不便于肉搏战，假令夷人一旦侵滨海之地，登陆逞其能，选我壮勇士卒，组成矛剑队，乘机应变，以我长技制彼所短，从侧面突击，或从敌后乱砍，如电光石火与之血战，同彼夷贼鏖战于原野，犹在掌中。"④在此，水户齐昭仍要以日本"神国之长技"的矛和剑来对付彼之战舰、枪炮。当时其他的一些慷慨之论，其攘夷的具体方法多不过如此而已。对于这种观念，高岛秋帆在前面提到的书中，做出了猛烈的批判。他说："刀、矛之用，有过于朝鲜之役乎？战场百练之将士，虽无一弱卒，尽忠勇奋战，前后七年

---

① 《嘉永六年十月高岛秋帆上书》。
② 渡边华山：《慎机论》。
③ 其经过，在文久二年（1862）九月的《上书幕府稿》（《象山全集》上卷，第223页）中有所叙述。
④ 《嘉永六年七月上书》，收入《幕末外国关系文书之一》。

之交战，被泥于朝鲜，终不能入于明朝之境，遗憾之至。今之清国，合满、汉二国以成，较之明，一倍之大国也。然英吉利攻之，不过三年而乞降。以何长技如斯制胜哉？是以考之，长于刺击之术尤难，多无火器之精器与熟练用之者，当今与夷狄交战，甚危。"当幕府醒悟到必须开港时，却又绞尽脑汁安抚国内种种盲目的攘夷论（如后文会谈到的，攘夷论也有许多种类型），这真是一个具有讽刺性的命运。说起来，即便是持那种"井蛙管见"，如果国内能集中一致对外，也还算说得过去。最不幸的是，事已至此，国内的相互不信任和猜疑，仍盘根错节。仙台藩士大槻平次深有感触地说："当今之急务，唯内和人心之一事。"① 佐久间象山感叹道："国威更张之机会，即在此时。如欲大变革，必先内和国内人心，同甘共济。人心不和，又将引出内外何祸，难以测知。"② 横井小楠也忧虑地说："以今日人心之不和、器械之不备，及战，百败必然之势。"③ 如此等等，使他们感叹、忧虑的是什么呢？幕府以及与之有亲近关系的藩主，对开港要求最害怕的是，"忍如此之屈辱，观武德之衰弱，异国暂且不管，全国之大小诸侯，何以视之哉？国内之政道，至今所接触，犹如足利氏末世，恐怖之至！"④ "决定不击退，唯宽宥仁柔之。故庶民不知怀德，奸民不恐威势，生异心。执政者欲监管，其效若何，难以知。"⑤ 如此这些，都是诸侯乃至庶民乘幕府统制力涣散而发动的反叛。与恐外相比，封建权力首先警戒的是内。不，可以说，是因恐

---

① 《嘉永六年八月上书》，收入《幕末外国关系文书之二》。
② 《安政五年四月对幕府上书稿》，《象山全集》上卷，第196页。
③ 《文久三年对幕府上书》，《小楠遗稿》，1942年，第100页。
④ 《嘉永六年八月七日松平庆永对幕府上书》，收入《幕末外国关系文书之一》。
⑤ 《嘉永六年七月德川齐昭上书》，收入《幕末外国关系文书之一》。

内故而惧外。尤其是，整个幕府诸藩这些封建统治者，一般都对纯粹作为被统治者的庶民抱有深深的疑惧。早在天保十三年（1842），老中水野忠邦受鸦片战争中清朝脆弱败退的刺激，要求缓和文政八年（1825）的坚决击退令（所谓"天保薪水令"）。此时，上面说到的齐昭却加以反对，向幕府进强硬的攘夷论，其论据是："封内之民俗愚憨，渔夫、蹉丁尤甚。昔布攘夷之令，犹或恐怒视夷人与西方。今若废其令，贸易之奸绝不可妨。请暂沿乙酉之令（指文政八年的击退令——笔者），以保全愚憨之民。"① 从当时的文献中很容易看出，随着对外关系的紧张，这种基于愚民观而对庶民的不信任态度，以及对其勾结外国势力的疑虑，在统治层中是多么根深蒂固。② 这样，如同对应于这种不信任态度那样，一部分商人钻严格管理的空子，同驶来的外国船只进行大量的秘密贸易。高岛秋帆指出："迷于利润者，商人之常。虽明知犯罪，必蒙严刑，然为利润，甘冒风险。"③ 确如其所言，起作用的就是没有任何内心的矜持，为了利润不择手段的贱民禀性。但这绝不是要把齐昭的愚民观正当化。如同上述，这种寡廉鲜耻的做法，无疑正是对把商人确定在价值秩序最下位这种封建体制及道德做出的回应。即使一般庶民，一切政治能动性也

---

① 据藤田东湖的《回天诗史》。
② 《幕末外国关系文书》中有很多例子，今示一二："奸黠之异人，乘其虚，以金银珠宝货，诳诱人，施恩惠。愚痴、无知之贫民，困穷之余，不觉陷入奸谋，终怀彼等之恩。"（《嘉永六年八月松平肥前守齐正上书》，《幕末外国关系文书之二》）"去、今两年之来船，与当地贱民，多有纠纷。好酒之徒，时引争端。多有犯人之妇女者。亦有探听疾恨时世者。彼异人，善怀柔愚民。疾恨时世者众多之处，若异人潜往施以恩泽，恐将致不可收拾之事。"（安政元年正月，据浦贺的下级公安人员中岛三郎助所说，同上文书之四）
③ 《嘉永六年十月高岛秋帆上书》。

都被否定掉了,作为统治的客体,被逼到了私生活的狭隘性中,当然不能期待他们有什么国民的责任意识。元治元年(1864)八月,率先实行攘夷的长州藩,没有坚持多久就被英、美、法、荷的联合舰队占据了马关炮台。当陷入这种厄运时,庶民们又是如何反应的呢?当时在英舰上的 E. 萨托,目睹了事件的全过程。根据他的记载:"日本人对于正在进攻的部队显示出极其友好的态度,进而又自愿帮助移动大炮。他们真的非常高兴拆开尽给他们增添麻烦的玩具。"① 这是怎样的情景啊!上对国民的不信任和下对政治的不关心,就这样相互补充。这就是绵延多年的封建统治关系想要得到的精神现实。这样,横井小楠在万延元年(1860)断言:"日本全国的形势,若如此四分五裂,不能形成统一,那么,嘉永六年美使佩里在《日本纪行》中所看破的'无政事之国',实可谓敏锐的洞察。当今犯忌而论,幕府一开始就要弱化诸侯的力量,为此设参觐交代制,从帮助兴建土木工程,到日光山、久能山的警戒以及其他关口的警备等,分摊给他们种种任务。尤其是,出兵边境,课以残酷的劳役。把重负都压在各藩的民众身上,亦毫不介意。另外,以货币为主的各种制度,也是幕府滥用权力为德川家而定,丝毫不为庶民考虑。为天下而为政之态度,无处可见。佩里所谓无政事之国,诚哉斯言!"② 当横井小楠这样说的时候,他确实由此而把德川封建制二百六十年的统治全盘做了清算。

---

① E. 萨托:《一位滞留日本的外交官》,1921 年,第 118 页。法国士官 A. 鲁森也肯定了同样的事实(A. Roussin, *Une Campagne sur les cotes du Japan*, 1866 年;日译本:《英美法荷联合舰队幕末海战记》,第 183 页)。另外,请参阅尾佐竹猛的《明治维新》中,第 366、456 页。

② 《国是三论》,《小楠遗稿》,第 39 页。

第三节　早期民族主义的诸形态

海防论 — 富国强兵论 — 尊皇攘夷论 — 它们的历史局限

一

通过上一节的考察，封建体制及其所包含的意识形态，顽强阻止基于民族统一意识的国民向国家秩序凝聚的情形，大致上明确了。我们的叙述，在某种意义上，也许只是涉及了常识性的命题。但是，如果缺乏对此的理解，日本民族主义所要承担的历史任务是如何巨大，思想人物的探索之路又是如何荆棘丛生，最终将难以领会。明治维新是通过一君万民的理念，排除介于国民与国家政治秩序之间的障碍，打开民族主义发展轨道的划时代的变革。但这绝不是问题解决本身，毋宁说它只是提供了解决问题的前提。的确，日本民族主义就是从这里开始了自己前进的道路。但要知道，这一前提是在近世封建制的胎内逐渐形成的。它的形成过程也就是德川封建社会的解体过程，从意识形态方面来说，或多或少它是越出封建观念形态的思想成熟的过程。① 日本近代民族主义思想要真正形成，必须有待于维新的变革。但事先的准备工作，是在旧体制的重压之下，逐步进行着的。下面，我们对日本民族主义的早期阶段，也可以说是"早期"民族主义思潮稍作观察。从广义上说，一切反对乃至超越封建的思维形态，它自身之中就包含着近代民族主义的因

---

① 之所以说"越出"，可以说是因为整个近世基本上并不存在明确的反封建思想。

素。但是，在此进入我们视野的内在于近世社会体制中的问题，并不是它本身——因为那纯粹是社会政治乃至文化、经济问题——而是或多或少同民族的统一乃至国家的独立有所联系的命题。

外国舰船的到来，既是把日本民族意识的四分五裂状态暴露于光天化日之下的契机，同时又是使扬弃过的民族统一观念成长发芽的契机。本来，一方面，同神国日本意识不可分的尊皇观念，贯穿近世，一脉相传；另一方面，因国内交通的发展、商品交换的普及而逐渐形成的国内市场等这种国家统一所需的内部条件，也在准备之中。但是，促进这种内部条件的急剧形成，为作为宗教的乃至伦理情操的尊皇观念赋予一种政治特性提供开端的，实实在在就是日本直接面临的外国势力。在这种意义上说，"国外的警报，立即诱发了对外的思想，对外的思想又很快激发了民族精神，民族精神马上鼓吹起民族的统一。……这就是说外国的思想刺激了日本的国家观念。日本的国家观念产生之日，就是各藩的观念灭亡之日。各藩的观念灭亡之日，就是封建社会的颠覆之日"①。这里的说法，稍微有点直线式，但从历史的演变来看，基本上是正确的。当然，现实日本所走过的道路，曲折坎坷。"国外的警报"，要把作为民族精神集中体现的尊皇论真正提升为"颠覆封建社会"的指导性理念，还需要经过一些阶段。说起来，外国势力的威胁成为问题，是要追溯到佩里来航的七八十年前，大体上从明和（1764—1771）、安永（1772—1780）左右开始，威胁首先来自北方。明和八年（1771），俄罗斯船漂流到了阿波。安永七年（1778），俄罗斯商人登上国后岛，要求同松前藩通商。但到了宽政四年（1792），俄罗斯大帝的使节 A. K. 拉

---

① 德富猪一郎：《吉田松阴》，1908 年，第 87 页。

克斯曼，护送遇难漂流的日本人到达根室，正式要求互通友好。林子平因出版《三国通览图说》《海国兵谈》而受到禁锢就发生在这一年。从此时开始，对俄关系逐渐受到有识之士注意。与北方武备问题相连，他们首先要求举国都来关注外国的威胁。这种海防论恰恰就是早期民族主义的第一个阶段。林子平在《三国通览图说》中说："夫此三国，与本邦接壤，实邻境之国也。盖本邦之人，不论贵贱、文武，所宜知者，此三国之地理也。"在此，林子平是要唤起全国对位于日本周边，同国防有直接关系的朝鲜、琉球和虾夷地理的注意。在《海国兵谈》中，林子平亦说："日本的武备，知防外寇之术，乃当日之急务。"这里，明确说明了海国日本的地位。总之，众所周知，林子平详细讨论了国际形势及其对策。作为这一时代的著作尤其值得注目的，是大原小金吾的《北地危言》（宽政九年，1797）。在这部书里，大原小金吾说："外寇乃天下之寇，非一国（一国，显然是指一藩——笔者）之寇。要尽天下之智力。"从讲求防御对策这种立场来看，他竭力主张，要从"都城内糊口者，山中隐士"中擢拔人才。与此相伴，有关战略、器械、战术等，他要求抛弃"诸侯各国贪功，妙计秘不外传"的秘密主义，广泛向各藩公开，并使全国的军备技术"平等均分"。在此，对外的国家防卫要求，已经初步显示出必须越过纵向的身份隔离和横向的地方割据。这样，历史时代过了宽政（1789—1800），走到了文化（1804—1817）、文政（1818—1829）前后。在文化三年（1806），之前被拒绝通商的俄罗斯人，入侵桦太、择捉岛。文化五年（1808），在长崎有英国船"菲顿"号的暴行。国际威胁已经超出了单纯偶然性，成为无可置疑的现实。在北方的俄罗斯之外，又加上了南方的英国。海防论自然也不得不更加尖锐。古贺精里的《极论时事密封奏折》,就是由最能反映这种形势的十项内容构成,"今为强虏陆梁、大邦雠。火已燃,群下尸素,百姓离心,病已深。……臣诚愤懑之至。……冒昧以对策十事进言"①,如此,其根本动机是对国内上下缺乏对国防的关心的愤懑。而且,照精里的说法:"进言开边之策而被褫夺俸禄者有之;著书言夷狄之边患而被囚之者有之。街谈巷议略涉边防之事,则被捕下狱。因以得罪者累累相踵。处刑之失,措画之谬,群臣明知其非而不敢言。……上有灾患,下之人泛然若不闻;下有殃苦,上之人蔑焉犹不知……上下之势,壅隔如此。一旦有变,唯涣然瓦解耳!"据此,一般国民的这种无视、无闻、无言的冷淡性,无疑是幕府严禁任何政治批判甚至巷议这种统制的必然产物。由此,精里就把"开言论以防壅蔽"一事,放在了国防对策的开头。海防论是从要求举国关心对外关系出发,逐步接近了对内问题的核心。

而且,到了此时,近世社会的结构性矛盾迅速激化。促使定信进行"宽政改革"的,是统治阶层严重的财政困境。而这种财政困境,必然加重农民的贡租。天明(1781—1788)以来,饥馑接连不断,洪涝等灾害相继不绝,农村荒废,掐死初生儿、弃婴之事到处蔓延,起义、捣毁暴乱一浪高于一浪。内部包含着深刻的社会问题,单以军备扩充和个别的政治对策来防备外患,已经远远不够了。而且,军备扩充本身,因幕府乃至诸藩的财政状况,也立刻面临困境。于是,就产生了这样一种思想动向,即认为为了排除国际威胁,首要的前提,是谋求国内经济的安定,并以此来充实国防。这样一来,初期的海防论,不久就转化为富国强兵论。本来,即使在之前的海防论者那里,国内经济问题也与对外政策相联系,由此而提出了土

---

① 原为汉文。

着论和开发虾夷地论。这里的主要论点也成了发展国防技术的契机。[1] 然而当时，解决国内经济的穷困，被认为是克服对外危机的中心课题。国内经济的穷困，并不是一时政策的失败和个人懒惰的产物，它结构性地深深根源于近世社会中——主要同欧洲对比——这一点多少也被洞察到了，其对策也不再是零碎的政策，或多或少地带有制度改革论的意义。而且，这种变革的推行，自然集中需要政治力量。在此，无论是内容，还是推进力的主体，都脱离了"大名结构"，开始使带有中央集权绝对主义色彩的构想成熟起来。这种富国强兵论，随着幕末的到来，成了一个争论不休的问题，并很快同下面将要叙述的尊皇攘夷论思潮合流，最终成为早期民族主义的因素。

二

最系统地提出上述带有集权绝对主义色彩的富国强兵论的思想家，首先就是本多利明和佐藤信渊。在他们宏大的制度改革论根基上，贯穿的是大日本（利明）乃至皇国（信渊）观念，已经不是区区地方性的藩的利害。与此同时，其皇国观念与通过兰学所养成的"世界"意识相互补充，所以，明显已从中国的"中华"观念中解放了出来。毋宁说，他们都是以东方落后于西方的认识为出发点的：

> 涉渡海洋之光明正法，西洋诸国，以制度为第一国务，乃一国的风俗习惯。其制度，务在使人人竭力尽义务，以使本国

---

[1] 如《海国兵谈》的内容，全十六卷中，一直到十五卷可以说都是狭义上的国防论，最后一卷是"足食足兵之义"。

空前富强。然东洋诸国,迄今无其制,遗憾之至!①

夫兴国家之大利,莫若通商。痛哉!东洋之人,唯务守本国,乐一时之安逸,其治极溺华骄,忘百年之后谋。……内外困乏,病根既深,使俄、英二夷,雄居全世界,岂不悲乎!岂不悲乎!②

因此,他们的国防论,同消极的锁国相反,或是要求国外贸易,或是要求海外经营,都是积极的防卫体制。其极端者,有信渊的"宇内混同"说,也就是世界统一之论。在锁国政策仍犹如磐石的时代,利明主张通过"航海运输贸易"立国,并试图克服传统上对商业的蔑视,通过工业生产和商业的国家管理达到"殖产兴业",以此使日本成为"世界第一之大富饶、大刚强之邦国"(利明)乃至"世界第一之大国"(信渊)。他们的这种根本思想(当然,两人的思想有所不同,这里只就富国强兵论这一共同点而论),在当时的时代具有何种飞跃甚至是乌托邦的色彩,不难得知。那么,他们要建立的制度,其绝对主义性质,又表现在哪里呢?说起来,作为近代民族国家先导的绝对主义,其历史任务,是通过把封建制的多元权力一元化地集中到中央,使最高的君主垄断政治的正统性,从而解消所谓中间势力(pouvoirs intermédiaires),孕育出服从唯一的国法统治的同质的、平等的国民。到了此时,通过马克斯·韦伯所说的行政职务(verwaltungsstab)同行政手段(verwaltungsmittel)

---

① 《经济漫谈》。
② 《西洋列国史略》。

的分离，近代的官僚阶层和军队就应运而生了。

利明和信渊提出的富国强兵论，当然仍是不彻底的。但是，在他们那里，确实表现出这样一种倾向，即尽可能统合多元的政治力量，分解在"国君"乃至君主和"万民"两方之间所存在的中间势力。利明通过建立所谓四大急务之制度所期待的是："再兴古以武国闻名的大日本国，逐渐开新业，做出大成就。在东虾夷之内建都府，在中央设江户都，南都定为今大阪城，周巡三地，成世界第一之大富饶、大刚强之邦国，不虚也。……是皆在一善政，别无缘故。政善，天下英雄豪杰辈出，以手足尽忠节，天下之金银云集，如意融通。天下万民皆尽忠节于君，信向方内，万民内心一致，扶持制度，无侵国政，罪人鲜矣。"① 在此，一方面，日本要成为"世界第一之大富饶、大刚强之邦国"；另一方面，就是全体国民——严格来说是除了最高统治者一人之外的全体国民——要成为一体，要从内心服从新秩序。此外，利明认为，把"航海商业贸易"交给商人，结果是豪商抬头，士、农二民就会陷入日本开国以来未曾有过的穷困。他说："当今之时，国君若加以抑压，二民怨念积郁，愤怒而起，何事不可出哉？"这种说法与其说是"抑压"封建商人，即以蔑视商业为基调，毋宁说是一种警告，即如果豪商作为介于国君和国民之间的巨大中间权力而得以成长，那么国民的均等性就会被破坏，甚至威胁到依靠国君而形成的民族统一。在此，国君被描述为超然于士、农、工、商任何一个阶层的存在。作为实现"混同世界""全世界悉皆为我郡县"这种令人惊讶的世界政策的前提，佐藤信渊要求著名的三台、六府、八民的"垂统组织"。按照这种组织，传统的士、农、工、商完全解

---

① 《经世秘策》。

体,改为"万民",分成草、树、矿、匠、贾、佣、舟和渔之八民,并分别把他们配置到六府。与在利明那里一样,在此,武士阶级在唯一的君主面前,同其他的社会阶级完全一样,只不过是构成"万民"的要素。大名领地依然保持,但以二十万石为限,并要服从最高君主任命的地方官的命令。另一方面,商民也可以被选拔为执行官。这样,主权者"自由掌握日本全国,如同我之手足",就是这种社会根本改革的最终目标。总之,"若夫本国的肢体,犹如瘫痪,何遑征服他邦?"这是因为确立国内的绝对统治,是海外发展的前提。需要注意的是,在这种"垂统"国家中,皇居设在江户,四周用直属君主的官吏和军队组织固定把守。利明在策划经略堪察加之后,也构想出了在那里所要建立的国家中,要依据人才选用组建官僚组织。所有这些,都可以看成是近代国家结构的部分摹写。

那么,利明和信渊所说的这种绝对主义殖民帝国的"国君",应如何来看呢?多元势力的一元化,势必要引出这一问题。这种巨大的大日本帝国的最高权威,正如信渊的"皇居"所暗示的那样,是超出单纯霸者的担负起传统性和神圣性的存在。特别是,这种理想国的构想,正因为它是以现实的国际威胁为发端的,所以它自然要在本国的历史传统中寻求本国存立的精神支柱。这样,富国强兵论不久就从自己的胎内生出了尊皇论。我们探寻的早期民族主义的发展,也就逐渐到达了最后的阶段。

三

对于构成幕末一大潮流的尊皇攘夷论,后来大隈重信做了以下的回顾:

当今已陷入沼泽，若国家仍维持封建之四分五裂，危险之至。所谓人穷则求助于天，今则无处可求。外部威胁，迫在眉睫，无应对之方。于是乎，托福于万世一系之皇室，以之为日本统一之基。若非如此，据人文之发展，武断政治、封建政治，已不合时宜。自然统一之时，必将到来。然若无动机，七百年封建政治，无以速亡。……依据人文之发展，大义名分之声起。虽甚为微弱，然兹有国难，无论如何，必须统一国家。以此之力，同担国难，除此之外，别无他途。此一精神猛然而起，就产生了攘夷党、勤王党。勤王党、攘夷党结为一体，产生了尊王攘夷，终成一民族的大运动。①

大隈的话，提纲挈领地指明了尊皇攘夷论作为早期民族主义的最后阶段所扮演的角色。但是稍微具体地看一看这种"民族的大运动"的内容，就会发现虽说都称为尊皇攘夷，然而在其动机和方向上，明显各异其趣，错综复杂，根本不能单纯地加以图式化。例如，一般认为，攘夷论机械地同开国论相对立，但这是把锁国论同攘夷论混同了起来。事实上，即使是最热烈的攘夷论者，也有不少是积极的开国论者（如佐久间象山、吉田松阴和大国隆正等）。反过来，说到开国论，其本来的内心倾向实际上是最保守的锁国论，只不过受现实形势所迫而不得不主张开国论。②另外，到了幕末，尊皇论明显成了一个政治标语。即使在这种情况下，它也未必意味

---

① 《日本的政党》，《明治宪政经济史论》，第102页。
② 例如，以井伊大老为首的幕阁的开国论就是如此。参阅《福翁自传》，岩波文库版，第175页。

着反幕论乃至倒幕论，更何况是反封建论。在此，从尊皇、敬幕论开始，经过公武（朝廷和幕府）合体论，最后走到倒幕论，其中变革性程度不同的主张，几乎形成了无数的色调。因此，攘夷、尊皇等主观的用法，并不是什么问题，重要的是它的客观意义。在幕末复杂的政治形势中，只有具体地分析它是在何种社会层、何种社会立场上来主张的，尊皇攘夷思潮才能显出它的历史全貌。这就是为什么不能单纯地把尊皇攘夷同民族统一和民族独立这种近代民族主义的命题直接联系在一起的原因。例如，在诸侯们主张的攘夷论的根底上，如同前面稍微触及的那样，惧怕因国际关系的急速发展而带来统治特权动摇，这种阶级利害关系不断露骨地起着作用。这一点所表现出的结果，虽然同幕府的消极主义的开港论似乎相反，但在根本动机上却是相通的。既然这样，R. 阿尔科克说："统治者们认为，人民如果在智慧上和道德上受到启蒙，那么就不可避免地招致诸种根本性变革。而且，当变革一旦提到议事日程上，他们就充满着猜疑，他们所看到的只是对约束人民的封建权力的破坏和人民具有的理解的知见和睿智。许多生产者认识到，他们的金钱利益，通过与外国贸易大概就会增加。强有力的诸侯和领主之所以顽固地敌视与外国建立关系和发展通商，其故就在这里。"[①] 这未必是外国人的偏见。实际上，阿尔科克所说，同松平下总守安政四年（1857）十二月给老中的上书，恰如一种表里的关系，显示了封建攘夷论的这种本质。上书说："当时之时势，武家疲惫不堪。权力随之移向商贾。如交易自由进行，商贾愈得利，武家之盛愈衰。"

[①] 参看 R. 阿尔科克：《将军府：居日三年纪事》第二卷，第 249—250 页。另参阅第二卷，第 211—222 页。

而且，还是阿尔科克，他洞察到统治层为了维护特权而提出的攘夷论极其脆弱，与之相对，主张对列国采取强硬措施，"无疑又会点燃日本人性格中的爱国感情潜在的狂热性"①，阿尔科克对由此产生的大众运动保持了高度的警觉，意味深长。如果说幕末的攘夷论，算得上是把日本从殖民地乃至半殖民地化的命运中拯救出来的一个力量，那么，它不属于诸侯，而是属于所谓"书生的尊皇攘夷论"②。诸侯的攘夷论，大体上同尊皇敬幕论乃至公武合体论有密切关系，而"书生的尊皇攘夷论"很快就同反幕论乃至讨幕论合流了。从尊攘思想这一侧面来看幕末的历史，可以说，它无疑是上述前者的优越性逐渐转移到后者的过程。尊皇攘夷论，既然是一种思想乃至理论，它就是一个政治性的纲领，同政治实践密不可分。所以，它的整个发展过程的轨迹，实际上就是政治史的课题。在此，我们只在思想上比较统一的限度内，把作为尊皇攘夷论最初最突出的理论表现——后期水户学的立场，同作为"书生的尊皇攘夷论"典型的吉田松阴的立场来做一对比，看一看上述重点是如何转移的。

不言而喻，最明确地把后期水户学的尊皇攘夷论体系化的，是会泽正志的《新论》一书。这部以文政八年（1825）幕府发布击退令前后的骚动不安的形势为背景写成的书，包括五部分：国体、形势、敌情、守御和长计。它从国体的尊严说起，讲述了世界形势和欧美列强侵略东亚的计策，并从紧急措施和根本对策两个方面讨论了抵抗列强的防卫体制，它的确是一部很有系统性的著作，对幕末的思想界产生了惊人的广泛影响，一时甚至被幕末志士奉为圣典。

---

① R. 阿尔科克：《将军府：居日三年纪事》第二卷，第 222 页。
② 《大隈侯昔日谭》。

而且，在这部不外是尊攘论的"圣典"中，尊攘论这一民族主义"早期"的性格，得到了充分的显示。在会泽正志攘夷论的根基上，贯穿着对被统治层的根本不信任态度和对庶民层依仗外国势力的支援可能动摇封建统治关系的恐惧感。这种不信任态度和恐惧感，不言而喻，以他的"愚民"思想为发源地："天下之民，蠢愚甚多，君子甚少。蠢愚之心，一旦宣泄，天下固不可治。故圣人设造言乱民之刑甚严，惑于其愚民而恶之也。"① 对于社会上的富国强兵论，会泽正志批判说："论者言计策，富国、强兵、守边为急务也。今敌虏乘民心无主，阴诱边民暗移其心。民心一移，则未战，天下既为夷虏所有。所谓富强者，既非我有，适足以借兵于贼，运粮资盗。劳心竭虑，富强其国，一旦以尽资于寇贼，亦惜之而已。"② 另外。对于兰学，他也警告说："异日，使狡夷乘之，蛊惑愚民，则复变而为狗羯膻裘之俗，孰得禁之？……其所以广害深蠹者，岂豫熟察尽防之哉？"③ 凡此种种，其基底的逻辑，更应说是心理，完全一样。本来，一方面，正志把家康通过封建统治的建立，从而达到的"民始愚，天下始弱，一时之人杰，屏息听命"称为"英明伟略"；另一方面，他也认为在眼下的国际危机中这又成了弱点，"愚民、弱兵虽为治之奇策，本为利。然利之所在，弊亦随之，不得已而矫之"，由此指出了愚民政策的局限。从这里出发，他主张通过权力的某种程度的分散——具体表现为农兵制，用"海内之全力"抵挡外敌（在此，当然能够看到民族主义内在逻辑的必然发现）。

---

① 《新论》卷二。
② 《新论》卷一。
③ 同上。

但是，正志最终要实现的，是他在《新论》中所展开的一种国防国家体制，用他自己的话说就是"不拔之业"。他的落脚点是："今欲施行之，宜使民由之，不可使知之。"[1] 这种愚民观，不只是表现在《新论》中，它是整个后期水户学中明里暗里都带有的色彩。例如，藤田东湖在《回天诗史》中，叙述了古代尚武气象逐渐丧失的经过，认为尚武之俗从贵族转移到了武家，"亡于室，犹存于堂"。但是，他忧虑的是，在"今承平日久……因循不察"的情况下，万一存于其堂者也丧失掉，那么，很快"奸民、狄夷将起，而有拾之者，岂非寒心之至！"。这里，他把国内的"奸民"同国外的"狄夷"并列，同置于敌对的关系上。"夫英雄鼓舞天下，唯恐民之无动于衷；使庸人糊涂一时，唯恐民或动之"，这是《新论》中的一个著名说法。批评《新论》是"虚名空论""纸上谈兵"的吉田松阴，也把它看成是"深有感触"之语加以引用。包括《新论》在内的后期水户学的攘夷论，与广泛的国民共同承担对外防御的近代民族主义恰恰相反，完全是民若要动即"恐民或动之"的理论。《弘道馆记述义》载："传曰：君子劳心者治人，劳力者治于人。盖其身愈卑者，劳其力愈勤；其位愈尊者，劳其心愈切。"上述"恐民或动之"，就是站在统治者与被统治者相互对立的固定观念上，从所谓"邦家之势，如日趋危殆，孰873其责？岂非唯治人者废其职所致乎"出发[2]，自始至终都要在固定的统治者那里寻找国家危机的责任承担者。与这种立场上的攘夷论结合在一起的尊皇论，实际上具有什么样的性质，由此不难想象。与其说它与封建的身份等级制

---

[1] 《新论》卷四。
[2] 《弘道馆记述义》。

相抵触，不如说它恰恰为等级制赋予了基础。

正如在本书第二章中已经有所叙述的那样，会泽的尊皇论总是伴随着敬幕论。这种情形，无论在藤田幽谷那里，还是在东湖那里，基本都没有变化。对他们来说，要把皇室放在封建制君臣关系的最上位来理解，因此，从臣的侧面来说，"臣民者，各从邦君之命，亦即从幕府政令之理，仰天朝、报奉天祖之道也"[①]。这就是说，服从自己直属的主君，也就是尊皇的具体实践。同样，从君主一方来说，"幕府尊皇室，则诸侯崇幕府。诸侯崇幕府，则卿大夫敬诸侯。夫然后上下相保，万邦协和。大矣哉！名分岂可不正且严乎？"[②]。正名分最终就是要维持这种上下等级秩序，并不是说"万民"对于"一君"直接平等地奉献上自己的忠诚。这样来看，即使说水户学是把上述诸侯立场上的尊攘论从理论上加以定型，也大致不错。本来，水户学在实践上的影响，非常广泛，它似乎成了一切——也包括下士乃至草莽的立场——尊皇攘夷运动的思想基础。这是因为，第一，国体论开始同具体的时务论联系在一起，尊皇论与富国强兵论作为不可分的一体被极力主张，无论如何由于它与冥冥不清的时代动向相适应，所以搁置尊皇论、富国强兵论的具体内容，首先把它作为一个政治性言辞，非常吸引人心；第二，水户学中心人物齐昭同幕阁的政治对立关系——尽管事实上同幕府结构的核心并不对立——正因为水户藩所处的亲藩这一特殊地位，反而被充分地映现了出来，被视为犹如是打破幕末漠然现状诸动向的集中表现。而且，如果探寻一下意识形态的系谱，那么，水户学意义上

---

① 会泽正志：《迪彝篇》。
② 藤田幽谷：《正名论》。

的尊皇论乃至攘夷论,能够代表尊攘论的一般内容,充其量也只到安政(1854—1859)、万延(1860)年间。初期的"击退"攘夷论,在与列国缔结条约后,已经从现实中隐退了。从齐昭和正志晚年转向开国论开始,尊攘的分化变得明了。水户学本来的立场,被诸如萨摩的岛津久光等人所继承,逐渐同"激进派"的尊攘论形成了尖锐的对立。在思想上最早代表"激进派"尊攘论并加以实践的人物是吉田松阴。

会泽和藤田父子的尊攘论,是在文政和弘化时期最终形成的。与此不同,吉田松阴的尊攘论在思想上的明显成熟,是佩里来到日本之后的事。松阴亲眼看到了停泊在浦贺的美国舰船之后,向江户藩邸提出了《将及私言》。在其中,我们已经能够看到具体的果实。他认为,切实首要的问题,是打破封建的、地方的割据禀性,使应付对外重大危机——佩里再次来日半年后更为急迫——成为全国对天朝的义务。首篇题为《大义》,所说的就是这一点:"普天之下,莫非王土;率土之滨,莫非王臣。……然近世有一种可憎的俗论,云:江户乃幕府之地,旗本(见前注——译者)及世代家臣、近族诸藩才应尽力。国主之列藩,各重其本国,未必尽力于江户。呜呼!此辈不唯不知敬重幕府,实可云暗于天下之大义。夫重本国,固也。然天下者,天朝之天下,亦天下之天下,非幕府之私有。故天下之内,受外夷之侮,幕府固当率天下之诸侯,雪天下之耻辱,以奉慰天朝之圣心。方今之时,普天率土之人,如何不尽其力哉?"[①]同时,松阴在该书中对"近来一扫直谏之风气"感叹不已,要求"开言路",像所说的"凡举行大事之时,必用众议归一,

---

① 《吉田松阴全集》(普及版)第一卷,第298—299页。

是政之先"一样①，他在横向的地方封闭性和纵向的身份封闭性中看到了全国性的最大障碍。差不多同时，他在一首可以看作是对他的思想简明概括的诗中这样写道："美奴递书向我期，国家安危正是时。普天率土孰非王臣与王土，协力当须却狄夷。如今上下浴至治，纪纲稍弛弊沓至。第一可忧是壅蔽，临朝听政久废弃。大臣悠悠不恤事，小臣营营徒谋利。外臣含愤胸郁勃，内臣承颜色柔媚。此弊一洗备始修。"很明显，对于政治外交，松阴竭力主张"都俞吁咈"，也就是进行赞成和反对的自由讨论。②在此，不难窥出松阴对时弊的关心所在。但是，另一方面，正像上文中他所说的"鸣呼！此辈不唯不知敬重幕府"所显示的那样，对于朝廷和幕府的关系，这一时期的松阴，一点儿都没有超出水户学的尊皇敬幕论。当幕府"俯首屏气，通信、通商唯其所求"同佩里缔结睦邻条约时，他激愤不已。安政二年（1855）三月，他在野山狱中，给僧月性写了一封信。就是在这封信中，他也说："严请天子讨幕，几乎不可。"③对月性的讨幕论做了反驳：

> 兄弟虽阋于墙，然共御其外侮。大敌在外，岂国内相责之时耶？唯当与诸侯协心，规谏幕府，共筹强国之远图。④

很明显，这是主张公武合体的全国一致论。然而，到了安政五年

---

① 《吉田松阴全集》（普及版）第一卷，第300页。
② 同上书，第311—312页。
③ 《幽囚录》，同上书，第353页。
④ 《野山狱文稿》，《吉田松阴全集》第四卷，第25页。

（1858）六月，井伊直弼没有得到天皇的敕许，就同哈里斯签订了通商条约和附件，于是，松阴的立场幡然一变：

> 美夷之谋，必为神州之患。美使之辞，定为之辱。以此震怒天子，下敕绝美使。是幕府宜缩魇，无暇遵奉之。今则不然，傲然自得，以谄事美夷为天下至计。不思国患，不顾国辱，而不奉天敕。是征夷之罪，天地不容，神人皆愤。准此于大义，讨灭诛戮，然后可也。不可稍宥之。①

在此，松阴渐渐从他的尊皇攘夷论走到了讨幕论。这样，安政大狱事件开始不久，松阴也亲自策划狙击老中间部诠胜，遂再次被捕入狱。此时前后，他的思想完全走上了激进的道路。也就是说，最初在反幕的诸侯中寻找讨幕主体的他，很快就认识到："当今二百六十诸侯，大抵膏粱子弟，迂阔天下国家之事务，殊顾身家，媚谀时势。"②于是，他就从"草莽志士"乃至"天下流浪武士"中寻求讨幕的主体。大致同时，梅田云滨也说："我知今之诸侯其必无能。今之诸侯，大率童心无知，财竭武弛，一日天下有事，只恐其自国不立，又奚有奉天朝、忧外寇之暇哉？……然虽明天子在上，皇位赫赫日烈一日。我知千秋之后必复古，有志之士，岂可不竭力乎？"③正如在这里所能看到的一样，此时的尊皇攘夷论同水

---

① 《议大义》，安政五年七月十二日对于藩的建议。《戊午幽室文稿》，《吉田松阴全集》第五卷，第192页。
② 《时势论》，《戊午幽室文稿》，《吉田松阴全集》第五卷，第251—252页。
③ 《致久坂义助书简》。

户学的相比已经有了根本性的飞跃。它绝不再是对于封建等级制的单纯再认识了：

> 德川统治之内，受制于美、俄、英、法，何等速也，难以计之，实长太息也。幸上有明天子。虽于此深竭睿虑，然缙绅蠹虫，比之幕府更甚。然近外夷即有神国之污。上古雄图远略，今丝毫无以谋，事之不成固其宜矣。至列藩诸侯，仰征夷之鼻息，毫无主张。征夷而降服于外夷，则此后除降别无他法。三千年来独立不受羁绊之大日本，一旦受人羁缚，凡有血性者，岂能忍视之乎？如不奋起拿破仑之勇而高唱自由，则腹闷难医。①

松阴对现状所作的这种悲痛观察，即日本对外自由独立的承担者，不是幕府，不是诸侯，也不是公卿，要而言之，不是一切统治阶层这一认识——其倾向显然不是拥护现存的社会政治结构，相反，是要在"今之世界一变"中解决一切问题。他说："尊攘无以改变世界。"②"今之世界，如老屋颓厦，此人人之所见也。吾谓，大风再起，必使其覆毁，然后换朽楹，弃败椽，用新材，再造之，乃美观矣。……由是观之，尊皇攘夷，岂可成之。"③本来，松阴自身对"世界一变"的具体内容并不清楚，他只是模糊地预感到了它将朝着一君万民的方向迈进，并咏诵着"四海皆王土，兆民仰太阳。归

---

① 安政六年四月七日《致北山安世书简》。
② 安政六年四月九日《致冈部富太郎书简》，《吉田松阴全集》第九卷，第330页。
③ 《语子远》，《己未文稿》，《吉田松阴全集》第六卷，第122页。

期君勿问,到处讲尊攘"①,沉静地奔赴刑场。不管如何,至此,尊皇攘夷论终于走完了历史限制中所允许的道路。

四

综观一下我们以上所探寻的"早期民族主义思潮",尽管其思想内容涉及诸多方面,但是,它所具有的内在倾向,像一条红线一样,贯穿在整体之中。封建社会的多极性分裂,在面临外国势力时,暴露出了它的软弱无力。当此之时,为了国家独立而要求民族统一,作为国内对策,表现为两个方向。一是,政治力量向国家凝聚;二是,向国民思想的渗入。在初期的海防论那里我们看到,一方面否定横向的地方割据、要求举国关心国事,另一方面纵向缓和身份界限——要求言论畅开,这两个方面不可分割地结合在了一起。这种思想联系,一直影响到了后来的尊皇攘夷论。既然中间势力的独立存在,成了国家同国民内在结合的桎梏,那么,作为克服它的民族主义理念,当然同时就要包含集中化和扩大化这两种契机,并在辩证法的统一过程中使自己具体化。其中政治集中这一方向,在富国强兵论那里,根本上被强化为绝对主义体制。不久,这种集中因要寻求所应归属的主体而使尊皇论上升到政治的高度。另一方面,如同上述,尊皇攘夷论把社会使命的承担者,从封建统治者那里逐渐转移到了"草莽崛起"的民众中。这无疑是同幕末思想界中所谓"公议舆论"思潮兴起相同的历史动向。在这种意义上,佩里到达日本之际,如同上述,老中阿部正弘难以处理,一方面

---

① 安政六年五月十九日东行前日记。《吉田松阴全集》第十一卷,第191页。

奏闻朝廷，同时另一方面，向诸大名以下者咨询对策，说："即有触忌，亦不必过虑。务必尽智虑，向上言所欲言。"这暗示了中间势力解体的两个方向，即向最高主体的凝聚和向国民层的扩大。在这一限度内，可以说它超出了当事者的意图，是民族主义动力学的历史性象征。但是，"早期"民族主义思想是这两个契机不分轻重均衡发展出来的吗？答案明显是否定的。不难看出，这里始终起到压倒性作用的，是政治集中这一契机。直面对外危机，首先迫切需要的，是尽可能把封建的、割据的政治势力一元化，通过"自由掌握日本全国，如同我手足"（信渊）这种强有力的中央集权，充实国防力量，而其前提，是要安定国民生活并开展"殖产兴业"。与此相对应，对政治的关心更加广泛地渗入社会层，并以此把国民从之前对国家秩序无责任的被动状态中解放出来，从而在政治上动员一切力量。这一历史性课题，作为一个模糊的方向，最初是与前一个问题不可分割地同时提出的，但由于一味苦于追随前一动向，它的速度明显减缓了。这多半是从"言路洞开"的要求开始的，到了身份界限的缓和、从下层吸收人才、公开舆论思想，才逐渐具体化。这种要求政治权力向下层扩展的主张，因一个不可逾越的鸿沟而被限制住了。谁是国家独立之责任的最终承担者呢？一触及这一根本问题，正如在水户学中所典型表现出来的那样，封建统治层以外的国民大众，立即就被排除到问题的答案之外。即使有人抽象地主张"上自列侯，下至大夫、士庶，协心戮力"（松阴）[1]，"视日本国中为一家"（左内）[2]，但在现实中却几乎没有人要求冲破阻碍国民总动

---

[1] 《吉田松阴全集》第一卷，第553—555页。

[2] 安政四年十一月二十八日《致日村田氏寿书札》，《桥本景岳全集》上卷，第555页。

员的社会因素。从幕府到诸侯，从诸侯到家臣，从家臣到流浪武士，并渐次到社会下层，即使要在这里寻找尊皇攘夷推动力的松阴，最后所找到的也只是"草莽志士"，并且到此为止。[①] 这样，值得注意的是，早期民族主义思想中"扩大"契机的这种脆弱性，因对封建"中间势力"的顽固性延续听之任之，反而使"集中"的契机不够彻底。

在富国强兵论那里，不管是海外贸易乃至殖民的见解〔信渊、利明、（帆足）万里、象山〕，还是农兵论的立场（子平、幽谷、正志、东湖），为了殖产兴业和充实军备，或多或少所要求的政治力量集中，即使超越了大名领主的政治经济的自足性，也并不主张破坏它。这一点不管政治力量的归属点是在朝廷那里寻找还是优先考虑幕府都没有什么变化。当尊皇论从尊皇敬幕论经过公武合体论逐渐推移到讨幕论的时候，正如真木和泉守的《义举三策》仍以"勤诸侯举事策"为上策、以"义徒举事策"为下策一样，持尊皇攘夷论的许多人，仍然一点也没有触及藩的独立权力。仅仅在松阴末期的思想中，读到了这样一种预感，即为了使日本对外保持"自主独立"，迫切需要整个体制的某些根本转换，是一个不可或缺的课题。要而言之，不管是富国强兵论，还是尊皇攘夷论，它们在国民渗透的契机上自不待言，就是在集权政治的确立上，也照样不得不在封建结构的最后铁壁之前戛然止步。这一点恰恰是这些民族主义

---

① 安政六年三月二十六日，松阴在《致日野村和作》的书简中说："唯今之势，诸侯固无为，公卿亦难有为。唯求助草莽，然草莽亦无力。走遍天下，趁机利用百姓义举，也许为一奇策。"（《吉田松阴全集》第九卷，第291页）这里，突出表现了松阴后期的焦虑和绝望。注意到了百姓起义的能量，真不愧是他。但是，在此，农民起义也只是"趁机利用"的对象，绝不是对百姓主体性力量的评价。

理论在整个"早期"的种种特征的最终根源。以上这种思想发展的特质，同幕末日本现实中走过的政治统一过程，在基本方向上完全照应。如同上述，因外国舰船的到来，造成了幕府权力的弛懈。能够克服由此带来的国内分裂和无政府混乱状态所需要的政治力量，最终并没有从庶民中间产生出来。众所周知，王政复古的政治变革，在封建统治层的自行分解过程中，主要是以激进派公卿、下级武士和至多是庶民的上层为主要承担者来进行的。这样，消灭幕府之后，首先出现的政治形态，就是朝廷之下的雄藩联合。舆论公开思想的眼前的具体果实，不过如此而已。本来，不能把这看成是封建多元统治形态的单纯继续乃至变形。身感欧美列强的重压，为了保全国家的独立，根据"政令归一"，即集中政治力量而达到富国强兵的政策，成了燃眉的课题。不，上述一些思想家所提倡的军备现代化以及"殖产兴业"，在幕末就由幕府自身进行了某种程度的尝试。特别是，组成维新政府的西南雄藩，在这一点上尤其卖力。也就是说，封建权力在末期阶段，为了自我保存，也不得不依靠异质的近代产业及技术。因此，随着幕末的临近，确立绝对主义体制，在朝廷和幕府的任何一方，都成了课题，问题只是指导力之争。从这种意义上来说，纯粹封建等级的分权组织，已经没有存在的余地。尽管这样，"中间势力"的排除，并不是通过庶民层的能动参与，而确实是通过构成"中间势力"的分子来实现的。为了形成近代民族国家而进行的维新诸变革，形成其根本性质的原因就在这里。在依然存在的国际重压中，"使全国人民的心里都具有国家的思想"[①]这一切实课题，就重新寄托在了明治思想家的双肩上。

---

① 福泽谕吉：《通俗国权论》。

初版后记

大学毕业后，我在东京大学法学院研究室从事日本政治思想史研究，陆续发表了一些论文。本书就是从这些论文中，选取了以德川时代为对象的部分汇集而成的。因此，本书的各章原来分别都是作为独立的论文，先后刊载在昭和十五年（1940）至十九年（1944）的《国家学会杂志》上。除了后面将要谈到的第三章的情况之外，标题也都是原来的。只是，收录到本书时，为了使全书的结构更为清楚明了，变更了若干节目和标题。正文的修改，根据后面很快将要谈到的理由，限制到最小程度，大部分都是技术性的处理，如更正了误排，修改了不明确的表述，删除了冗长的地方，力求前后形式上的统一，等等。有关资料，今天来看，虽然有不少地方需要进一步选择取舍乃至追加，但不言而喻，由于资料的选择配置同问题的设定方法密切相连，贸然变更，势必影响到全体的构成，导致原先结构的整体崩溃，这与我的旨趣相左，所以，只是恢复了发表之际由于篇幅的限制而被删除的资料。

论文发表以后，已过了八年，甚至十一年，而且因太平洋战争失败引致的日本帝国主义的解体这一巨大历史断层就处在这一时期。时至今日，汇集旧文正式出版，在种种意义上，我都不能不坚持内心的顽强抵抗。事实上，战争刚一结束，周围的先辈和知己就多次劝我把这些论文结集，公开出版。但是，我却一直拖延到现在。这是因为，我有一种强烈的意愿，即如果要修改出版的话，我想对整体从根本上进行重建。这种意愿，随着时间的流逝，变得越来越强烈。老实说，如若不是去年以来我长期患病和为其他个人之事所迫，本书是否真能以这种形式与读者见面，仍是一个疑问。尽管如此，在终于结束最后的校对之际，我依然处在下决心出版是最好的选择这种"安心"感之中。我不能认为，这本来只是人们因无心插柳柳成荫而经常陷入的自我欺骗的心理的产物。因为今天我终于没有理由或者能够切实感到，为了在一个更新的阶段上发展这些旧稿，与其说只是把它们揣在怀里，吹毛求疵，还不如死掉这份心，使它"客观化"，而这对于今后自由设定方向也是需要的。我一边进行本书的校订，一边再次痛感到，这些论文在内部是如何受到了写作时的历史状况的影响。这样说，绝不单是指受所谓"暗谷"政治的制约和统治思潮影响这种消极的意义。在这一点上，我今天并不感到特别内疚，反而对结集公开出版战争时期这一领域的研究成果有一种暗暗的满足感。实际上，我今天清楚地意识到，这里的种种问题设定和分析展开的方法，乃至各种历史范畴的规定自身，像后面将要举出的两三个例子那样，仍然在根本上留下了"八一五"以前的烙印①；另外，它不得不站在以下的历史意识中，这与现在的视点无论如何都不是直接连接的，这就是把这以后我个人以及我所属的祖国体验了数十年、数百年的历史状况的变动——不是指在所谓战后的民主化政策中日本的政治、社会思想变了多少还是没有变的问题，而是指更深或更广的世界状况的推移及

---

① 八一五：即1945年8月15日，此日日本宣布停战。——中译者注

其对日本的冲击——的意义作为切实的学术上的课题加以理解和咀嚼。我虽然几次都试图对这些旧稿进行大幅度的修改乃至重构，但最终都没能如愿，仔细想一想，根本原因其实就在这里。这样，越是明确地自觉到本书同我现在摸索的方向之间的分歧，本书的构成本身复杂的内在关联就越是逼迫着我。反过来说，本书作为一个完结体不论好坏，越是映现出凝固的姿态，对我来说，它就越是被"对象化"。这样，安于本书，即使几乎保持原样不予修改也无妨。不，宁可说，不予修改的心情，在我内心自然已经确定了。当然，这样说，不言而喻，并不是我认为构成这些论文基础的方法论乃至具体的分析，在本质上是错误的（假如这样，公开出版本身就是无意义的）。另外，说到问题意识的分歧，今后也不是要与我曾经探寻的方向完全无关而另辟一个"新奇"的蹊径。其实，我很不屑做这种突然转变。我对今后的日本政治思想史研究，只能做出这样的预测，即应该更加丰富本书在某种意义上已经确定下来的尝试的方法以及分析的方式——因此，在这种意义上，不是纯粹内在有机的发展，即使是研究同一时代的同一对象，也要通过新视角和光线的投射，让整体的展望同本书有相当大的不同。在此之际，本书所尝试的诸分析，也未必会被废弃或者被抽象地"否定"，它们将在不同的组合和配置中，实现机能的转化。在这种意义上，将来无论如何，我都要经常回味埋头与日本政治思想史这一巨大的课题进行恶战苦斗而结出的这一最初成果。

本书公开出版后，将为更多的同行所接触。我之所以奢望本书能为他们的研究提供一些刺激和暗示，并有助于日本思想史学的进步，也只是因为从上述的意义出发，衷心地期待本书的分析能在更高的水准上被自由地运用。如战后在西乡信纲氏的《国学之批判》

（昭和二十三年，1948）和松本三之介氏的《日本近世国学的政治课题及其发展》（载《国家学会杂志》第六十五卷第二、三、四号及第六十六卷第一、二、三号）等著述中，本书的不少成果在极其崭新的视角上得到了"扬弃"。看到这一点，我不胜欣喜。但与此同时，我也更加深了上面的那种期待。因此，对于广大的读者，我所希望的当然并不是大家同意或追随本书的结论。其实，如果允许作者口出狂言，那么，我深切希望的是，读者诸兄不要只是宏观地批判本书的问题意识或者视点，而要花费精力进一步微观地检讨个别的分析，并能够忍耐和宽容。

如同读者诸兄所看到的那样，本书的研究对象大致覆盖了德川时代的整个时期。但是，它绝非所谓网罗式的近世政治思想乃至政治学说的通史。实际上，本书三章中的无论哪一章，本质上都是问题史。因此，为了帮助读者理解本书，限于所需的最小限度，我以当时从事这一研究的意图和主导动机为中心，稍加说明。

第一章和第二章关系特别密切，它们相互补充。二者的共同主题，是封建社会的正统性世界观如何从内部走向了崩溃。我想通过对这一课题的阐明，来弄清广义上是日本社会、狭义上是日本思想现代化的模式，以及一方面它相对于西欧，另一方面它相对于亚洲诸国所具有的特质。特别是在第一章，我并不把视野限制在狭义的政治思想上，而首先是以构成德川封建社会观点结构（Aspektstruktur）的儒学的（具体说是朱子学的）世界观整体结构的推移为问题。我之所以要这样做，是因为考虑到，照第一章结束所触及的，它从思想史的侧面确证了德川封建体制崩溃的必然性。就这一思考方法而论，至今我仍然认为它是正确的。换言之，它是一种极限状态的试验，即在现代性的最低水平上，最具稳定性的精神领域和最具"抽象性的"思考范式的内部崩溃,究竟能被检视到什么程度。根据这种检视,如果认识到了经济基础变动的冲击,那么就比较容易把握住更具流动性、政治性的现实的解体过程与经济基础的关联。因此,全面地叙述政治思想上的现代化过程,原本就不是我在这里的意图。大概在思想史的方法上,要不陷入单纯的"反映论",也即要具体地阐明所谓经济基础同上层建筑之间的关联,是极为困难的问题。在此,虽不深入讨论这一问题,但是,不要抽象地否定思想自身内在的运动,如果没有努力尝试把这种运动本身,作为具体普遍的全社会体系变动的契机而积极地加以把握,那么,思想史的研究同社会史的研究,也就只能描绘出不相交的并行线。特别是,由于在前现代社会中,还看不到现代社会那种机能的分化,所以在那里,纯经济的或纯政治的范畴本身,自然也不能产生。意识形态与经济基础大体上也不能截然分开,它们本质上相互纠缠在一起。例如,看一看在未开化的社会中巫术对于经济生产所具有的意义和作用就能明白,那种所谓的意识形态同独立的纯"物质性"生产的关系,反而是观念性的。在这种意义上,卢卡奇说:"在前资本主义社会中……法的诸形态,结构性地介入到了经济的诸关联中。在此,有所谓经济性的范畴……它是以法的形态而非改造为法的形态来表现的。其实,经济的以及法律的范畴,在本质和内容上,都相互不可分地交织在一起。"① 卢卡奇的这一说法,大概只有程度上的差别,它不仅对于法的形态,就是对于前现代社会意识形态的整体而言也是妥当的。我在第一、第二两章所要求的恰恰就是这种意义上的政治思想史(并没有实现!)。在此,特别

---

① G. 卢卡奇:《历史与阶级意识》,1923 年,第 69 页。

对我有启发的欧洲社会科学家，撇开古典学者不论，主要有K. 曼海姆［尤其是他的《意识形态与乌托邦》中的整体性的意识形态概念（totaler ideologienbegriff）］、M. 韦伯（特别是《儒教与道教》以及《新教伦理与资本主义精神》两本书中显示出的分析方法）。另外，通过译本阅读到的F. 博克瑙的《从封建的世界观到市民的世界观》，对我也大有裨益。我从以往的思想史研究中学到的东西当然也很多，尤其是津田左右吉、村冈典嗣、永田广志和羽仁五郎等人的研究，在许多方面对我都有很大帮助。但是，坦率地说，要在德川时代具体地尝试上述那样的探讨，我几乎是在暗夜中摸索着前进的。

然而，不言而喻，这样的探讨即使它本身是正确的，但在本书中结出的果实也不够丰硕，甚至还有缺陷。由于我自己对儒学和国学理解的肤浅而产生出的种种问题姑且不论，如果仅就大的把握方法进行总括性的自我批判，那么，自今视之，首先一个明显的缺陷，就是开头所说的有别于中国的停滞性，日本有着相对进步性的看法。这一看法，虽然一方面包含有正当性，但另一方面正像今日学界众所周知的那样，却有把事态引向片面性和单纯化的危险。当然，如果允许我进行辩解，那么中国的停滞性，是当时站在第一线的中国史家们不管多少也都共同具有的问题意识。我也根据这种问题意识，从思想史的侧面，探讨何以中国的现代化失败并被半殖民地化，而日本则通过明治维新成了东方唯一或最初的现代国家这一课题。这一"现代国家"即使是加括弧的现代，但今天——尽管对于它的具体性质有不同的见解——可以说也已成为学界的共同遗产。在经验了加括弧的现代的日本和在这一点上尚未成功的中国，从所谓大众地盘上的现代化这一点来看，两国现在恰恰产生出了相反的情形。正是在这种复杂的历史辩证法中,"何故日本成功地建立起了东方最初的现代国家"这一设问,就必须重新进行探讨。但是,就是在这一点上,不管是谁,只要能想起本书执笔时的思想状况,就会承认一个不可否认的事实,即在"超越"和"否定"现代之声喧嚣不已的时候,关注明治维新的"现代性"侧面,进而关注德川社会中现代要素的成长,不仅对于我,大概对于那些意识到要顽强抵抗法西斯主义历史学的人来说,都是一个生死攸关的据点。我埋头钻研德川思想史的一个超学问的动机,可以说就在这里。从德川时代——当然是从思想史这一限定的角度——证实任何仿佛是坚如磐石的体制其自身都具有崩溃的内在必然性,在当时的环境中,夸张地说,它本身就称得上是灵魂的救星。但是其反面,正像第一章中所显示的那样,如果把正统性意识形态的解体过程翻过来,它就原封不动地陷入了现代意识形态成熟这一机械的偏向中。例如,从直接的政治性言论上捕捉现代意识形态的危险性乃至随意性,即使正如本章所言,也难以把从内部使封建的意识形态解体的思想契机直接看作现代意识的表征。不如说,它为本来的现代意识的成熟准备了前提条件。在第二章中,虽然由于这种缺陷的限制而不能完全自由,但即使这样,在对"制作"系列的现代性程度加以限制这一点上,观点更具体了。此外,即使在对德川中期以后表现出来的所谓"一君万民"的绝对主义思想的评价中——这与第三章的主题也有关联,本书也不免有些"天真"。在这一点上,绝不能说我在列宁所说的意义上使用了"奴隶的语言"。"一君万民"的思想并非没有局限,但不管如何,本质上承认它的反封建性的要素并加以肯定,恰恰就是我当时内心的想法。德川封建制政治结构根本不贯穿有典型的封建制,而是被韦伯所说的家产官僚制的契机所渗透，其结果，绝对主义之路是作为近世初期欧洲的绝对主义［所谓官僚化后期的家产制（bürokratisierter spätpatrimonialismus）］和亚洲的专制这两个方向的重叠行进的，为了从更正确的观点推进以上问题，就必须探讨这一过程在思想上的意义等问题。这是同上述中国和日本的现代化模式形成了反论性对比相关联的问题。我期待不已的是，崭露头角、前途无量的日本思想史研究者，迅速超过我的这种笨拙研究，并站在现在同我们较量的世界史的问题意识上，重新顽强地埋头研究上面的诸问题。

本书的第三章更接近于狭义上的政治思想史，在若干色调上，它与前两章有所不同。它的产生，也有另外的"由来"。昭和十九年（1944），《国家学会杂志》拟编一个名为"现代日本的产生"的特辑，我也参加了。我想从明治以后 nationalism 的思想发展如何先作为民族主义理论，后又变质为国家主义这一观点，对它加以把握。这一章原本是在这一意图之下执笔的，原题为"民族主义理论的形成"。但是，因我的恶癖，本来作为序论只需简单触及的作为现代民族主义前史的德川时代部分，却意外地冗长。还没有进入正文，就因为我突然接到了征兵令，所以在即将讨论到维新时就中止了。但是，重新阅读一下，大概也只能这样处理。问题本来就是现代民族意识的成长乃至未成长，与前两章的问题有不少关联，幸好讨论的时代也一致，在体裁上也就尽可能以完整的形式收录了进来。"早期的"民族主义这一说法，是从大塚久雄教授所使用的"早期的（商业＝高利贷）资本"这一用语中受到的启发。同第一、第二两章相比，这一章的写作，正处在太平洋战争最紧迫的时期。而且，正因为问题就是问题，所以我就尽量把我对当时日本社会政治状况的忧闷装填在了历史的考察之中。大体上，我肯定克罗齐的

初版后记

"所有的历史都是现代史"这一著名的说法和E.特勒耳奇的"现在的文化综合"概念所包含的真理。但另一方面,历史的实证性考察,其实是对于因一些政治主张而有可能造成歪曲的危险性所具有的神经性反应。特别是,由于当时在历史叙述的主体性的美名之下可笑的国体史观泛滥横行,所以对于这种考察方法的抗拒也就格外强烈。通过这一章的写作,我仍然不能不重新认识到存在于历史意识与危机意识之间的深层的内在牵连。如果读者判断说,支撑这一章的主体意识,超出了历史学家所需要的最低限度的"禁欲"而泛滥于叙述之中,那么,我甘愿接受这一非难。在此,要附加说明的是,比较起来,同我现在的课题最直接相连的就是这一章,我对日本民族主义的关心,就是从本章发端的。

这一旧稿,当然能引起我种种个人的回想。回忆一下全书的写作过程,至今还保留着的强烈印象,就是在精神病学家E.克雷奇默(Ernst Kretchmer)的"平常我们诊断他们(疯子),非常时期他们诊断我们"这一说法所恰当描述的狂热的"非常时期"中,温暖地包围着我的东大法学部研究室的自由主义气氛。特别是,南原繁先生不断地鞭策我对于作为时局性学问对象的日本思想史,大体上要进行非时局性的探讨。如果没有他,在这一领域中,我大概就会丧失掉不断前进的研究欲望。另外,第一章论文写完后,石井良助博士从头到尾仔细地阅读了一遍,并多有赐教。关于本书第二章的主题,我还收到了研究专业不同的田中耕太郎先生的热情鼓励和善意批评,使我难以忘怀。还有,如上所述,本书第三章是我应征入伍前夕的工作。特别是其中的后半部分,我接到征兵令之后,离出发还有一周的余暇,是直到出发前的那一天早上才好不容易写完的。因为要在新宿车站亲手交给前来送我的同事辻清明君,这不太容易，所以能不能如愿姑且不谈，但值得纪念。我伏案疾书，以最快的速度结束了最后的部分。在我的窗外，聚集着手拿国旗的邻组①和街道居民委员会的人。其中我已故的母亲还有妻子做了红小豆糯米饭团款待我。这一情景，至今仿佛就在眼前。在我交给辻君的原稿中，引文的出处和注释，像暗码一样，记在草稿上方的空白处，后要"解读"它，就得费一番辛苦。这次整理论文之际发现了这一点，再次向辻君表示感谢。

而且，当时还素不相识的远山茂树君，在《历史学研究》年报上，费心对本书的第一、第二两章做了介绍。也许这件事成了机缘，在学士会馆的一个房间里，我在"历研"的——几乎是未知的——诸君面前，以上述论稿为中心做了一个报告。这作为我同"历研"接触的开始，给我留下了很深的印象。收入本书的这些论文，尽管是在发行量极少的学术杂志上发表的，但能获得广为历史学界所知并引起反响这一殊荣，多亏了远山君和松岛荣一君的介绍。对此深情厚谊，值此机会，我深致谢忱。

最后，有关本书的出版，福武直教授费力颇多。特别是，对于我几乎是不正常的迟缓的工作状态，东大出版社的石井和夫君以及其他诸君，极其耐心，给予了舍己的帮助，对此，我无法用语言来感谢他们。

丸山真男
1952 年 11 月 20 日

---

① 邻组：日本在第二次世界大战期间，为了便于控制人民而建立的一种地区基层组织，以十户左右为一组，战后废止。——中译者注

译后记

相应于我们的兴趣，世上吸引人、诱惑人，甚至使人痴醉的事物不少，这些事物有一个共同的地方，即一般所说的"魅力"。"思想史"这一事物，乍看起来灰蒙蒙的，带着老掉牙的"历史"面孔，它也有"魅力"吗？有。对于那些以思想史为"天职"，与思想史共命运的人来说，"思想史"不仅有"魅力"，而且极具"魅力"。"思想史"不是一条单调的直线和枯燥无聊的机械性重复，它如同音乐，有美妙的旋律和节奏；亦如小说故事，有高低起伏和引人入胜的情节。要想体验和分享思想史的美妙，就要沉浸其中，仔细地玩味和品尝。① 丸山真男的《日本政治思想史研究》，就为我们提供了这样一个良机。

对中国大陆学人来说，丸山真男基本上仍是一个比较陌生的名字。这并不奇怪。大陆对丸山真男的介绍，至今还局限在以日本问题为专门研究对象的少数人那里。据我们所知，他的论著，此前除了区建英翻译的《日本近代思想家福泽谕吉》之外，别无其他。而

---

① 在帕斯卡尔（B.Pascal）看来，"思想"非同小可，它是人的伟大和尊严的根源，人所以为人，就在于他能思想："思想形成人的伟大。一思想——人的全部尊严就在于思想。"（《思想录》，商务印书馆，1987年，第157、164页）

那部书，恰恰又是区建英汇集丸山真男有关"福泽谕吉"的一些论文编辑而成的。那部书带给读者的客观效果，比起传播丸山真男的学术思想来说，也许更容易使人"关注""福泽谕吉"本身，继续"强化"中国的"福泽谕吉"形象。有理由相信，翻译出版为丸山真男奠定了核心学术地位的《日本政治思想史研究》一书，会使丸山真男的学术思想大大地迈进中国的学术空间。

要迅速地认识"陌生"的丸山，比较有效的办法，也许就是"压缩性"地介绍他的"生平"和"著述"。丸山一生并不复杂。1914年3月22日，他出生于大阪，排行老二。1937年毕业于东京大学法学部，并留校任教。1940年，任东大副教授。1950年升东大教授。从1961年至1963年，先后担任哈佛大学和牛津大学客座教授。1971年退休，任东大名誉教授。1973年，获普林斯顿大学名誉文学博士和哈佛大学名誉法学博士。1975年至1976年，在牛津大学和普林斯顿大学从事研究工作。1977年入选日本学士院会员。1996年8月15日，在东京逝世。从这里所列出的他的简历来看，可以说他是一位比较典型的学院型知识分子。但他绝不是躲在象牙塔内的知识分子，他的研究生活与他所处的时代息息相关。他最富活力的时代，恰恰是日本军国主义最盛行的时代。正是在这种"非学问"的时代，"恶战苦斗"的他，却惊人地营造了"学问"的世界。最能体现他"学问"世界的东西，就是他的著述。比起他的著述量来，更引人注目的是他的那些著作的分量。他出版的著作有：《日本政治思想史研究》（东京大学出版社，1952年初版）；《现代政治的思想与行动》（上下册，未来社，1956—1957年；1964年增补版）；《日本的思想》（岩波书店，1961年）；《现代日本的革新思想》（河出书房新社，1966年）；《战中与战后之间——

从1937年到1957年》（三铃书房，1976年）；《从后卫的位置出发》（未来社，1982年）；《读〈文明论概略〉》（上、中、下，岩波书店，1986年）；《忠诚与叛逆——转型期日本的精神状态》（筑摩书房，1992年）；还有一本首次以中文出版的《日本近代思想家福泽谕吉》（区建英编选并翻译，世界知识出版社，1997年；初版题为《福泽谕吉与日本的近代化》，学林出版社，1992年）；《丸山真男集》（16卷，另有别卷1，岩波书店，1995—1997年）；《丸山真男座谈》（9卷，岩波书店，1998年—）；《丸山真男讲义录》（7卷，东京大学出版会，1998年）。

但是，这种类似于"数家谱"式的介绍，只能给我们提供一点儿丸山的"史实"，对于我们了解他的学术思想的内涵，帮助不大。一般来说，能够为我们提供思想的，主要有两种人，一种是思想家，另一种是思想史家。思想家直接创造思想，建构思想的大厦；思想史家则是以历史中思想家所创造的思想为原料，不断地组织、叙述历史和创造性地解释其中的思想。丸山真男是作为"思想史家"来为我们提供思想的。对于"思想史家"工作的性质，他曾这样界定说："思想史研究者或思想史家的工作，正好介于把过去的思想当作素材来发挥自己主张的'思想论'与一般历史叙述之间。"[①] 据此而言，"思想史"既不是"纯"思想的，也不是"纯"历史的；反过来说，它既是"思想的"，又是"历史的"。思想史家就是要在这二者之间，巧妙地、独具匠心地把人带进一个流连忘返的精神和历史之境。照丸山真男的比喻，思想史家的工作犹如音乐

[①] 丸山真男：《关于思想史的思考方法——类型、范围、对象》，《日本近代思想家福泽谕吉》，世界知识出版社，1997年，第200页。

演奏家的工作。音乐演奏，不同于绘画、文学等艺术，它不能完全自由地创造，它要受所演奏的乐谱的制约，即受它的形式结构、所体现的理念、时代背景等的约束。反过来说，就是演奏家不能脱开乐谱"随心所欲地任凭幻想飞翔"。但是，对于高明的演奏家或者是具有艺术家慧眼的演奏家来说，演奏又绝不是"机械地反映乐谱"，它必然包含演奏家自己负责的创作，即"追随原本的再创作"。与演奏家的艺术活动类似，思想史家的工作一方面要受历史原材料的约束，不能离开它要处理的对象，任意"苦思冥想"；但另一方面它又不能像数家珍一样地罗列、堆砌历史"遗物"，它必须创造性地组装它，能动地贯穿思想史家的识见或"偏见"。这位思想史家说："与音乐演奏一样，思想史家的工作不是思想的单纯创造，而是双重创造。……只纠缠史实的人，或对创造性感觉迟钝、不易在对象的触动下产生想象的人，往往不会对思想史感兴趣。然而与之完全相反，不能忍受历史对象本身结构制约的'浪漫主义者'或'独创'思想家，也不会对思想史感兴趣。思想史家的思想毕竟是过去思想的再创作的产物。换言之，思想史家的特征是：埋没于历史中时表现得傲慢，从历史中脱出时表现得谦逊。一方面是严守历史的约束性，另一方面是自己对历史的能动工作（所谓'对历史'，并不能误解为对现代，这是指自己对历史对象的能动工作）。在受历史制约的同时，积极对历史对象发挥能动作用，在这种辩证的紧张关系中再现过去的思想。这就是思想史本来的课题，也是思想史之妙趣的源泉。"[1]

---

[1] 丸山真男：《关于思想史的思考方法——类型、范围、对象》，《日本近代思想家福泽谕吉》，世界知识出版社，1997年，第200页。

本来，我想在这部书译完之后，通过"译言"的形式，对丸山真男在日本思想史研究中所体验到的或为我们展现出的思想史的"妙趣"，作一个总括性的描绘，以与读者共同分享。但遗憾的是，当译完这部书之后，我已经没有时间来从事这一工作了，我必须转到已经迟延了好久的其他工作上去。幸好，在此之前，孙歌女士在《学术思想评论》第三辑（辽宁大学出版社，1998年）上发表了洋洋大文《文学的位置——丸山真男的两难之境》。[①] 我敢肯定，这篇论文代表了大陆讨论丸山真男学术思想的高水准。读过孙歌女士的大作后，我萌生了一个偷懒摘取果实的念头，即想使该文成为此书中文版的"代序"。非常感谢孙歌女士，她慷慨地惠允了我的不情之请，并同意把"丸山真男的两难之境"作为正标题。这样，读者通过孙歌女士的大作，就能够从学术思想的深层来全面认识丸山真男了（因体例原因，本次再版未收此文——编者）。至于有关此书本身的写作情况以及比较详细的内容介绍，丸山真男先生所写的"初版后记"，特别是"英文版作者序"，都是极好的向导，走走这条捷径，肯定是值得的。下面，我想就几个关键词的译法，略作交代。

"儒教"，本书译为"儒学"。这并不是说译为"儒教"就说不通。从传统来看，"儒"与"道"（道教）、"释"（佛教）并列，被称为"三教"，而且本来也有"儒教"之名。另外，现在用"儒教"之名的也不乏其例。如，主张儒学是宗教的，径称"儒教"；翻译日文书时，有的直接就使用了"儒教"之名；大家熟悉的马克斯·韦伯的名著 *Kon fuziamisrnus und Taoismus*，中文的两个版本，用的都是《儒教与道教》的译名。由此而言，直接使用日语

[①] 大文虽题为"文学的位置"，但内容广泛地涵盖了丸山真男学术思想的整体。

的"儒教"之名,也未尝不可。但基于以下的理由,译"儒教"为"儒学",更为可取。这就是,按照我们一般对"religion"的理解,"儒学"根本上并不是"宗教",虽然在传统中,它与佛教和道家并称。在这一点上,日本学者户川芳郎等人在《儒学史》中对"儒学"本性的辨析是颇有说服力的,尽管此书是作为"世界宗教史"丛书中的一种而出版的。① 特别是,在日语中,"儒教"之名,也不是"宗教意义"上的,它主要是指带有意识形态性的世俗意义上的"教化和教学"。《广辞苑》对"儒教"的解释是,以孔子为祖师的教学和学术,儒学的教导、教化,以"四书""五经"为经典。这一解释与它对"儒学"这一概念的解释基本一致。根据中国所谓"儒学"与日语所谓"儒教"在意义上的接近,我们译"儒教"为"儒学"。

"作为",本书译为"制作"。在古汉语中,"作为"具有动词的意义,即"制作""制造",如《战国策·燕》载:"乃令工人,作为金斗,长其尾,令之可以击人。"但在现代汉语中,"作为"的动词义,基本上失去了。它主要是指人的"行为"或"当作"或"就人的某种身份或事物的某种性质来说"。但在日语中,"作为"除了具有"人为""行为"等名词的意义外,它还能被动词化为"制造""造作"等他动词。丸山真男是在与"自然"相对的意义上使用"作为"一词的。如果"作为"与"自然"一样,仅是一个名词,译成"人为"即可。但他大量使用了动词意义上的"作为",即把社会"制度"和"文物",看成是人的"创造",而不是内在于"天道""天理"的"自然"。据此,直译成"作为"就比较别扭。

---

① 户川芳郎等著:《儒学史》,山川出版社,1987年。

我曾想译它为"创造",但最后选择了更为"干实"的"制作"。

"近代的"与"近代性",本书统一译为"现代的""现代性"。大陆习惯上直接使用日语"近代的""近代性"。据此,直接搬用丸山真男使用的"近代的""近代性",当然也可以。但由于它们基本上都照应于英语的"modern""modernity",我们一般又把它们译为"现代的""现代性",而且现在中国的学术思想界,往往使用"现代的""现代性"的说法,所以我们把丸山真男书中所使用的"近代的""近代性",基本上统一译为"现代的""现代性"。

"物の哀われ",本书统一译为"幽情"。据我们所知,叶渭渠先生把"物の哀われ"直译为"物哀"。① 这虽然为汉语增加了一个新词,但比较费解。陈应年等把它译为"事物的幽情"。② 照《广辞苑》的解释,"物の哀われ",是指以产生平安时代文学的贵族生活为中心的理念。"物"指客观对象,"哀われ"即主观感情与客观对象一致所产生的调和的感情世界,如优美、纤细、沉静、冥想等理念。据此,我们把"物の哀われ",简洁地译为"幽情"。

"国民主义",本书通译为"民族主义"。日语使用了意义相近的四个词"民族主义""国家主义""ナショナリズム"和"国民主义"。前三者是对英语"nationalism"的意译和音译。第四个是日语造语。丸山强调日本的"国民主义",不仅是对外问题,而且是对内问题;不仅是要求国内政治统一,而且是主张个人的自主性。因此用"国民主义"合适(参见本书第三章第一节第二个注)。但

---

① 参阅叶渭渠的《日本文学思潮史》第七章、第九章,经济日报出版社,1997年。
② 参阅永田广志著、陈应年等译的《日本哲学史》,商务印书馆,1975年,第156页。

是，汉语中通用的是"民族主义"。而且，日本现代"民族主义"的发展，对外独立和扩张的意识、对内高度政治统一的要求非常强烈，个人自主性恰恰很薄弱。把丸山使用的"国民主义"译成"民族主义"反倒更合乎日本的实际情况，译成"国民主义"就会有夸张其"个人自主性"的一面，而且在汉语语境中也容易被误认为是以"国民"为本位。特别是，《广辞苑》以"民族"为"国民"的近义词，以"国民主义"为 nationalism（ナショナリズム）的近义语，说"国民主义"是根据维护和确保国民（也可说是民族）的利益、权利的立场，以现代国家的建立为目标的思想和运动。因此，我们将书中的"国民主义"整体上译为"民族主义"。

有关此书翻译的技术问题，需要略加说明。在丸山引用的大量日语古文献中，有相当一部分原本是文言文汉文。本书的翻译，通过查找，尽量恢复为原汉文。没有找到或原文不是汉文部分的古文献，为了保持文体统一，亦尽量译为文言文。另外，原书注释方式不太统一，本书集中统一到每一章之后（新版改为页下注——编者）。其中有的注释，是译者所加，特标出"中译者注"，以示区别。

最后，我要感谢那些对本书的翻译和出版给予了许多帮助的先生和朋友。首先是丸山真男先生本人，他早在1993年就给我签写了没有任何条件的此书中文翻译出版"同意书"。但我的翻译工作因遇到出版方面的问题而中途停顿。当我的东大朋友村田雄二郎先生告诉我丸山先生已于1996年8月因病逝世的消息时，我黯然神伤，深感有愧于他，没能使他在生前看到我所翻译的中文版。对此，我仍要向他道歉，并希望通过此书的出版作为对他的纪念。我已提到的村田雄二郎先生，对我翻译此书一直给予许多支持和关心，他写给我的书信，是这方面的最好记录，我向他深致谢意。我在日本留学时就认识的东大的平石直昭先生（对我们一起阅读荻生徂徕著作的情景，我仍记忆犹新），也给了我不能忘怀的协力。另外，对前面说到的给予我不少帮助的孙歌女士，对翻译书中征引之德文书目的我的同事刘怀玉教授，对刊行此书中文译本的三联书店，还有其他不便一一说明的朋友，我都深怀谢意。

由于丸山真男的思想及其研究对象的复杂性，使得此书的翻译难度颇大。当然，这其中更主要的是我自身水平的限制，译本难免有错讹之处，唯望读者正之。

修订译本略记

这部由三联书店于2000年出版的《日本政治思想史研究》的中文简体字版，迄今已有差不多20年的时间了。这些年来，丸山真男先生其他重要著作的中译本先后出版，人们对他的学术和思想也有了不少的研究，这十分可喜和难得。

《日本政治思想史研究》是丸山真男先生的名作。这部书的翻译和出版，对丸山真男的学术和思想较早在中国的传播起到了一定的先导作用，这令译者高兴和欣慰。与此同时，由于译者的水平有限，再加上时间匆忙，译本中出现误译和不当，又让我感到惶恐。善意的读者特别给予指正，令我十分感谢。我一直希望有机会出版修订版，又一直未能提上日程。三联书店提出出版修订版之事，十分令人高兴。

这次的修订版对原译本进行了全面的修订。为了阅读的方便，注释改为页下注。2000年版译后记予以保留。我要特别感谢刘莹博士（现为北京大学外国语学院博士后），她给予我许多帮助。刘莹博士充满活力和斗志，在她身上我看到了难得的精神气质。她主攻日本哲学及中日哲学比较，有很好的造诣，对丸山真男先生的这部著作也是喜爱有加。希望这部著作的中译修订版，能引起更多读者的兴趣。

最后，我要感谢三联书店出版修订版，感谢他们为此书的出版付出的辛劳。

王中江

2020 年 5 月 6 日